U0451476

CSSCI 来源集刊

Dialogue Transculturel
跨文化对话
第**40**辑

主编 乐黛云 〔法〕李比雄
执行主编 钱林森
副主编 〔法〕金丝燕 陈越光

商务印书馆
The Commercial Press
2019年·北京

图书在版编目（CIP）数据

跨文化对话.第40辑/乐黛云，（法）李比雄主编.—北京：商务印书馆，2019
ISBN 978-7-100-17880-8

Ⅰ.①跨… Ⅱ.①乐… ②李… Ⅲ.①东西文化—比较文化—文集 Ⅳ.① G40-53

中国版本图书馆 CIP 数据核字（2019）第 207954 号

权利保留，侵权必究。

跨文化对话
第 40 辑
主　编　乐黛云　〔法〕李比雄
执行主编　钱林森
副主编　〔法〕金丝燕　陈越光

商 务 印 书 馆 出 版
（北京王府井大街36号　邮政编码100710）
商 务 印 书 馆 发 行
北京艺辉伊航图文有限公司印刷
ISBN 978 - 7 - 100 - 17880 - 8

2019年10月第1版　　开本 710×1000　1/16
2019年10月北京第1次印刷　印张 20 1/4
定价：79.00元

《跨文化对话》

由北京大学跨文化研究中心
南京大学比较文学与比较文化研究所
中国文化书院跨文化研究院
北京论坛
与"欧洲跨文化研究院"共同主办

并列入法国夏尔-雷奥波·梅耶人类进步基金会（FPH）
面向未来的文化间文库

《跨文化对话》网址：
http://www.pkujccs.cn

教育部人文社科重点研究基地北京师范大学民俗典籍文字研究中心
北京师范大学跨文化研究院敦和学术基金
资助出版

鸣谢：

浙江敦和慈善基金会
中国宋城集团

《跨文化对话》学术委员会成员
Membres du Comité Scientifique/Members of the Academic Committee

中国 / Chine/China（以姓氏笔画为序）

丁石孙　数学家、北京大学前校长
Ding Shisun
Mathématicien, ancien président de l'Université de Pékin
Mathematician, former president of Peking University

丁光训（1915—2012）　神学家、金陵协和神学院院长、南京大学前副校长
Ding Guangxun
Théologien, président de l'Institut de Théologie de Nanjing, ancien vice-président de l'Université de Nanjing
Theologian, president of Nanjing Union Theological Seminary, former vice president of Nanjing University

厉以宁　经济学家、北京大学光华管理学院名誉院长
Li Yining
Economiste, directeur honoraire de l'École de Gestion Guanghua, Université de Pékin
Economist, honorary Director of Guanghua School of Management, Peking University

汤一介（1927—2014）　哲学家、中国文化书院院长、北京大学中国哲学与文化研究所所长
Tang Yijie
Philosophe, président du Collège de la Culture Chinoise, directeur de l'Institut de Philosophie et Culture Chinoises, Université de Pékin
Philosopher, president of Chinese Culture College, director of Chinese Philosophy and Culture Institute, Peking University

刘小枫　古典学家、中国人民大学教授
Liu Xiaofeng
Philologue, professeur de l'Université du Peuple
Culturalist, professor of Renmin University

吴志攀　法学家，北京大学副校长
Wu Zhipan
Juriaste, vice-president de l'Université de Pékin
Jurist, vice president of Pekin University

张异宾　哲学家、南京大学教授
Zhang Yibin
Philosophe, professeur de l'Université de Nanjing
Philosopher, professor of Nanjing University

杜维明　历史学家、哈佛大学教授、北京大学高等人文研究院院长
Du Weiming
Historien, professeur de l'Université Harvard, directeur de l'Institut supérieur des Sciences humaines de l'Université de Pékin
Historian, professor of Harvard University, Dean of Institute of Advanced Humanistic Studies, Peking University

陈　骏　中科院院士、南京大学前校长
Chen Jun
Académicien de l' Académie des Science de Chine, ancien president de l'Université de Nanjing
Academician of the Chinese Academy of Sciences, former president of Nanjing University

庞　朴（1928—2015）　历史学家、中国社会科学院研究员
Pang Pu
Historien, chercheur à l'Académie des Sciences Sociales de Chine
Historian, research fellow of Chinese Academy of Social Sciences

赵汀阳　哲学家、中国社会科学院研究员
Zhao Tingyang
Philosophe, chercheur à l'Académie des Sciences sociales de Chine
Philosopher, research fellow of Chinese Academy of Social Sciences

欧洲 / Europe/Europe (par ordre alphabétique du nom)

皮埃尔·卡蓝默　夏尔－雷奥波·梅耶人类进步基金会执行主席，瑞士－法国
Pierre Calame
Président de la Fondation Charles Léopold Mayer pour le Progrès de l'Homme, Suisse-France
President of the Charles Leopold Mayer Foundation for Human Progress, Switzerland-France

安东·唐善　生物学家、巴斯德学院基因与遗传研究部主任，法国
Antoine Danchin
Biologiste, directeur du Département Génomes et Génétique, Institut Pasteur, France
Biologist, director of the Department Genomes and Genetics, Pasteur Institute, France

恩贝托·埃柯（1932—2016）　符号学家、作家、文学批评家、欧洲跨文化研究院学术委员会主席，意大利
Umberto Eco
Sémioticien, écrivain, essayiste, président du Conseil Scientifique de l'Institut International Transcultura, Italie
Semiotician, writer, literary critic, president of the Academic Committee of Transcultura International Institute, Italy

克萨维·李比雄　地质动力学家、法国科学院院士、法兰西学院教授，法国
Xavier Le Pichon
Géodynamicien, membre de l'Académie des Sciences, Institut de France, professeur au Collège de France, France
Geodynamician, member of the Academy of Sciences, Institute of France, professor at the Collège de France, France

利大英　中国学家、法国里昂三大第一副校长、研究部主任，法国
Gregory B. Lee
Sinologue, 1er vice-président chargé de la recherche, Université Lyon 3, France
Sinologist, 1st vice-president for research, University Lyon 3, France

卡梅罗·利松–托罗萨纳　人类学家、西班牙皇家学院院士、康普鲁登塞大学人类学系教授，西班牙

Carmelo Lison Tolosana
Anthropologue, membre de l'Académie Royale d'Espagne, professeur au Département d'Anthropologie, Université Complutense de Madrid, Espagne
Anthropologist, member of Spanish Royal Academy, professor of Department of Anthropology, Complutense University of Madrid, Spain

阿兰·海伊　语言学家、词典学家、国际词典学联合会主席，法国

Alain Rey
Linguiste, lexicographe, président de l'Association Internationale de Lexicographie, France
Linguist, lexicographer, president of the International Lexicography Association, France

《跨文化对话》编辑委员会成员
Membres du Comité de rédaction/Members of the Editorial Committee

主编　乐黛云教授（北京大学）
Yue Daiyun (Rédactrice en chef/Editor-in-chief)
Professeur à l'Université de Pékin/Professor of Peking University
通讯地址：中国北京 100871，北京大学跨文化研究中心
Adresse: Centre de Recherche Transculturelle, Université de Pékin, Beijing 100871, Chine
Tel/fax: 86-10-62758596, Email: tyjydy@pku.edu.cn

主编　李比雄教授（欧洲跨文化研究院）
Alain Le Pichon (Rédacteur en chef/Editor-in-chief)
Président de l'Institut International Transcultura/President of Transcultura International Institute
通讯地址：123, rue Saint Jacques, 75005 Paris, France
Adresse: 123, rue Saint Jacques, 75005 Paris, France
Tel: 33-1475349262, Fax: 33-134256267, Email: lepichon@wanadoo.fr

副主编　金丝燕教授（法国阿尔多瓦大学）
Jin Siyan (Rédactrice en chef adjointe/Associate editor-in-chief)
Professeur à l'Université d'Artois/Professor of Artois University, France
通讯地址：15 Rue Victor Cousin, 75005 Paris, France
Adresse: 15 Rue Victor Cousin, 75005 Paris, France
Tel: 33-156240921, Email: jinsiyan@fph.fr

副主编　陈越光研究员（北京师范大学）
Chen Yueguang (Rédacteur en chef adjoint / Vice executive editor-in-chief)
Chercheur invité de l'Université Normale de Pékin / Scholer invited of Beijing Normal University
通讯地址：中国北京 100875，北京师范大学跨文化研究院
Adresse: Collège des Etudes transculturelles, Université Normale de Pékin, 100875, Pékin, Chine /
College of Transcultural Studies, Beijing Normal University, 100875, Beijing, China
Tel: 86-10-67172890, E-mail: cyg01@vip.sina.com

执行主编　钱林森教授（南京大学）
Qian Linsen (Rédacteur en chef exécutif/Executive editor-in-chief)
Professeur à l'Université de Nanjing/Professor of Nanjing University
通讯地址：中国南京 210093，南京大学比较文学与比较文化研究所

Adresse: Institut de Recherche en Littérature et Culture Comparées, Université de Nanjing, Nanjing 210093, Chine
Tel: 86-25-86206233, Fax: 86-25-83309703, Email: linsenqian@hotmail.com

执行副主编　赵白生教授（北京大学）
Zhao Baisheng (Rédacteur en chef exécutif adjoint/Executive associate editor-in-chief)
Professeur à l'Université de Beijing/Professor of Peking University
通讯地址：中国北京 100871，北京大学世界文学研究所
Adresse: Institut de Recherche en Littérature Mondiale, Université de Pékin, Beijing 100871, Chine
Tel: 86-10-62754160, Fax: 86-10-62765009, Email: bszhao@pku.edu.cn

执行副主编　余斌教授（南京大学）
Yu Bin (Rédacteur en chef exécutif adjoint /Executive associate editor-in-chief)
Professeur à l'Université de Nanjing/Professor of Nanjing University
通讯地址：中国南京 210093，南京大学比较文学与比较文化研究所
Adresse: Institut de Recherche en Littérature et Culture Comparées, Université de Nanjing, Nanjing 210093, Chine
Tel: 86-25-83730391, Email: yubing1960@126.com

网络版执行主编　董晓萍教授（北京师范大学）
Dong Xiaoping (Rédactrice en chef de l'édition de la version en ligne/ Executive editor-in-chief of the internet version)
Professeur à l'Université Normale de Pékin / Professor of Beijing Normal University
通讯地址：中国北京 100875，北京师范大学中国民间文化研究所
Adresse: Institut de recherche sur la culture populaire chinoise, Université Normale de Pékin, 100875, Pékin, Chine / Institute of Chinese Folk Culture Research, Beijing Normal University, 100875, Beijing, China
Tel: 0086-10-58807998 Email: dongxpzhh@hotmail.com

编辑部日常联络人　张锦副编审（中国社会科学院）
Zhang Jin (Correspondant/Editor and Liaison)
Vice-rédactrice à l'Académie chinoise des sciences sociales/Associate editor at the Chinese Academy of Social Sciences
通讯地址：中国北京 100732，中国社会科学院外国文学研究所
Adresse: l'Institut des Recherches de littératures étrangères à l'Academie chinoise des sciences sociales/Institute of Foreign Literature Studies, Chinese Academy of Social Sciences, Beijing 100732, China
Email: kuawenhuaduihua@163.com

编辑部日常联络人　刘超副教授（东南大学）

Liu Chao (Correspondant/Editor and Liaison)
Maître de conférences à l'Université du Sud-Est de Chine/Associate professor of Southeast University
通讯地址：中国南京 210096，东南大学外国语学院
Adresse: Faculté des langues étrangères à l'Université du Sud-Est de Chine/ School of Foreign Languages at Southeast University, Nanjing 210096, China
Email: kuawenhuaduihua@163.com

编辑部日常联络人　萧盈盈副教授（南京师范大学）

Xiao Yingying (Correspondant/Editor and Liaison)
Maître de conférences à l'Université normale de Nanjing/Associate professor of Nanjing Normal University
通讯地址：中国南京 210024，南京师范大学文学院
Adresse: Faculté de la littérature chinoise à l'Université normale de Nanjing/ School of Chinese Language and Literature at Nanjing Normal University, Nanjing 210024, China
Email: kuawenhuaduihua@163.com

目 录

Table des Matières / Table of Contents

专号：首届法兰西学院金石美文学院汪德迈中国学奖

Numéro spécial： Première édition du Prix Léon Vandermeersch 《Etudes chinoises》 décerné par l'Académie des Inscriptions et Belles-Lettres de l'Institut de France / Special Column: First Award Ceremony of Léon Vandermeersch Prize for Chinese Studies, Academy of Inscriptions and Belle-Letters, Institute of France

米歇尔·冉刻致辞 ·· 3
Allocution du Secrétaire Perpétuel Michel Zink lors de la remise du Prix
Speech of the Perpetual Secretary Michel Zink during the Award Ceremony

汪德迈致辞 ·· 6
Allocution, Léon Vandermeersch, représentant la finalité du prix
Speech at Award Ceremony of Léon Vandermeersch Prize, representing the purpose of the award

刘梦溪致辞 ·· 7
Allocution de Liu Mengxi
Speech of Liu Mengxi

汪德迈中国学奖创办人陈越光致辞 ····························· 9
Allocution de Chen Yueguang, fondateur du prix
Speech of Chen Yueguang, founder of the award

乐黛云答谢词 ··· 11
Remerciement de Madame Yue Daiyun, récipiendaire du prix
Acknowledgement of Professor Yue Daiyun at First Award Ceremony of Léon Vandermeersch Prize

读汪德迈《中国教给我们什么？》·····················王　宁　12
Préface : Ce que la Chine nous apprend de Léon Vandermeersch, Wang Ning
Wang Ning, Reading "What China Teaches Us？" by Léon Vandermeersch

汪德迈中国学研究的突破点·····················〔法〕金丝燕　17
Pensée nouvelle de Léon Vandermeersch en études chinoises, Jin Siyan
Jin Siyan, On Breakthrough and Relative Key Points in Léon Vandermeersch's Chinese Culture Research

汪德迈中国学奖·····························董晓萍　31
Prix Léon Vandermeersch《Etudes chinoises》de l'Académie des Inscriptions et Belles-Lettres de l'Institut de France, Dong Xiaoping
Dong Xiaoping, Léon Vandermeersch Prize for Chinese Culture and Society Research at Academy of Inscriptions and Belle-Letters, Institut of France

论稿

Notes de recherches/Articles

18—19 世纪法国对印度文学的接受
·················〔法〕皮埃尔·佛辽若　（郑可心译）　37
La réception de la littérature sanscrite en France, 18ᵉ-19ᵉ siècles Reception of Sanskrit Literature in France, Pierre-Sylvain Filliozat
Pierre-Sylvain Filliozat, 18th-19th Century Reception of Sanskrit Literature in France

5—16 世纪印度卡纳塔卡邦的艺术与建筑
·················〔法〕法荪达哈·佛辽若　（李华芳译）　42
Evolution de l'art et de l'architecture au Karnāṭaka, Vasundhara Filliozat
Vasundhara Filliozat, Evolution of Art and Architecture in Karnāṭaka through the ages from 5th century CE to 1565

汤一介先生与后现代哲学思潮·····················杨　浩　46
Tang Yijie et la nouvelle vague de la philosophie post-moderne, Yang Hao
Yang Hao, Tang Yijie and the trend of thought of post-modern philosophy

"现代新闻记者"的困境：柯尔律治新闻写作述评·········孙凌钰　69
L'embarassement des "journalistes aujourd'jui": la critique de Coleridge, Sun Lingyu
Sun Lingyu, The Dilemma of a Modern Journalist: A Commentary of Coleridge's News-Writing

论《诗经》的起源············〔法〕汪德迈　（〔法〕金丝燕译）　84
Aux origines du Canon des Odes, Léon Vandermeersch, traduit par Jin Siyan
Léon Vandermeersch, translated by Jin Siyan, The Origin of the Book of Songs

继承与建构：胡小石先生的书法史观 ……………………徐兴无　88
Héritage et création: l'histoire de la calligraphie telle que la conçoit Hu Xiaoshi, Xu Xingwu
Xu Xingwu, Inheritance and Construction: Mr. Hu Xiaoshi's View of the History of Calligraphy

计算人文学：智能与意义的嵌入建构 ……………………陈跃红　111
Humanités digitales : construire enclavement l'intelligence et le sens, Chen Yuehong
Chen Yuehong, Digital Humanities: The Embedded Structure of Intelligence and Meanings

人工智能中的语言问题 ……………………李　蓝　117
Problème du langage de l'intelligence articifielle, Li Lan
Li Lan, Basic Problems between the Human Language and Computer Language in the Age of Artificial Intelligence

计算人文学视野中的三种人工智能 ……………………吴　岩　126
Trois genres de l'intelligence artificielle dans les perpectives des sciences humaines de l'ordinateur, Wu Yan
Wu Yan, Three kinds of Artificial Intelligence in the Perspective of Computational Humanities

人工智能无人系统最新发展趋势预测 ……………………郝　祁　137
Nouvelles tendances prévues du système inhumain de l'intelligence artificielle, Hao Qi
Hao Qi, Predicting Latest Trends from Artificial Intelligence Forecast of Unmanned System Development

人工智能对经济金融等社会科学现象预测的拓展 ……………向　巨　149
Elargissement de l'intelligence artificielle dans les préventions des phénomènes sociaux et scientifiques du secteur de l'économie et de la finance, Xiang Ju
Xiang Ju, Predicting Economic and Financial Trends of Social Science from Artificial Intelligence Forecast and its Development

希腊–世界的"中国"之殇 ……………………张　沛　161
La Chine comme Ἀρχή à la Grèque, Zhang Pei
Zhang Pei, The Fall of Greek Ἀρχή

自然权利与法——索福克勒斯《安提戈涅》中的 physis 与 nomos
……………………蔡乐钊　177
Ledroit naturel et la loi: Physis et Nomos l'Antigone de Sophocle, Cai Lezhao
Cai Lezhao, The Natural Rights and the law: Physis and Nomos in Antgone fof Sophcle

阅读荷马：西方古典与中国 ……………………陈戎女　192
Lire Homer : le classicisme occidental et la Chine, Chen Rongnǚ
Chen Rongnǚ, Rethinking Homer: Western Classical and China

太人性的神：荷马史诗中的赫菲斯托斯 ……………………杨风岸　196
Dieux trop humains: Hephaestus dans l'épopée de Homer, Yang Feng'an
Yang Feng'an, Over Humanized God: Hephaestus in *Iliad* and *Odyssey*

赫尔墨斯的摩吕与伊诺的头巾……………………………王承教 213
Le foulard d'Ino et Moly d'Hermès, Wang Chengjiao
Wang Chengjiao, Hermes' Moly and Ino's Veil

梁宗岱法译《陶潜诗选》与法国20世纪20年代东西文化论战
………………………………………………曹冬雪 黄荭 230
Les Poèmes de T'aoTs'ien traduit par Liang Zongdai et les débats sur les cultures orientales et occidentales dans les années 1920 en France, Cao Dongxue, Huang Hong
Cao Dongxue & Huang Hong, Liang Zongdai's Translation of *Tao Qian's Poems* and French Debates on Eastern and Western Cultures in 1920s

"话语网络"的元话语——基特勒论小说《德古拉》
……………………………………………………车致新 242
Méta-discours sur《le réseau discursif》: *Dracula*, un conte lu par Kittler, Che Zhixin
Che Zhixin, Meta-discourse on "Discourse Networks": Kittler on the Novel *Dracula*

文化转场：《汉文指南》案例研究………………………刘 曼 249
Transfert culturel : une étude de cas de Syntaxe nouvelle de la langue chinoise, Liu Man
Liu Man, Cultural Transfer: A Case Study of *Syntaxe nouvelle de la langue chinoise*

访谈
Interview/Interview

唐诗何为：音乐、生态、救世——访美国学者弗雷德里克·特纳
………………………………………………万雪梅 钱林森 267
La poésie des Tang pourquoi faire ? Musique, écologie et salut du monde, Wan Xuemei, Qian Linsen
Wan Xuemei & Qian Linsen, What is the Social Function of Tang Poetry: Music, Ecology and Salvation

书评
Comptes rendus/Book Reviews

中国民俗学的国学基础……………………………………王 宁 289
Études de littérature populaire chinoise et ses antécédents traditionnels, Wang Ning
Wang Ning, Chinese Folkloristics Related to Research on the Traditional Chinese Culture

《钟敬文全集》的特征、价值与传承目标 ················ 董晓萍　291
Oeuvres completes de Zhong Jingwen: valeur, aspets particuliers et portée de l'héritage, Dong Xiaoping
Dong Xiaoping, On Value, Characteristics and Inheritance Aim of *Complete Works of Zhong Jingwen*, the Founding Father of Chinese Folkloristics

简讯
Brèves/Briefings

远近丛书：交错眼光中的跨文化冒险 ············ 〔法〕金丝燕　301
Collection *Proches-lointains*: une aventure transculturelle sous regards croisés, Jin Siyan
Jin Siyan, New Publications of the Collection "Far and Close" Series

中法著作：人文多元理念 ···························· 董晓萍　307
Œuvres sino-français: conception d'un humanisme multipolaire, Dong Xiaoping
Dong Xiaoping, Sino-French Works: in Perspectives of Humanity and Diversity

作者简介···311

专号：首届法兰西学院金石美文学院
汪德迈中国学奖

Numéro spécial：Première édition du Prix Léon Vandermeersch 《Etudes chinoises》décerné par l'Académie des Inscriptions et Belles-Lettres de l'Institut de France
Special Column: First Award Ceremony of Léon Vandermeersch Prize for Chinese Studies, Academy of Inscriptions and Belle-Letters, Institute of France

米歇尔·冉刻致辞 *

尊敬的各位院长，
尊敬的法国驻华大使馆文化教育合作处的诸位同仁，
各位教授，
法兰西学院各位同仁，
女士们、先生们、朋友们：

今天我们在这里共同见证"法兰西学院金石美文学院汪德迈中国学奖"的颁奖，这对于加强法国与中国的沟通，乃至世界与中国的沟通都有重大意义。本次颁奖仪式应该去年在巴黎举行，今天我们来到北京，给乐黛云女士颁奖。

"法兰西学院金石美文学院汪德迈中国学奖"对于获奖者本人来说，具有非凡的意义。这是对乐黛云女士终身学术成就的认可。乐女士在中国创建了比较文学学科，开拓了跨文化研究领域，近年开展跨文化学教育活动。乐教授是法国学术界的老朋友，多次应邀到法国讲学，让法国学者也能够吸收她的思想精华。

今天在此颁奖，对于以该奖命名的汪德迈先生本人来说也十分重要。汪德迈先生在中国影响如此之大，以至于我们和香港明远基金会选择用他的名字命名此奖。

这个奖项也是中法两国学术精神的见证。它告诉我们，中国和法国

---

* 米歇尔·冉刻（Michel Zink），法兰西学院院士、法兰西学院副院长、法兰西学院金石美文学院终身秘书长。

的学者是如何工作的。这个奖也是两国学者精神的见证，是两国学者精神碰撞的结晶。它还告诉和提醒我们，中国有人在研究法国的汉学，在法国也是一样，有人在研究中国的文化。这样的交流，能加深两国的文化交往，能推动两国文化的各自发展，也能推动两国文化的长远建设。

这个奖项的重要意义还在于，法兰西学院作为汪德迈中国学奖的颁奖机构，是在履行一种高尚的使命。我作为机构的颁奖者，在此有必要介绍一下这个法国机构。法兰西学院是在国王路易十三时代，由黎世留红衣大主教于1635年创立。它最初的使命是规范法语的语言，让学者研究这种语言，为此还编纂了一部法语词典。1663年，路易十四时期，科尔贝创建了法兰西金石美文学院，该院的职责是汇集大学者，让他们去从事博大精深的学术研究，包括研究文字、研究历史、研究文明。研究的范畴是世界范围内的广大区域，比如，研究地中海地区，这里有古老的希腊古罗马文明，有埃及、叙利亚等地中海人类文明发源地。再如，研究法国中世纪的历史。此外，还研究近东和远东地区的东方文化，远东地区就包括中国、日本、韩国等。到了17世纪，又陆续创建了法兰西科学院和法兰西艺术学院，这些机构在法国大革命时期被取缔，但并没有让它们完全消失，而是用一个学院取而代之，后来被称作法兰西学院。

在复辟帝国时期，又将原来的法兰西学院重新恢复，共有四个学院。后来又增加了道德与政治学院。到此时为止，法兰西学院的结构就没有再出现变化。这样在法兰西学院内有五个学院，它们坐落在巴黎塞纳河畔美丽而古老的建筑中，这幢建筑本是马扎兰在17世纪命人设计的。每逢召开大会，院士们都要盛装出席，共同出现在金光闪闪的中央大厅的圆顶之下。院士服一种是绣绿镶金的礼服，佩戴一把院士剑，每位院士都有自己的佩剑。院士服的样式完全按照拿破仑帝国时期将军服制作，院士服就是将军服。19世纪末、20世纪初，有人曾开玩笑说，欧洲有三个杰作，即英国的皇家海军、德国的参谋部和法国的法兰西学院。迄今为止，法兰西学院已有近四百年的历史，现在还在健康地工作和发展。

法兰西学院金石美文学院就是这五个学院之一，但由于金石美文学院成立很早，在世界上很著名，故至今有人将它等同于法兰西学院。法兰西学院的院士，从理论上说，一般都是著名作家，知名华裔作家程抱一就是法兰西学院的院士。有时，也有的学者取得了其他特殊成就，也会被授予院士职衔，如法国前总统吉斯卡尔·德斯坦先生。

金石美文学院一直在法语国家和地区承担维护法语的职责，每年都要编纂金石美文学院的词典。此外，每年还都要颁发相关的奖项。金石美文学院与其他四个学院是平等关系，但由于历史的原因，金石美文学院总是排序第一的。

让我们回到今天的议题上来，颁发汪德迈中国学奖的机构正是法兰西学院金石美文学院。香港明远基金会与我们合作，是中国学术界向我们发出的非常美好的声音，是对法兰西学院金石美文学院的成就和地位的高度认同。我代表这个机构把这个奖项颁发给乐黛云女士，感到非常荣幸。

汪德迈致辞*

尊敬的法国驻华大使馆文化教育合作处大使代表,
尊敬的法兰西学院副院长冉刻先生,
女士们、先生们:

我的致辞只有几句话,很短的。

每次提到乐黛云教授的名字,我都不能不想起汤一介先生的名字。在我看来,这对教授夫妇对中国文化的贡献非常重要。

汤一介先生的主要贡献是编纂《儒藏》。《儒藏》可能是在21世纪初年对中国文化最有意义的贡献。

乐黛云教授的贡献是跨文化研究。跨文化的研究也是非常重要的。

一方面,是他们对于中国文化的贡献;另一方面,是他们对中国文化与世界其他多元文化交流的贡献。这些贡献的目标,是让人类社会进一步健康发展,是希望人类文化越来越美好。

我很高兴地看到,第一个获得这个奖项的是汤一介先生的夫人——乐黛云教授。

最后,我要感谢香港明远基金会参与创立这个奖项。

---

* 汪德迈(Léon Vandermeersch),法兰西学院金石美文学院通讯院士、法国远东学院原院长、法国高等社会科学研究院教授。

刘梦溪致辞 *

各位朋友，
女士们、先生们：

　　我与乐黛云教授、汤一介教授有四十年的交谊。汤一介教授过世后，我一个礼拜三次梦到他，梦见另一个世界的汤先生，我向乐先生讲过这个故事，我们之间的感情联系非常密切。两位教授在中国文化研究、中国哲学研究和跨文化研究领域，都取得了显著的成就，为中国学术界所公认。向乐黛云教授颁发这个奖项的法兰西学院，是欧洲最重要的学术机构，是欧洲汉学的重镇。汪德迈中国学奖是非常高的学术荣誉，乐黛云教授获得此奖，是2019年春天最好的消息，祝贺乐先生！
　　首奖颁给乐先生，这是对她的跨文化学术理念和长期实践的认可和肯定，她几十年来一直致力于这个事业。我还认识美国哈佛大学费正清中心的史华兹教授，他也是跨文化沟通的推动者。史教授是法裔犹太人。上世纪末，我在哈佛大学访学期间，与史教授做了比较长时间的对话。他提出了一个观点，就是语言对人的作用并不像人们想象的那么大，他的意思是说，人与人之间是可以沟通的；甚至在语言上不通也能够做一定程度的沟通。世界是复杂的，彼此之间的沟通有时看起来很艰难，但人们之间的差异的确有那么大吗？《易经·系辞》云："天下同归而殊途，一致而百虑。"《孟子》曰："理之所同然

---

* 刘梦溪，中国艺术研究院研究员、浙江大学马一浮学院院长。

者。"钱锺书讲"东海西海,心理攸同"。哈佛燕京学社张贴的溥仪的老师陈宝琛写的一副对联是:"文明新旧能相宜,心理东西本自同。"尽管大家走的路线不同,使用的方法不同,但我认为,人同此心、心同此理,人类最终是会走到一起的。

可能人类还会有一种通病,就是希望别人都跟自己一样,但是我要讲,这是不可能的,跨文化学的理论不仅很重要,而且有它实践上的紧迫性。如果大家能理解这些思想,这个世界可能会变得更美好。

汪德迈中国学奖创办人陈越光致辞 *

尊敬的法国驻华大使馆杜雷先生,
尊敬的汪德迈先生、乐黛云先生、冉刻先生,
女士们、先生们:

下午好!

我首先表示祝贺,祝贺法兰西学院金石美文学院首届"汪德迈中国学奖"的获奖者乐黛云教授!乐黛云教授从文学研究起步,延伸到比较文学研究,进而到跨文化研究,是中国跨文化研究的奠基者、开创者、成型者,乐教授获得此奖实至名归。

中国文化知识不是一个外在的体系,而是和人密切相关的。有至大至美之学必有精彩人生。刚才乐老师回忆了汤一介先生,我和汤先生、乐先生的相识,受他们的感召和教化,已有三十年了。我听到在汪德迈先生的致辞里有这样一层意思,即授予乐黛云教授此奖,包含了对汤一介教授的致敬。这也使我想起,一百年前,中国有一位走向世界的复古主义者辜鸿铭先生,用英文写过一本介绍中国文化的书,书名是《中国人的精神》,书末的结论是:"评价一种文明,不是看它有什么样的建筑,而是看它产生了什么样的人,什么样的男人和女人。"我想,在这个世界上,无论是哪个国家、哪个民族的人,以汤一介和乐黛云这样的男人和女人所达到的学问人生的高度,评价中华文明,

---

* 陈越光,香港明远文化教育基金会主席、中国文化学者。

应该是中华文明的一种幸运和欣慰。

这个奖项，由法兰西学院金石美文学院和香港明远文化教育基金会于 2017 年在巴黎共同设立。这是一个面向全球中国研究者的终身成就奖。这个奖项的重要性，不仅仅在于它以对中国文化研究成就卓越、德高望重的汪德迈先生的名字命名，也不仅仅在于它是学术地位崇高的法兰西学院金石美文学院首次设中国学奖。它的意义还在于，通过这个奖项的设立，将吸引更多的目光关注和理解中国的历史文明和它的进程，也将进一步促进中国人自己更好地研究自身的历史和文明，建立对自己的文化自信，同时也建立对理解世界、走向世界的道路的自信。

我们可以相信，中华民族的现代化，是在其世界化的进程中实现的，而中华民族的世界化进程，是和人类社会去单一文明中心论，开启自轴心文明时期以来最强烈的文明互鉴、互动和互融的进程相一致的。

我还一直在想，汪德迈中国学奖的首奖，授予一位跨文化学者，这意味着什么？我的看法是，是不是它会启发我们重新理解什么是中国文化？如果说，中国文化不仅仅是五千年前在它源头的轩辕黄帝的文化，不仅仅是三千年前甲骨文的形成和《周易》的形成，不仅仅是两千多年前的孔子和老子；而且，中国文化也包括了这几千年的历史进程中，它的传承和发扬者，比如北宋五子，比如王阳明，那么，今天的历史是不是将开启新的一页？这一页是什么？就是把跨文化学者的一切贡献，熔铸在中国文化的历史洪流中，形成中国文化发展的新的内在精神力量。

乐黛云答谢词 *

尊敬的汪德迈先生，
尊敬的法兰西学院冉刻先生，
尊敬的法国驻华大使馆杜雷先生：

获得"法兰西学院汪德迈中国学奖"，我感到非常荣幸！

我要向远道而来、专程到北京颁奖的冉刻教授表示衷心感谢！在冉刻先生代表法兰西学院宣读的颁奖词中，肯定我为跨文化研究所做的工作，我十分感动。

我要向我们的老朋友汪德迈教授表示敬意！同时向汪德迈中国学奖评审委员会致谢！

我还要向出席今天颁奖典礼的中国同仁王宁教授、程正民教授、金丝燕教授、董晓萍教授、陈越光先生、陈方正先生、刘梦溪先生、刘国辉先生、郭银星女士、陈洁女士等一一致谢！感谢大家多年来的帮助。

此时此刻，我也想起了汤一介先生，他多年来一直支持这个事业。我们为跨文化事业做了许多拓荒的工作，推动了它的发展，但这一事业方兴未艾，还有很多领域需要开拓，我会竭尽绵力工作下去，继续把它向前推进。

---

* 乐黛云，法兰西学院金石美文学院汪德迈中国学奖首届获奖者、北京大学教授、北京大学跨文化研究中心主任、中法合作《跨文化对话》杂志主编，曾兼任中国比较文学学会会长、国际比较文学学院副会长等多种职务。

读汪德迈《中国教给我们什么？》*

王　宁

数次反复读汪德迈《中国教给我们什么？》，有一个突出的感觉：作者能够在很多地方见我之所见，又能从一个新的角度见我之所不见；能够在很多地方知我之所知，又能从一个新的角度超越我知。汪德迈先生作为一位西方汉学家，对中国的解读、观察、记忆和认知，的确独到而精彩。

中国改革开放 40 年，和西方学者的接触渐渐多了起来，但感到最难沟通的还是汉语与汉字。纵观欧美几个通行的大语种，汉语与汉字与它们的差别很大。汉语是词根语，基本上没有典型的语法形态的变化，印欧语中用语法形态表示的词性、时态、体、数、格等范畴，汉语都蕴藏在词根里。汉语用汉字区别词，汉字是理解汉语不可或缺的要素。而汉字的表意特性，往往不被西方学者所完全理解。本书对汉字的表意特性、汉字和汉语的关系，却阐释得十分清楚，和我们的认识完全切合。汪德迈以锐敏的眼光看到，汉字所赋予汉语的，绝不仅仅是对口语消极地记录，而是将意义蕴藏在字形中，表现出词所指的思想与形态。汉字使"语言的交流功能和思辨功能普遍的双重性，水印式地清晰显现出来"。他还认为："这一普遍的双重性是所有语言的根本，但被拼音文字淹没在书写和口语的混合之中。"这个论述更为明确地肯定了汉字记录汉语的理性一面。汪德迈称汉字记录的汉语为"图文语言"，突出了汉字对汉语的性质所起的积极作用。书中专门设置了《西

---

* 本文原为作者为汪德迈先生新著《中国教给我们什么？》撰写的《序言》，详见〔法〕汪德迈：《中国教给我们什么？》，〔法〕金丝燕译，香港：香港中文大学出版社，2019 年。

方逻辑学与中国文字学的比较》一章，提出了这样一个很有创造性的观点，即人类思维的理性在逻辑学与汉字学中同样具有，但表现方式不同，逻辑学显示了理性判断之间的联系，而汉字学显示了思维知性与现实事物存在之间的联系。我们虽常年使用汉字，却没有如此深入地比较过、表述过。

在汉语中，文言和白话之间的思维关系与各自的社会功能，是作者讨论的又一重点，其中有些观点也是作者的新发现。在中国文化里，长期"言文脱节"，已是不争的现实。在国内的语言教学中，曾有过关于文言文两方面的论证：20世纪50至60年代，着重论证文言词义和现代口语的差异，强调千万不要忽略两者的区别，特别要注意文言词与现代口语词之间的微殊，以免犯"以今律古"（以今天的语言误解古人意思）的错误。到20世纪80年代，又进一步着重论证文言与现代汉语之间的传衍与沟通，发现文言的常用词和常用义，几乎100%延续到现代汉语书面语和方言口语中，其中一部分通过双音构词，变成不能单独使用的语素保留下来，因而强调，千万不要把文言与现代汉语截然分开，没有文言的基础，是很难透彻地理解和使用现代汉语的。经过这两方面的论证，我们认为，对文言与白话的关系的认识，已经比较全面。但作者的认识还有比我们更独到的地方——他指出汉语的思辨功能、日常交际功能和在社会文化改革中的渗透功能，发掘并指出文言的传续在中国社会历史中的作用。他从语言与思维的发展过程，解释从甲骨文到现代汉语之间发生的变化，及其在中国文化史和文明史的双重地位。他说："话语在生活的偶然里，随着持续的体验和随之而来的念头组合而形成。然后，在集体记忆里，处理掉不合时宜的词源，积淀而成语言。在这一层面，认知只是相遇而知的'知'，但要就对事物'广而识之'，这就需要进入第二层，捕捉话语在第一层的表述，将之概念化。于是，思辨对感性经验通过交流性话语所进行的粗坯切割进行概念性抽象工作。语言不再是本能的了，它是明确的，根据理性原则进行运作。通过理性原则，交流性语言转化成概念性语言，按照西方思想所发展的'话语学'（logique 逻辑）运作，而中国思想则发展成'文字学'（grammatique）。"作者的这个阐释，解释了三个方面的问题：第一，解释了汉语从商代卜辞到周秦文言，再到中古汉语，以致现代汉语的演变与思维发展的关系，"严谨的理性使文言远离口语，但在结构上又不相异"，这是语言思辨功能在文言中的存留；第二，进一步阐明了从文言延续到现代汉语发生的是何种变化，从这种变化看文字的创建，拼音文字与表意文字没有优劣之分，只是不同语言的使用者对文字的创建选择了不同的路径而已。第三，解释了在汉语汉字发展过程中，汉语词汇的语源和汉字的形源逐渐隐去的原因，是抽象思维渐渐替代了单纯具象思维的结果。

本书对汉语汉字的认识和解释，与作者对中国古代社会史的长期研究紧密相关。他强调，与生产关系紧密联系的观念形态，在中国文化史中积淀很深，促进了中国古代社会的发展。在中国近世和现代社会文化中，这种影响仍然是十分重要的。作者多年前提出的"新汉字文化圈"的观点在本书中也有发展，从中能看出，作者对中国历史文化的对外传播的阐释，以汉语汉字传播为基础，但又不限于汉语汉字早先的传播范围。

这里主要谈谈作者所研究的中国礼制文化，这也是本书的一个重点。作者通过多年对中国典籍的阅读与研究，走出了一条通过礼制解释中国社会制度发展的研究道路，这让我们想起 20 世纪三四十年代的一段学术史，那时，中国开展了关于社会发展形态的讨论，一些历史学家，如吴承仕、陈独秀、王国维、郭沫若等，以"三礼"研究中国制度，用古文字的字理探讨先秦文化，提出亚细亚生产模式的问题。其实，他们大多同时是古汉语与古文字的研究者。汪德迈同样从语言文字入手，秉承中国近代国学"六经皆史"和以"小学"通经史的原则，沿着中国礼制发展的史实，梳理各种思想流派主要是儒、释、道、法的社会基础，来解释中国古代社会。这里，要特别说到汪德迈研究的两个独到之处。

首先，是他通过对甲骨文与《易》学的研究对上古卜筮文化的认识。他认为，中国文化形成的关键时刻在商周武丁（公元前1250—前1192）之治下的文字创造时期。文字的创造经由龟甲占卜，进而到准科学的占卜学，即《易》学。他认为，在这个主导精神的演变中，"中国思想根据与西方完全不同的逻辑、经表意文字构建而成，西方思想以拼音文字为语言框架。在西方，拼音文字始于口语之言的记录，收集了从地中海区域的巴比伦、腓尼基、犹太到古希腊传播的神话大叙述，通过思想对之进行整理，从中产生圣经圣言的启示，并希腊式的理性神学。中国则相反，神话不在占卜学所用的'文'之列，它被从中抹去，占卜学将阴阳五行的宇宙学取代神话学"。他从中国和西方创建文字不同的渊源中，解释了两种不同性质的文字创建的历史根源，又反观拼音文字与表意汉字对西方和中国历史发展路径的积极影响。他称《易》学为"准科学"，也就是认为，研究中国古代的占卜文化，需要从中国古代材料的本身出发，而不能用西方科学理论的框子去硬套。他看到了中国占卜文化中存在的生活经验与因果推理，从《易》的"辞""爻""象""象"中发掘出《易经》的两面，在这点上，他是有独创性的。

其次，是他对中国古代宗法制度的认识。西周为代表的宗法制度，以血缘为维系社会的要素，以血统关系定亲疏尊卑，区别生者的"大宗""小宗"，分列死者的"左昭""右穆"，将家族关系与国家制度统一在一起。这种宗法制度的社会组织，虽然已经渐渐消亡，但在本书中，多次谈到宗法制对中国社会发展的巨大影响。他分析了从宗法社会的世袭到开科取士的发展中，知识阶层与制度的关系，以及知识阶层与典籍、文学发展的关系。而且，他还指出，在今天的中国社会里，仍能看到最早的宗法社会观念和事实的遗存。这种观察，也是很独到的。

以上我谈到的是阅读本书的感想，只是我从个人的角度读后的一点收获，并非对本书的全面评价，不能反映本书成就之万一。近五年来，和汪德迈先生有过多次的对话，听过他很多精彩的演说，读过他用中文书写或由法文译成中文的论著，知道他集七十多年的努力对东方文化尤其对中国文化的不平常的深入研究。这与他熟悉中国的语言文字，特别是有很强的汉语文言语感，深度阅读中国的典籍，密切观察中国的历史和现实，自然是有直接关系的。但我也进一步思考过，为什么在对中国的认识上，他能有如此的说服力？他的研究成果能够让我们这些生长在中国、毕生研究自己祖国历史典籍和语言文字的人有"见我见而见我不见，知我知而超越我知"的感觉？我想，这是与他研究的态度、观念与方法有关吧！他在书的一开始说："要理解中国，与其说铭记中国文化的特殊性，不如去发现中国文化特殊性扎在世界文化共有之土壤中的根基。"这就是说，首先要关注中国文化的特殊性而不是那些不足道的普遍性；但是，这种特殊性，毕竟扎根于世界文化的土壤中，含有人类发展"普遍的真实"，所以，是可以交流与理解的。这个出发点，拉近了作者和中国的距离，搭建了东西方学者相互理解的桥梁。他具有世界文化的视野，能把中国放到世界文化的大环境下，抱着包容与尊重的态度、带着诚恳与善意去评论中国文化，与西方文化比较，见其优越，也见其不足。

　　文化的多样性造成世界不同民族和国家之间的隔膜，有时也有误解，但也正是这些多样的文化使世界变得绚丽多彩。不同文化之间的相互理解和包容、交流和吸收，永远是爱好和平人民的希望。在这一点上，我们要学习和要实践的还很多。

汪德迈中国学研究的突破点

〔法〕金丝燕

1996年，法国人类进步基金会和北京大学、南京大学在南京共同举办"文化互识与共存"国际讨论会，提出创办中法"远近丛书"和《跨文化对话》辑刊的计划。第二年，汤一介、乐黛云两位先生来巴黎作学术交流。2000年，中法合作"远近丛书"和《跨文化对话》辑刊出版，辑刊主编选中了汪德迈（Léon Vandermeersch）。汤先生说汪老是法国第一儒，要我协助向中国学界介绍汪德迈的研究思想。我们见面，汪先生笑言："汤一介教授是中国第一儒，我只是研究儒学。"这样，我就跟随中国第一儒的汤一介和夫人乐黛云先生，走进了汪德迈先生与北大、北师大的学术交往之中。

2015年8月，汪德迈的《中国思想的两种理性：占卜与表意》中译本完稿，我将之送交北京大学出版社[①]。不久，汪德迈先生应国内西夏文专家、法兰西学院2013年儒莲奖获得者李范文先生的邀请，去敦煌看石窟。晚间散步，有石窟、沙漠和天际做伴。汪德迈先生说："若上天继续给我光明，我将写一本小书《中国教给我们什么？》"[②]。

《中国教给我们什么？——在语言、社会与生存方面》就是缘起于敦煌沙漠的蓝天之下。与《中国思想的两种理性：占卜与表意》的中译本稍有不同的是，前者的完稿与汉译有前有后，当然也有的同步进行。《中国教给我们什么？》的汉译与作者的法文著述写作则几乎

[①] 〔法〕汪德迈：《中国思想的两种理性：占卜与表意》，〔法〕金丝燕译，北京：北京大学出版社，2017年。

[②] 〔法〕汪德迈：《中国教给我们什么？在语言、社会与生存方面》，〔法〕金丝燕译，香港：香港中文大学出版社，2019年。

同时进行。汪先生写一章，我翻译一章，他寄来一段，我翻译一段，补充新章节或改写某一段落的事，在我们之间经常会发生。中译本完成在法文书稿最后形成和出版之前。"这次先出中文版，后出法文版"，汪先生说。

图 1　汪德迈先生　　　　图 2　《中国教给我们什么？》书影

汪先生希望先出中译本，因此我得以在翻译中直接跟上作者的思考进程。两年之中，汪先生周日上午九点准时到法国巴黎索尔邦大学一侧的索尔邦广场书桌咖啡馆（L'écritoire），五年前的元旦，我家搬离维克多·古然街（rue Victor Cousin）寓所，书桌咖啡馆就成了我和汪先生周日工作的唯一公共场所了。无论风雨、节假日，四季从不间断，除非汪先生或我来中国。与我们同桌的还有一位忠实的伴者，在索尔邦一大哲学系读书的陈陶然。每个周日，她都从五区的单间公寓过来，向汪先生敬礼后，坐下，或画墨笔画，或临摹小楷董其昌的《金刚经》。字帖是画家江大海去台北"故宫博物院"寻访数次找到的，送给了陶陶。五年间，三人同桌，往来两个世界：艺术的、思辨的，我和汪先生讨论，陶陶和她的绘画对话，咖啡是我们的共同见证者。

2017年出版的论著《中国思想的两种理性：占卜与表意》的中译本就是在书桌咖啡馆和我的古然街旧居完成的。该书集汪德迈毕生研究思想之大成。基于对中国思想史的深入研究，汪德迈认为，21世纪，中国可以以其悠久而丰富的思想与经验，为世界寻求新的社会模式提供参照。中国思想源于中国文字，中国文字的起源为占卜，占卜对中国思想模式的形成起到决定性作用。这本书要点如下：

1. 作为科学原型的史前中国占卜技术所展开的思想，并非宗教性的神学，而是准科学性的占卜学。

2. 中国文字的创造出于龟卜兆纹的向外推衍法。

3. 文言文离自然语言相当远，十分系统规范化（六书的系统文字代替自然产生之词，卜辞类似数学的方程式句构，代替自然语言句构），体现另一种高度抽象性。

4. 西方文学起源于古典神话的口述（《伊利亚特》《奥德赛》），中国文学起源于占卜学者（史）用文言文记录原本与卜辞有关的各种资料。

5. 西洋思维完全不受印欧语言的语义系统限制，因其为字母文字，可以任意创造所需的概念，但容易陷入空虚概念的语言游戏，中国思维受文字系统限制，不创造文字以外的概念，不容易进行改革，可是有客观性的保证。

6. 中国传统科学（尤其医学）的特性乃相关性系统思维，西洋传统科学（尤其物理学）的特性乃因果关系性系统思维。

7. 中国是礼学传统，西方乃权理传统。

8. 西方思想在启蒙运动中形成现代性，而中国的现代性起源于与外来文明的冲突，其启蒙始于五四运动。

汪德迈在此书《中国教给我们什么？》中，简要、深刻地从语言、社会与生存三个方面，阐述他的中国学研究观。作者在该书的《导言》中强调其中国学思路，是去发现属于世界文化共有的中国文化的特殊根基："不要以为其特殊性比起普世的表面同相来并不重要，后者只有毫无价值的一般性，比如，所有人'用两脚走路'。"而写此书，就是要探究中国文化的特殊性里所遇到的一种普遍真实。

在语言学层面，汪德迈指出，中国语言最显著的特殊性是举世无双的文字，语言的交流功能和思辨功能的普遍双重性清晰显现。而这一普遍的双重性本来是所有语言的基础，在拼音文字里书写与口语的混合而不再显现。书中讨论六个要点：

1. 中国文字的出现，完全不是为了交流，而是要记录由专职官员所施行的占卜活动，占卜性准科学以《易》学闻名，中国的文字历史体现的是一种导致占卜学的思想，即思辨性的思想，它纠正言语，使之完善。这一改造在中国远比在其他地方更明显，是因为自19世纪以降，中国文化吸收了西方思想形式，后者由书写口语的文字所承载。

2. 文言作为超越交流口语用途的文字而被构建成一种思辨的，即纯粹探究性的、超越实用性的思考工具。西方思想所发展的"话语学"（*logique* 逻辑），而中国思想则发展成"文字学"（*grammatique*）。

3. 在西方文化里，思辨性思想从话语后形成的拼音文字形式里提炼出交流性语言，以期从中提取概念性语言的精华。中国思辨性话语则完全不同，是通过隐喻，要在根本意上（不是在语法上，而是在话语的语言性"文"之含义上）去定义中国"文言"性思辨话语。中国的逻辑是一种"表意性"逻辑，完全以另一种方式使语言运行，而非亚里士多德的"话语"逻辑。

4. 字法[①]与话语逻辑的根本分歧在于，逻辑依靠话语准确的语法秩序、通过词形变化来表述；而"文"的语法依靠的是文字的词义，它用形旁和声旁来表示，声旁同时带有语义。这一潜在的语义结构，使得起源于占卜兆纹的文字，成为带有揭示事物"形而上"含义的述行性文字。中国的思辨性是关联性的，而非假设-演绎的推理。

5. 公元前13到15世纪发展起来的中国表意文字，作为概念形式，

---

① "Grammatique"即"字学"，汪德迈受高本汉（*Bernhard Karlgren*, 1889—1978）的《古汉文辞典》（*GrammataSerica Recensa*, Museum of Far EasternAntiquities, 1957, 1972）一书书名的启发。

属于思辨漫长发展的一个阶段。由此产生的笔画构字法,在中国还确保了科技直至近代的发展,"完全无须羡慕西方所有孕育于经院式逻辑的科技发展"。

6. 美学维度是中国文字的精髓,《文心雕龙》之于中国文法堪比亚里士多德的《工具篇》之于古希腊的逻辑学。表意文字的文学是最美的,刘勰对之有生动精到的妙言:"龙凤以藻绘呈瑞,虎豹以炳蔚凝姿。云霞雕色,有逾画工之妙;草木贲华,无待锦匠之奇。"中国思想家们用文学方式进行表述,中国文化不发展特殊的哲学体裁。

在社会组织层面,汪德迈不认同汉学界同行的唯物主义史学观,他认为,中国一切制度的起源与演变,都建立在中国特有的生产关系观念之上。在中国社会,是生产关系观念指导生产方式。他指出,唯物主义历史学家认为生产方式主导生产关系是错误的。中国历史证明,中国人是根据思想进行社会性组织的。其要点有:

1. 依据礼仪形成生产关系。占卜理性在宇宙学的伸延中将古代中国引向礼仪化。

2. 通过使社会结构与宇宙结构相应,通过使社会的运行和四季阴阳运行一样和谐,让社会屈从于礼仪。

3. 国家官员而非领主负责督查土地的分配。领主与养活他的农民之间有专人做中间人,社会关系可以通过孟子的"仁"之精神得到缓和,而非是生硬的主奴关系。

4. 中国生产关系模式和希腊-罗马世界奴隶的模式,即被法律认可的由主人将奴隶作为货物买卖的模式完全没有可比性。中国模式为历时两千多年的中央帝国建立了政治社会双重架构,即主流意识形态的土地农业官僚权力和知识分子的文官权力。

5. 公田共耕制被初税亩制取代(税,形声字,从禾,兑声,意为割取),农民体力劳动税制化在齐鲁广泛施行并遍及各诸侯国,农民劳动社会生产方式的物质化的后果是,国家士大夫阶层,即劳心者阶层,不再为自己国家服务,开始向其他强盛国推荐自己的才能,由此萌发游士辅佐多国统治者的有偿服务之萌芽。

6. 在周代后半世,中国四分五裂,中国文人起着政治社会变革的驱动作用,起这种作用的不是农民,亦非被传统编年史置于首要地位的诸侯。

7. 孔子获得非凡的历史地位,是由于他在中国从古代文化到古典文化的过渡中,起到重要的推动作用。他独自一人突破原先由中央集权文化掌握占卜文字的局面,开启了这一过渡。孔子认为,自己有责任修正整个王权机制的书写传承,并大力冲破这一中央集权。

8. 地主阶层土地所有制与文人阶层意识形态权力所有制形成,废除井田制促使土地所有权的产生。"名田"受长足发展的贸易商品化的推动,成为贸易对象。但源自普天之下皆为王土的初始公田概念从未被"名田"的私有化所抹去,而农业社会生产商品化所导致的国家机器的弱化,又在行政方面通过意识形态国家的强化得到很大的平衡。

9. 官员由科举制度产生,直到1905年科举都是中国推行的选官制度。 千二百年间,科举制度不断按儒家思想方式进行完善,不断强化文人阶层在皇朝体制中比皇权更为深入的作用,马克斯·韦伯以来,西方学者主观地将之混同于官僚制度,其实两者完全不同。韦伯们认为,官僚组织制度是通过具体事情、行政组织而进行的人类行政组织化。这是中国生产模式的商品化第一阶段导致法家制的倾向。但是,文人官僚制则完全相反,它将体制中儒家思想精华的力量发展到极致。

10. 罗马的财产所有制征服了世界,而中国则通过科举制广泛建学校。开始是中世纪在朝鲜、越南、日本,之后,现代时期在西方,从英国在东印度公司开始,整个欧洲沿用这一考试制度选拔人才。

11. 中国古代社会所形成的机构体制与欧洲奴隶制、封建制、资本主义的社会形态相去甚远,而人们通常不完整地将西方有关词汇用于翻译中国社会形态,造成混淆。秦始皇时期的罪奴制度与古希腊古罗马的生产关系机制完全不同。与中国社会同期的古希腊罗马奴隶制晚于土地所有制,在中国,相应的发展时期是封建制。我们现在来看与之有着根本不同的欧洲封建制，而后者比前者要晚一千年。

12. 中国封建制建立在"宗法"上，以此强化中国封建权力，而欧洲的封建制建立在骑士即武士的价值上。在西方，封建性具有所有印欧社会的基本组织原则，即杜泽梅尔在比较研究吠陀、古希腊和古罗马宗教后所指出的社会运作基本三功能性，神、武士和生产者三功能性。而中国古代社会建立在文人阶层的劳心者治人和农民劳力者双重基本关系上。

13. 中国文人官僚阶层和韦伯意义上的官僚之间的区别，在于前者不属于纯行政性运作体系，它完全脱离了行政功能。当选治国之才不再依据军事能力而是儒家思想道德价值。韦伯的官僚体系则相反，它追求一种纯运作性的官僚体系。

14. 科举制不是为了培养称职的官僚，相反，目的是录用真正的文人做文官。至于技术能力，它们并未被忽视，但只能通过实践得到。技术才能不是科举考试的门槛，在另一个值得注意的中国文学官僚机构是御史台，技术能力用来评判文官活动并作为文官升降的依据，这在西方的官僚制中不曾有过。

15. 大土地主阶层和文人阶层，两者形成中国帝国的社会基础。然而，文人阶层始终比大地主阶层优越，因为文人比农人优越；而正是这种知识拥有相对于物质财富拥有的优越感，使得中国历史上商品化不曾导向资本主义，尽管有商业、货币与技术和制作业的发展，清代的中国却毫不羡慕工业革命前的欧洲。

16. 明代以降，与西方资本主义决然不同的纯中国式的官僚与中国文人阶层的混合。今天，这一混合体换了一个方式存在。

在生存层面，作为儒学专家的汪德迈有独特的观点。他认为，中国特有的占卜学维度取代了最初的宗教思考维度，人的普世意义是"天人合一"。儒家通过礼仪的实践，道家则通过人顺应万物的自然运行为目的的解脱行为来践行"天人合一"。水墨画更是生存与自然意念的诗化，源自纯中国宇宙学的世界观。

汪老首先从艺术着手论述。他认为，六朝出现中国特有的水墨画。源自书法的水墨画，与艺匠毫无关联，它是文人的创作。因此，文人画非常接近文学构思，和后者一样，它成为中国艺术理论家所谓之"写意"的另一种方式。这与希腊画家宙克西斯（Zeuxis，公元前404—前306）的艺术相反，宙克西斯画葡萄，逼真得鸟群来啄食。与此完全相反的是，王维（701—761）的瀑布，李昭道（675—758）或董其昌（1555—1636）的山峦，马远（1160—1225）山岩顶上凝视四周的隐士，表现诗化自然。西方画家和中国画家，有关艺术作品的看法完全不同。西方画家沉浸在圣经的创造观念之中，再加上柏拉图的神造观，亚里士多德改为自然乃创造者之观念。由此，西方画家学习以模仿自然进行创造，他坚信自己就是依照创造者上帝之像被创造出来的。而中国画家，完全没有创造的意念，他沉浸在与上天合一的意念里，作品中所表达的来自于内心深处所感受的万物之含义（写意），而非"写真"。

在西方，它被柏拉图客观理想主义的哲学理论化，成为真实的观念实体，后者建构超验的精神世界，而感性世界则只是前者的影子。柏拉图以此推断出"回忆说"。而中国的禅宗与老庄道家融合，将事物的空性与语言本在之虚假所反映的现实幻象之虚相连。

该书第九章讨论特殊的中国资本主义。明末清初，中国资本主义以其发展印迹清晰地显示出已经走出胚胎阶段；但中国资本主义与文人官僚相交而成，与西方资本主义决然不同。中国文人官僚在中国资本主义里引入一种导致自体免疫性疾病的轻商基因，因此资本主义的发展受到制约，乃至不能像19世纪控制西方体制那样控制中华帝国体制。中国旧资本主义的这一局限性并非像韦伯所认为的那样，是因为儒、道的宗教特点不能与西方资本主义的清教徒伦理相兼容。余英时指出，19世纪中国儒商伦理与清教伦理很相似，中国所有的社会价值都导向文人官僚精英，儒商伦理在中国成为资本主义主流。与中国旧式资本主义相比，来自西方的资本主义不带纯属古代中国资本主义的自身免疫基因，因而不会通过文人官僚的优越性而自抑。

图3　青年时代汪德迈背饶宗颐涉水过印度佛陀开悟圣地纪念（《饶宗颐教授艺术创作汇集》之《寰宇风光》册，第18页《伽利洞涉水图》）

该书第十章讨论中国文化中宗教意识的隐去。汪德迈指出，中国与西方思想受语言影响，发展方向完全不同。西方的拼音文字收集了从地中海区域的巴比伦、腓尼基、犹太到古希腊传播的神话大叙述，从中产生圣经的和希腊式的理性神学。中国则相反，神话不在占卜学所用的"文"之列，阴阳五行的宇宙学取代神话学。神话的历史化与周代体制抹除殷代奉行的宗教化祭祀的努力相应。汪德迈认为，周代抹杀殷代的历史，用神话取代历史，周代借助伏羲的神秘面目抹去《易》与殷代占卜相连的所有痕迹。而历代中国历史学家对此沉默不语。

中国儒家礼制是用社会意识完全抹去宗教意识，汉语"宗教"是明治维新时期日本学者翻译西方论著时体现西方含义的词语。汪德迈认为，中国的教理性宗教观公元6世纪才出现，佛教此时进入南方文人阶层，使非礼仪意义上的纯宗教意识开始活跃。中国对宗教行为的理解，与西方的教义性虔修绝然不同，中国宗教观的特点是与上天崇拜决裂，周代的礼制显示的就是这一断裂。中国宗教被设定是精神教育的部分而非为上帝意志服务的修行，前者保存了神异性，并使中国避开了宗教战争之祸。历史上的禁佛就是这一对宗教不宽容的意识形态所导致的。这一意识形态上的不宽容在中国形成传统。但是和西方所经历的宗教不宽容完全不同。另一个讨论的重点是中国式的超验性含义。西方思想将超越作为思辨的对象，它的性质是超越人通过自身的能力具有的认知。神学解决了这一矛盾，把上帝作为超验的三位一体，所造之人自然是有灵魂的，其理性官能天生具有超验感。中国思想中展开的是另一种超验观，即超越感知形体，用"形而上"一语表述。中国占卜文化通过占卜学而非神学来拓展启示性。西方超验性本体的"当下"物质世界与"上天"的非物质世界之间是决裂的，中国的超验性有着同质而断裂的特性，现象层面的"形而下"和超感知现象的"形而上"共在。"形而上"在理性层面透过表征解释现象，形成宇宙学，代表内在性超越。内在性超越的概念使道德法则的宇宙化进入儒家思想。

宇宙道德化体现在中国语言的形而上特质上，以《庄子》的譬喻为代表。它与神话无关，神话制造任意想象的诠释，出于对远古的无知。而《庄子》的譬喻创造含义，将语言无法直接概念化的能指符号用来解释比喻性的所指。在这一意义上，汪德迈认为《庄子》超越了《道德经》，后者尚未从神话思想中完全解脱出来。庄子通过譬喻，也与儒家所倡导的"文"分道扬镳。

因此，汪德迈认为，柏拉图式的超验性是另一个世界的，洞穴之外的，而道家的超验性在是内在性里，一如蛇在蛇皮里，知了在蝉蛹里那样。柏拉图思想最终导致康德的先验性哲学批评，而庄子的道家思想则导向佛教禅宗的超验性。《庄子》从形而上的角度思考事物形而下层面的无区别。汪德迈指出:"佛教以更绝对,更本体论的方式指出存在与非存在之间无区别,这就是禅宗超现实、超越普通语义的话语——重拾《庄子》的神秘话语——所展现的。"

汪德迈在该书结论部分提出:中国古代的意识形态,其基础是文人官僚与地主官僚的传统。这是西方不可能学到的。而中国的"天人合一"理论更吸引西方。它建立在《易经》占卜性宇宙学之上尤其是中国的表意文字。它不仅影响了认知世界的所有领域里的思想,而且它本身从一开始就成为特殊符号学的对象。《庄子》揭示语言本有的虚假性。而西方思想受拼音文字左右,将话语的魔力推向极致。

汪德迈的学术思想具有跨文化视野,其研究有四个突破点。

首先是从中国文字的起源出发研究中国思想。[1] 汪德迈指出,中国文字的占卜性起源是准科学的、高度抽象化的过程,它决定了中国思想的关联性特点。汪德迈认为,中国儒家经典与《圣经》一样具有神圣性。但《圣经》的神圣性在于它是被上帝启示的文字,而儒家经典的神圣性在于它是文字本体意义上的启示性,即以书写语言(文言)揭示事物的本质。因此,儒家注疏把文本本义与文字结合,解读"微言大义"。《圣经》阐释学则相反,将本质含义与表面文字分开,使文本的语义发生裂变,以使文字背后的含义显露出来。正是文字本体性质的诠释使命使中国史官对文字记载极为重视,即"正名"的原则,甚至不惜为之捐躯。在文学写作上,西方文学与注重上帝意志的《圣经》一样,文本首先体现的是创作者的意志。作品的价值与其个性化程度成正比。在中国的作家文学中,如同注重文字本体诠释的儒家经典一样,作者为了释放书写本身[2]的力量把个性化放在第二位,即使是最抒情的作品也采用无人称的形式。

---

[1] 参见汪德迈:《启示性文字与被启示的文字——与《圣经》阐释学相对立的儒家注疏》,《跨文化对话》第22辑,"方法论研究专栏",南京:江苏人民出版社,2007年,第10—15页。
[2] 参见汪德迈:《从文字的创造到易经系统的形成:中国原始文化特有的占卜学》,《跨文化对话》第28辑,"方法论研究专栏",北京:生活·读书·新知三联书店,2011年,第183—192页。

汪德迈中国学的第二个突破点是关于汉字精神与中国思想的关系。他指出汉字精神是占卜性。他认为中西文化、思想的不同，不仅仅是表意文字与字母文字相去甚远，而在于起源的不同。中国思想最初以一种极为讲究的占卜方形式为导向，希腊－拉丁并犹太－基督教一方，思想最初以宗教信仰为导向。

汪德迈先生借用安德烈·马蒂耐（André Martinet）的观点，普通语言是两层意义的组合。第一层是话语流上形成的意义单位，第二层是以这些意义单位为基础所形成的语音符号单位。而中国文字起源为独一无二的"文"言形式，是一种创自武丁统治（公元前 1250—前 1192）时期的书写符号体系，其目的并非像所有其他文字——无论表意或拼音文字系统——那样去记录口语所言，而是用一种科学语言形式去记录占卜运行规则。占卜学不是去挖掘自然与被认定是操纵自然的超自然之间的契合，而是理性地研究自然现象之间的契合。它从卜相之间的关联入手，借结构性形态－逻辑之光，就现象本身之间的类式继续推进已经出现的思辨。中国思想里有着占卜语义性的深刻烙印。它对自然语言的语义性进行了彻底地重新组合。占卜师造出的占卜性语义更是彻底弃绝了自然语言的语义。因此，中国文字是有别于其他表意文字的特殊文字，举世无双。汪德迈的结论是，中国的哲学思辨中的占卜学遗传因子一直存在。西方思想从神学思辨起点发展，而中国思想则是从占卜学思辨出发，中国传统的《易经》，正如西方传统的《圣经》，同样极大地影响整个思想史。

汪德迈中国学的第三个突破点是"异托邦"方法论。《跨文化对话》2009 年第 23 期"方法论研究专栏"刊登汪德迈的文章《我之汉学研究的方法论问题》①，集中阐述了他的中国学方法论。他写道："就我而言，我越是想理解中国思想的精髓，因其特色总是让我着迷，我越是为中国和西方文化之间的对比备感惊讶。但是我并不从道教这条在

---

① 参见汪德迈：《我之汉学研究的方法论问题》，张新木译，《跨文化对话》第 23 辑，南京：江苏人民出版社，2009 年，第 209—214 页。

线,而是从另一条在线努力寻找中西文化分歧的原因:即儒教的在线。道教的宗旨是通过摆脱所有对社会的介入而实现真人的理想,而儒教则相反,儒家主要关注的是社会秩序。"

他提出的问题是,分歧从哪里开始,使得中国文化朝着礼治方向演变,而西方文化朝着法治方向发展?这是两种对行为进行规范的不同机制:中国是礼仪机制,而西方是法律机制。在他看来,中国思想和西方思想的分歧在于神学理性和占卜理性。前者是西方思想的杠杆,后者是中国文化的杠杆,是宇宙学。

汪德迈始终抓住中西的相异性作为研究视野,他借用福柯的术语"异托邦"概括他的汉学研究方法。认为研究不同文化的相同性,比较容易落入假问题框架。而相异性是研究者应该努力发掘的。

汪德迈中国学的第四个突破点是提出中国思想的形而上,即宇宙形而上的观点。2016年9月在北大纪念汤一介先生逝世一周年的讨论会上,汪德迈发言,其论文题目是《'形而上'与'物而上'两个概念,两种世界观》。他从最初出现于《易经·系辞》第十二章"形而上"概念入手,指出超越"形"者,与"形而下"相对。西方的"métaphysique"被译成"形而上"是很糟糕的,它导致对中国的超验性产生严重的曲解。该术语应该是"物理之外"、"物而上"之意,指超越万物之本体。宇宙学源自将宇宙变化范式化的占卜学,阴阳五行内在于宇宙万物的规律。这一规律属于某种超越,属于占卜学的维度。它的运作,不在现实之外,而只是在我们所感知的维度之外,那是一种内在的超越。在史前中国的祭祀里,万物灵性的威力被诠释为宇宙至高无上的超自然,用"上"指宇宙之"帝",以区别帝王之"帝",非地面的君王。汪德迈认为,将"上帝"之词认作拟人化,是传教士们造成的一个误解。

亚里士多德的"métaphysique"作为物理基础的研究,是通过推理而非占卜进行的。推理针对物理现象的诠释关键点,即研究其因果性。整个亚里士多德哲学的核心是其四因论(动因、质料因、形式因与目的因),而"métaphysique"是对终极因的研究,通过终极因得以解释物理因果性。充溢创世概念以及神的概念，神人同形，源自人类因果性模式，是一种无限中通往有限的"超越－形式"。因此，亚里士多德物而上之路是一条应用于物理基础研究的逻辑之路。

汪德迈指出，中国思想没有像希腊思想那样从事物的规则里提炼出范例和因果性，而是从占卜象形结构（卜兆、蓍占）提炼出关联性规则。与因果性不同，关联性在互相感应层面运作。《大学之道在明明德》中的"德"指每一个人的本性均含来自宇宙的灵魂力量。而《易经》从知的角度重灵性的力量。"德"超自然。整个中国的"知"之哲学就在直觉"明德"的概念之上。

图 4　本文作者与汪德迈（右）在工作中

2018 年 11 月中，本书的中译稿完成，寄给香港中文大学出版社社长甘琦。她回复："文稿收到，简明深邃，写一个作者简介，不是维基语言风格的。"

一个周日的上午，"书桌"咖啡馆，汪先生说："我为书和写作活着。我九十一岁了。以前我的老师饶宗颐告诉我，他'写书，到九十封笔'。我呢，还在继续。"

汪德迈中国学奖

董晓萍

"汪德迈中国学奖",全称"法兰西学院金石美文学院汪德迈中国学奖",由法兰西学院金石美文学院与香港明远文化教育基金会于2017年在法国巴黎共同创建,以法国当代汉学家汪德迈(Léon Vandermeersch)的名字命名。

汪德迈中国学奖为中国学终身成就奖,一年一度,在世界范围内表彰对中国学术文化研究有重大贡献的研究者。

法兰西学院金石美文学院已有近四百年的历史,在欧洲享有崇高的学术地位。在该学院创设"中国学奖"为历史上首例,也是三百年来法国汉学史上的第一次。

法兰西学院金石美文学院在汉学领域拥有雷慕莎、儒莲、沙畹、伯希和、马伯乐、戴密微、阿里克、汪德迈等迭代相继的汉学家。

法兰西学院院士、法兰西金石美文学院终身秘书长冉刻(Michel Zink)教授为该奖的创设做了大量工作。汪德迈奖的设立,成为法国学术界高度重视中国学术文化研究的鲜明标志,反映了以法国为代表的欧洲社会对当代中国社会发展的普遍关注。

法国汉学家汪德迈先生1928年1月7日出生于法国北部的Wervicq-Sud村。1945年就读于巴黎东方语言文化学院学汉语与越南语,同时在巴黎索尔邦大学学哲学与法律。1948年获得汉语本科文凭,1950年获得越南语本科文凭,1951年获哲学硕士与法律学博士。1962年获法国高等社会研究院法家研究硕士,1975年以中国古代体制论文获得法国国家博士。

汪德迈师从法兰西公学院汉学家戴密微(Paul Demiéville),日本京都大学人文科学研究所重泽俊郎、小川环树、吉川幸次郎，香港大学饶宗颐，并再返京都日本同志社大学（Université Dôshisha）师从内田智雄。年轻的汪德迈在西贡（1951—1954）、河内（1955—1956）任中学教师。很快受聘为法国远东学院（Ecole Française d'Extrême-Orient）研究员，并在河内大学西贡法学院（1952—1954）、法国远东学院任职，又任河内路易·飞诺博物馆馆长（1956—1958）。之后在京都（1958—1960）、香港（1962—1963）任职，复居京都（1964—1965）。历任爱客思－普罗旺斯大学（1966—1973）、巴黎第七大学（1973—1979）、巴黎高等社会研究院（1979—1993）中国语言与文化讲师、教授、研究员。期间曾担任日佛会馆馆长（1981—1984）、法国远东学院院长（1989—1993）。

汪德迈为法兰西学院金石美文学院通讯院士，其研究着力于甲骨文、儒法家思想、中国古代政治制度、中国思想史，以及受中国文化影响的国家（韩国、日本、越南）的文化史。出版专著七部（法文）[1]，发表论文 百多篇。曾获法兰西学院儒莲奖（Prix de Stanislas Julien）、法兰西学院铭文与文学学院最重要的奥马乐奖（Prix du duc d'Aumale）、法国荣誉军团骑士勋章（Chevalier de l'ordre de la Légion d'Honneur）、法国教育荣誉勋位（Officier de l'Ordre des Palmes

---

[1] 汪德迈七部专著如下：

Les Miroirs de bronze du Musée de Hanoï（Paris: EFEO/Maisonneuve, 1960）。

La Formation du Légisme. Recherche sur la constitution d'une philosophie politique caractéristique de la Chine ancienne（Paris: EFEO/Maisonneuve, 1965 年版，1987 年再版）。

Wangdao ou La Voie royale I *Structures cultuelles et structures familiales*（Paris: EFEO/Maisonneuve, 1977）。

Wangdao ou La Voie royale II *Structures politiques et Rites*（Paris: EFEO/ Maisonneuve, 1980）。

Wangdao ou La Voie royale（Paris, You Feng, 2009）。

Le nouveau Monde sinisé（Paris: PUF, 1986；友丰，2004 年再版），《新汉文化圈》，陈彦译，南昌：江西人民出版社，1990 年。

Etudes sinologiques（Paris: PUF, 1993）。

Les deux raisons de la pensée chinoise-Divination et Idéographie（Paris, Gallimard, 2013）。

What China Teaches Us？（Paris: Gallimard, 2019）。

académiques）、日本神器金银星（Etoile d'or et d'argent de l'Ordre du Trésor sacré du Japon）。

汪德迈先生是中国人民的好朋友，他长期推进中西文化交流，与北京大学乐黛云教授共同参加跨文化研究新学科以中国为发生地的创办工作。

香港明远文化教育基金会，位于饶宗颐教授生活和工作过的香港特别行政区，为社会公益基金会，致力于中国文化研究、中国文化建设、中国基础教育与高等教育的公益捐助事业，由哈佛大学博士、香港中文大学中国文化研究所前所长陈方正等创立，中国著名文化学者陈越光任主席。

首届汪德迈中国学奖颁给北京大学著名教授、著名学者汤一介先生的夫人、中国跨文化研究的奠基人、中法合作《跨文化对话》辑刊主编、北京师范大学跨文化研究院名誉院长乐黛云先生，表彰她在跨文化中国学研究领域所取得的终身成就。

论稿

Notes de recherches
Articles

18—19世纪法国对印度文学的接受*

〔法〕皮埃尔·佛辽若　撰　郑可心　译

摘　要：法国的印度学研究已有二百多年的学术史，其中雨果的印度文学观，法译本《沙恭达罗》的翻译与研究等，都体现了法国对印度文学、哲学和历史的想象与理解，它们的不断探索和改进，也展现了法国的印度学研究的智性、博学、交流三大宗旨。

关键词：印度文学　梵语文学　法国接受

西方跟印度之间的联系已经很久了，从17世纪开始，路易十四派遣耶稣会的传教士远行中国，法国与中国的联系也就从17世纪就开始了，出现了法汉语法书和词典。跟印度的联系要稍微晚一点，是从18世纪开始的。至今在法国还保留了1696年在当时印度的孟加拉地区的金德讷格尔的照片，就是当年传教士住的地方，那里有教堂，还有花园。

1726年，法国有一位很有名的传教士，叫简·弗朗西斯（Jean-François），到达了印度，他与当地的婆罗门密切交往，兴致勃勃地学习梵语，还学会了孟加拉语。他看到了很多梵语写本，都是用孟加拉字体，以贝叶经的形式所书写的。他搜集了两百部写本，里面有各种形式的文本，如宗教、哲学和文学都有。1734年，他出版了一个《目

---

*　此文为法国著名印度学者皮埃尔·佛辽若于2019年4月24日为"北京师范大学第五届跨文化学国际课程班'概念史：走向跨文化'"的授课讲稿摘要，本次发表时，保存了作者面向研究生讲解的口语风格。

录》,他又写了一篇长达40页的报告,对不同类型的文本做了介绍。他对梵语字体和孟加拉字体都有研究,写过一部戏剧。他用拉丁语写了一本语法书,因为拉丁语是当时欧洲的通用语。他在印度的活动,起初是在孟加拉地区,后来又到了印度南部。在南部期间,他学会了泰卢固字体,当时梵语会用不同语言的字体来书写,他掌握了这种字体,就能阅读更多的梵语文献。

接下来介绍的这个人叫安奎蒂尔·杜佩龙(Anquetil Duperron),在当时的欧洲学者中,他很早就学习了东方语言,包括梵语。当时欧洲人听说过《阿维斯塔》和《吠陀》,但这两部书在欧洲只是一个名词,人们并不知道它们的内容,还有人认为它们根本不存在。安奎蒂尔·杜佩龙远行伊朗和印度,去找这两部书,结果找到了。他把书带回法国,送到了国王图书馆。他后来把他在印度的传奇冒险经历写了下来,比如在印度西海岸苏拉特发生的故事,后人读起来就像小说一样。与此前的传教士相比,他的经历有所不同。耶稣会的传教士也能在传教地选择自己感兴趣的知识进行学习,但学习的目的是为了传教,他的印度之行是专注于学习的。他是一位非常有才华的学者,在印度住了七年,学会了《吠陀》和《阿维斯塔》,回国之后,他利用自己学会的语言,开展了大量翻译工作。在殖民时代的早期,英法等殖民国家在印度互相争斗,1771年,他翻译了一本书,引起了欧洲人的惊诧。1778年,他又为印度人写了一本书,叫《东方法》。他在书中说,印度是一块古老、和平、富饶的土地,在这片土地上,印度人民愉快地生活。他对印度人说,殖民者来了,你们的愿望就没法实现了,殖民者破坏了你们的生活和贸易,你们需要发出正义的声音,才能争取回到从前的生活。也许有一天,在印度的法国人可以理解你们的灵魂,你们才能达成从前的愿望。他回法国时只有27岁,在国王图书馆工作。他的生活很简单。1801年至1802年间,他出版了《奥义书》。《奥义书》是一部阐释《吠陀》哲学的十分重要的著作。

西方人保持着学习东方的热情,对印度、埃及等都有兴趣。但原来西方人对东方的研究，限于学者个人的分散研究，到19世纪初，开始逐步成立研究机构，有了系统化的趋势。法兰西学院于1815年率先设立梵语教席，第一个获得这个教席的是谢西（Antoine-Léonard Chézy，1773—1832）。谢西最初是波斯语学者，钻研波斯语文学，研究波斯语写本。他当时在法国国家图书馆任职，作为东方语言的学者，接触了很多档案，包括传教士安奎蒂尔·杜佩龙的一些记录。他运用梵语，在很大程度上，是依靠自己的努力学会的。他生活的时代，也是法国历史上最具有戏剧性的时代，发生了各种战争和运动。设立了梵语教习之后，欧洲其他国家的学生纷纷来巴黎学习梵语，包括德国的施莱格尔。谢西把梵语戏剧《沙恭达罗》译成法语，还翻译了其他作品。《沙恭达罗》讲述一个年轻的女孩，名叫沙恭达罗。她由天女所生，在静修林里长大。有一次，富有的国王豆扇陀来到静修林，拜见她的养父，巧遇沙恭达罗，爱上了她。豆扇陀许诺沙恭达罗说，待他回宫后，会来娶她，但他回宫后忘了自己所说的话。沙恭达罗找到了王宫，国王拒绝见她。豆扇陀去天界，帮助天神与阿修罗打仗，知道了事情的真相，还知道豆扇陀和沙恭达罗有了一个儿子，叫婆罗多。婆罗多这个人物对印度来说还是很重要的，印度人现在Bharat的名字就是从婆罗多来的，《摩诃婆罗多》也是讲婆罗多的故事。印度人自称是婆罗多的子孙。我们现在所讲的"印度"是外国人加给"印度"的概念。梵语戏剧《沙恭达罗》的翻译引起法国文学界的关注，继法语译本之后，陆续有了英译本和德译本。欧洲当时处于浪漫主义文学时期，强调情感的表达。

到了19世纪上半叶，拉马丁（Lamartine）成为法国文坛的领军人物，在19世纪50年代，他对世界文学也做了一些论述，其中就提到谢西翻译的《沙恭达罗》。谢西是一位很优秀的老师，他带出的一些学生后来也成了知名学者，如麦克斯·缪勒（Max Muller），麦克斯·缪勒是德国人，但主要在英国治学执教。还有他的优秀学生伯努夫（Eugène Burnouf）。伯努夫是法国梵语研究的真正奠基人，他对佛教，对《吠陀》都很了解，他的著作《印度佛教史导论》展现了他对于印度佛教有相当程度的掌握。伯努夫也从事印度教神话的研究。他还翻译了《薄伽梵往世书》，译笔十分优美，使这部著作不仅呈现了学术思想，也富有文学色彩，具有可读性。许多学者和文学家都是通过他的这个译本了解到印度教的神话。意大利学者戈雷索（Gorresio）翻译了印度史诗《罗摩衍那》。我在这里要提到他，是因为他在巴黎生活、学习和工作过，也与伯努夫有过合作。

法国许多诗人和作家通过翻译文学的途径，受到印度文化的影响。雨果（Victor Hugo）就对于印度文化很感兴趣，但他对印度神话的运用，是自己动手改编，是按自己的方式诠释印度神话。雨果曾因为与拿破仑三世政见不同，遭到驱逐20年，住在一个很小的海岛上。他把这种个人经历和对苦难的感受与印度的哲学概念相联系，写了下来。他很关注轮回的概念，在他看来，轮回指现世生活处于不佳状态，可以从轮回中获得解脱。雨果还写了一首长诗描述轮回，认为地球上的所有动物、树木和岩石都是怪物。除了人之外，人有独立的灵魂。黑暗把灵魂从天堂驱逐出去，灵魂就根据它被黑暗所侵入的程度，堕落到惩罚的不同程度。人是监狱，动物是流放地，树是地牢，石头是地狱，赎罪之时即接受命运之时。很久以前，印度人在还不了解这些概念的时候，就以一种令人惊讶的眼光，构思出这种轮回的概念。当然，在我看来，雨果并没有真正理解轮回的概念，而在印度古代哲学和古典文学中，对轮回的阐述还是很多的，在佛教文学中更多，雨果大概是看了印度佛教的某些文本，灵感忽至，但他并没有真正做功课，没有给出详细的阐释。他不是学者，只是一位文学家、一位诗人。在法国，在19世纪，不只雨果，还有其他的一些文学家也对印度文学和文化很有兴趣，但他们通常只是根据自己的兴趣做一些了解，并不是这方面的专家。

马拉美（Mallarmé）是19世纪下半叶比较有代表性的法国作家，他给法国文坛带来了革命性的转变。在诗歌创作方面，他对于外国文化非常感兴趣，尤其喜欢于印度。他并未写过任何关于印度的诗，但他的妻子是一位佛教学者，也读过一些印度文献，他可能从他妻子那里受到了影响。他在作品中只有一次提到印度，是讲印度的旅行，谈个人感受。印度文学对他的影响主要体现在，他在诗中特别注意声音和音韵，他写的一些法语诗，从音韵的角度去读，就有一种独特的味道，如果翻译成英文，就难读出那个味道。

我的课将以阿波利奈尔（Apollinaire）的一首现代诗做总结，阿波利奈尔的诗也是注重音韵的，读起来有音乐性。他读过谢西翻译的《沙恭达罗》。[①] 这段诗讲的是，豆扇陀从天界赢得战争归来，赋诗曰："沙恭达罗，尊贵的配偶啊！厌倦了胜利，欢欣鼓舞。当他把她救回来的时候，她更加苍白，她的眼睛很白，因为期待和爱，雄性羚羊爱抚她。"

---

① 佛辽若教授这时用法语朗读《沙恭达罗》，语调中充满音乐性。——编者注

5—16世纪印度卡纳塔卡邦的艺术与建筑*

〔法〕法荪达哈·佛辽若　撰　李华芳　译

摘　要： 中国国内对印度学研究的了解相对集中于印度的中部和北部，欧洲学者则关注印度南部，并深入印度南部开展长期的文本搜查和田野调查研究，指出印度宗教与印度建筑艺术关系密切，寺庙艺术史是研究印度南部文化的重要组成部分，这方面的研究个案也有方法论的研究。

关键词： 印度南部　寺庙建筑艺术　宗教　变迁

印度卡纳塔卡邦是我的故乡，我对那里非常熟悉，所以我拟订了这个讲座题目。我不知道在座的各位同学对卡纳塔卡邦了解多少？卡纳塔卡邦是印度南部的省份。在印度版图上，它位于马哈拉施特拉邦以南，果阿邦和喀拉拉邦之间的海岸线以东，喀拉拉邦与泰米尔纳德邦的陆地以北，安德拉邦边境以西。卡纳塔卡邦的来历是个谜，但可以确定的事实是，它属于达罗毗荼语族，当地的官方语言是坎那达语。卡纳塔卡邦拥有十分丰富的艺术史和建筑群落，它们的历史可以追溯到公元前3世纪的阿育王时代，但真正的艺术与建筑史起源于遮娄其王朝的巴达米。巴达米、帕塔达卡尔与艾霍莱都曾是遮娄其王朝的首府。

巴达米石窟神庙群是印度教的神庙，位于卡纳塔卡邦的北部，具有遮其娄王朝雕刻建筑的典型风格。它们在砂岩上开凿而成，后人通

---

* 此文为法籍印度学者法荪达哈·佛辽若于2019年4月23日为"北京师范大学第五届跨文化学国际课程班'概念史：走向跨文化'"的授课讲稿摘要，本次发表时，保存了作者面向研究生讲解的口语风格。

过寺庙中保留下来的铭文，了解寺庙在5世纪至7世纪中期的建筑结构。它由游廊入口进入，通过柱形环抱的正殿，进入圣祠。在正殿里面，朝圣者们载歌载舞。到了11世纪，神庙的入口发生了变化，改为由西面入口进入中央正殿，正殿的东、北、南三面，分别设有三个圣室，里面供奉三座神龛，分别是湿婆、毗湿奴与梵天的神像。这三尊神是印度教的三相神；其中，湿婆神是全知全能的"毁灭之神"，毗湿奴是"护持之神"，梵天是平衡毁灭与护持的"创造之神"。

在湿婆神龛的墙上，有两组神像，一是湿婆神手持武器的艺术形象；二是五面湿婆神萨达希瓦的形象。这些五面湿婆神有五面十臂，其中，"五面"，指朝向东面、南面、西面、北面与上面，分别代表五种造物主；"十臂"，手持武器或圣物，分别指向十个方位。

在遮娄其王朝的初期，国王信奉耆那教和毗湿奴教，但随着湿婆教的兴起，当地的神庙建筑与艺术也发展了变化。巴达米因人工开凿石窟和建筑艺术发达而远近闻名。公元632年，一座耆那教的神庙在艾霍莱建成，这也是印度第一座人工开凿神庙。自此之后，当地的神庙群先后落成，包括位于艾霍莱的难近母神庙，位于帕塔达卡尔的毗楼拔叉神庙，位于巴达米石窟神庙群等，因此那里又被称为"印度建筑的摇篮"。

帕塔达卡尔的神庙在不同的时期呈现出不同的风格。在神庙的墙壁上，雕刻有毗湿奴化身之一、半人半狮形象的人狮主纳拉辛哈手擒希拉雅斯普的艺术形象。这里面有一个神话传说。相传，梵天曾赋予希拉雅斯普一种神力，让它无法被人类、天神或动物杀死。毗湿奴为破除这个魔咒，除掉希拉雅斯普，以半人半兽的纳拉辛哈形象出现，这样他既不是人类，也不是天神或动物，他就有了杀死希拉雅斯普的资质。纳拉辛哈在既非白天也非黑夜的黎明、在既非户外也非户内的庭院，将恶魔置于既非大地也非天空的大腿内，挥动武器，终于将希拉雅斯普处死。在湿婆神庙墙壁上的雕塑中，还绘制了湿婆神的其他化身形象，每一个形象都有一个神话，再如，有一个神话讲，毗湿奴的化身与梵天的化身开展大战,连恒河女神都无法阻止,最后恒河女神请求湿婆神出面,才制止了这场战争。

　　在巴达米的遮娄其王朝之后,拉喜特拉库塔王朝登上印度历史舞台,但他们在卡纳塔卡邦拥有的庙宇数量不多。有些庙宇被卡利安尼的西遮娄其王朝,德瓦吉里的雅达瓦王朝,与曷撒拉王朝所继承。这一时期,艺术和建筑高度繁荣,达到了前所未有的高度。在当地的历史遗迹和神庙雕塑中,至今可以看到湿婆神崇拜与毗湿奴神崇拜的深深痕迹。以西遮娄其王朝的神庙为例,这种神庙的布局与巴达米遮娄其时期的神庙相似,从西面进入神庙的入口,北面、南面和东面是三座圣室内,供奉三座神龛。中间是正殿。再如,位于卡纳塔卡邦的杭格阿尔,与哈勒比德(Halebid)的湿婆神庙群,分别供奉着湿婆神的两种化身,它们都拥有独特的建筑风格。

　　14世纪初,穆斯林进入印度南部,南部诸王朝出现混乱局面。最终,位于毗奢耶那伽罗的卡纳塔卡·阿蒂堤亚新王朝建立。不无遗憾的是,这个王朝总被误称为毗奢耶那伽罗王朝。该国由诸侯坐庄、历经三朝更迭,其神庙建筑艺术在前两朝都没有变化,到了第三个朝代变化明显,逐步形成我们现在见到的印度南部神庙风格。这种变化体现在神庙的顶部和柱子的装饰,与神庙的建材等方面的变化,例如,神庙的柱子,原来是无装饰的,风格简约,后面变得精雕细刻,还有藤蔓缠绕。在建筑材料方面,原来是纯砂岩雕,后来变成砂岩雕刻与混凝物雕刻相混合的形态。

　　汉皮的古建群也以手工雕刻技艺而闻名,其标志性特点是神庙属于石质结构,有能发出音乐响声的廊柱,参观者用手指敲击神庙的柱子,就会听到它发出不同的音色。一根柱子发出多个音阶,十分奇妙。这处古建群是印度世界遗产中面积最大、分布最广的神庙建筑群,带有典型的印度南部建筑风格,主要供奉毗湿奴神。

　　其他印度南部著名的寺庙建筑艺术群,还有一批。例如,维达拉神庙群,是毗湿奴神庙群,四周高墙环绕,有三座高耸的塔门入口,通往塔门的是长长的朝圣之路。再如，贝鲁尔的毗湿奴神庙雕塑，里面有猴神哈奴曼的艺术形象。

长期以来，每年都有数以万计的朝圣者涌入这些神庙，参加各种宗教活动。在印度，无论信徒们信仰哪一种宗教教派、崇拜哪一位神祇，宗教都不仅与印度神庙建筑与艺术息息相关，也是人们日常生活中不可分割的一部分。

汤一介先生与后现代哲学思潮

杨 浩

摘 要：汤一介先生早年接受过包括西方哲学在内的严格的哲学训练，对西方哲学有着浓厚的研究兴趣，后来又对马克思主义相关的哲学著作进行过深入的研究。改革开放之后，在欧美接触到西方流行的各种哲学思潮。在这些哲学思想当中，汤先生特别对后现代哲学思潮当中的一支——建构性后现代主义的哲学情有独钟。汤先生对建构性后现代主义哲学的关注，不仅看到它与中国哲学的多种共通性，而且应该说也是为了克服现代主义的弊端等有着很多共同的建设性思考。

关键词：后现代哲学　建构性后现代主义　过程哲学

汤一介先生（1927—2014）作为研究中国古代哲学史，并尝试建构当代中国哲学的代表人物而为人所知。然而，对于汤先生特别关注当代西方哲学的发展，特别是其中与中国传统哲学气味相投的后现代哲学思潮方面，却并没有引起学者们的关注。究其原因，汤先生并不是专门研究西方当代哲学的专家，在这方面也没有专门的论文，论及相关内容的论文也不是很多，更多的则是在讨论中国传统哲学的时候顺便提及当代西方哲学。然而，即便从少量的几篇论文以及散落在各篇论文的内容当中，仍然能够看出，汤先生的中国哲学研究与建构是以当代西方哲学为重要参照背景的，他密切地关注着当代西方哲学的动态，学术视野开阔，研究格局宏大。无论是汤先生所思考的内容，还是他所使用的方法，都是值得后学进一步继承与发展的。

汤先生在年轻时代，曾经受过严格的、良好的哲学教育，其中有大量的西方哲学课程。在大学的四年学习里，汤先生印象深刻的西方哲学方面的课程，有郑昕先生（1905—1974）专讲康德哲学的"哲学概论"课，贺麟先生（1902—1992）的"西洋哲学史"以及汤用彤先生（1893—1964）的"欧洲大陆理性主义"和"英国经验主义"（卷9，98页）。① 汤先生后来在北京市委党校任教期间，又大量阅读了马恩列的马克思主义经典作家的原著，其中自然也渗透了丰富的西方哲学资源。（卷9，24页）改革开放以后，汤先生成为那一代人最早一批接触到西方学术研究的学者，结识了众多海外学者，多次参加世界哲学大会，对西方当代哲学有着切身的接触。可以毫不夸张地说，汤先生在改革开放之后的哲学思想都是在与海外学术研究的接触下催生出来的。比如，思考中国传统哲学中的"真""善""美"为"天人合一""知行合一""情景合一"，实际上是从一个宏观的高度思考中国传统哲学当中的自然哲学、道德哲学、艺术哲学，这是在1983年在加拿大蒙特利尔召开的世界哲学大会上提出来的。其中"天人合一"思想不仅是在思考中西哲学差异，也是在思考现代性弊病的基础上提出来的。再比如，汤先生提出的中国传统哲学的内在超越问题，也是在余英时先生文章的启发下提出来的。因此，在汤先生的学术名著《郭象与魏晋玄学》当中，我们就可以看到汤先生已经关注到西方哲学的一些动向。汤先生已经注意到西方后现代哲学思潮开始流行，汤先生看到七八十年代有解构主义的出现，"提倡零碎化、多元化、反体系化。"（卷2，78页）汤先生也还看到西方哲学界的各种思潮的流行，而后现代主义是其中的一支。汤先生注意到：

> 例如当今的西方哲学，很难找到一种主流思想，现象学、后

---

① 本文所引汤先生的著作均出自《汤一介集》，北京：中国人民大学出版社，2014年。为避免繁琐，只随文注出卷号与页码。

现代主义、实用主义、分析哲学、西方马克思主义等都有很大影响。同在美国著名的哥伦比亚大学,既有萨依德的后殖民主义,又有后现代主义的代表,还有各种基督教哲学,其影响也不能忽视。(卷2,78页)

值得特别提及的是,虽然后现代哲学思潮只是西方各种哲学思潮当中的一支,但西方哲学界没有一种主流思想,多元共存、百花齐放的特点正是后现代哲学思潮所赞赏的。

什么是"后现代哲学思潮"或"后现代主义"是难以定义的。不仅在一般意义上各种主义与概念都是难以定义范围的,而关于"后现代主义"更是无法定义的,因为对这种思潮进行"标签"本身就是与此种哲学背道而驰的。对之进行"标签",本身就是后现代主义所反对的"现代思维方式"的结果。与汤先生有交往的后现代哲学研究学者王治河在其《后现代哲学思潮研究》一书中,将11种思潮归在后现代主义的旗下,其中有非哲学、非中心化思潮、反基础主义,非理性主义、后人道主义、解构主义、视角主义、后现代解释学、多元论、后现代哲学史编纂学、反美学。当然,在此书增订本中,王治河还特别增加了有关建构性后现代主义的内容,并提及后现代女权主义哲学等内容。[1] 汤先生对中国传统哲学有着精深的研究,在这些后现代哲学思潮阵营当中,对其中新兴的建构性后现代主义情有独钟,写作了《启蒙在中国的艰难历程》《儒学与建构性后现代主义》等论文,并且为王治河、潘美筠的《第二次启蒙》作的序也论及这一思潮。鉴于后现代哲学思潮的复杂性与汤先生所思考问题的广度与深度,笔者将本文的任务限制在梳理与分析汤先生对后现代哲学思潮关注的重点上。

---

[1] 参见王治河:《后现代哲学思潮研究》(增订本),北京:北京大学出版社,2006年。

一、现代性的弊病

汤先生自觉认识到他与其父辈们的不同,即具有更多的现实关怀(参见卷9,63)。汤先生的哲学史研究具有很强的经院哲学的特点,但是他的哲学思考则并非纯粹的书斋学问。汤先生立足于当下,认识到中国在现代化的进程当中,虽然取得了政治、经济、文化的大发展,但同时也出现了现代社会才有的各种弊病。与任何时代的哲学家一样,哲学家就是要站在时代思想的最前列,比普通人具有更强的敏锐性与深刻性。汤先生哲学思考的出发点也是要反思当今中国面临的现实,期望能从传统资源出发分析与反思现代社会的困境。

后现代哲学思潮虽然主要针对"现代性"及其思维方式,但是自觉或不自觉的问题意识则是针对"现代性"导致的各种环境问题、社会问题、人自身问题等提出的。汤先生也是从当前人类所面临的问题出发来引介后现代哲学思潮。汤先生将人类面临的问题按照"矛盾"的性质大致归为三类:"人与自然"的矛盾、"人与人"(包括"人与社会""国家与国家""民族与民族")的矛盾、"人自己身心"的矛盾。汤先生用最精练的语言将三者概括为:

> 近一二百年来,①由于对自然界的无量开发、残酷掠夺,造成生态环境的严重破坏。②由于人们片面物质利益的追求和权力欲望的无限膨胀,造成了人与人之间以及国家与国家之间的矛盾与冲突,以至残酷的战争。③由于过分注重金钱和感官享受,致使身心失调、人格分裂,造成自我身心的扭曲,吸毒、自杀、杀人,已成为一种社会病。(卷5,11页圈号为笔者所加。)

"人与自然"的矛盾体现为日益严峻的生态问题。近几十年来的中国实现了经济的高速增长与综合国力的腾飞,但显然这是以严重破坏环境、消耗资源为代价的。人们生活的自然环境恶化、空气污染、土壤硬化、水污染、食品安全等，生活在当下的人们都切身地感受到这一问题。这些问题都是中国在近代以来受列强欺凌，受第二次世界大战的折磨，被迫向西方的现代化学习的结果所引发的。不发达国家与地区为了在政治、经济、军事等方面与西方列强抗衡，主动或被动接受了西方转嫁的生态方面的阵痛。交通、信息等的高度发达，使得生产资料、资金、知识等在全球的转移更加便捷，整个地球上的各个国家与地区变得日益密不可分，走上了全球化的不可逆转的潮流。西方现代化带来的各种弊病也就逐渐成为全球的普遍的问题。人类有史以来首次结成了实际意义上的"人类命运共同体"。

"人与人"的矛盾从大的方面体现了国家与国家、民族与民族、地域与地域之间的冲突，从小的方面则是个人与个人、个人与集体、个人与社会之间的冲突。战争与革命虽然已经不再是世界的主题，但是这个世界仍然很不太平，局部战争频仍与难民潮，大国之间的军备竞赛与核威慑，霸权主义与恐怖主义，民族冲突与宗教冲突，等等，所有这些问题都给人们带了无尽的痛苦。个人愈加自私自利，缺乏奉献精神，不同个人之间的利益冲突、个人与集体之间的利益冲突日益严重。人与人之间的关系紧张、复杂，日益难以协调。层出不穷的各类社会问题难以解决。

以上两类矛盾易于看到，而"人自我身心"的矛盾则容易被人忽视。片面追求感官刺激，忽视精神内容。身体层面，癌症的梦魇笼罩着人们，更为恐怖的是艾滋病无声无息地在蔓延，还有稀奇古怪的各种绝症折磨着人们。更为严重的是，很多人患上了严重的心理疾病，小至心理的失衡、压抑、抑郁、扭曲，大至人格分裂、精神失常、变态疯狂，最终导致自杀、杀人，等等，已经成为严重的社会顽疾，严重地影响社会的安宁，使社会无序和混乱。

以上有些问题无疑在现代社会之前也是存在的，但是显然远远没有现代社会如此严重与普遍。人类有史以来第一次走到了可以轻易毁灭人自身、人类文明，甚至整个地球生命的边缘。绝大多数人仍然陶醉在现代化带来的各种便利当中浑然不觉，有识之士已经提前认识到事态的严重性。在当代中国学者当中，汤先生无疑是一位先知先觉的思想者。

后现代哲学思潮基于相同的忧患意识，对造成现代性种种弊病进行反思，追溯现代性思想的根源。如科布所说："今天，人类面临的一个主要问题（或许是最主要的问题）是，全体人类所依赖的自然系统正濒临崩溃。现代性之二元论的和人类中心论的思维习惯延误了人们对这个问题的关注，并仍在妨碍人们做出适当的回应。"[①] 他们认为找到了要为此种弊病负责的近代西方哲学的源头，那就是从笛卡尔开始的"主客"截然对立二分的思维模式。科布指出："现代哲学的历史主要是以17世纪的笛卡尔为开端的。怀特海将笛卡尔置于一种不断发展的起源于先前一个世纪的科学—哲学思想的运动之中，但他认识到了笛卡尔在重构已有思想的人类主题为基础的哲学中的重要作用。"[②] 汤先生则经常引用罗素《西方哲学史》评价笛卡尔的一段话为例，[③] 指出这一点：

> 西方文化传统曾长期把精神界和物质界的关系看成各自独立、互不相干的外在关系，其思维模式以"心"、"物"为独立二元，为了"人"的需要可以不考虑到"自然"；对"自然"的征服也不必考虑"人"的生存条件。（卷5，231页）

按照汤先生的思路，我们看到，他所谓的三种矛盾从根源上来说，

---

① 〔美〕小约翰·B.科布：《后现代公共政策：重塑宗教、文化、教育、性、阶级、种族、政治和经济》，李际、张晨译，北京：社会科学文献出版社，2003年，第11页。
② 同上书，第5页。
③ 罗素的《西方哲学史》中说："笛卡尔的哲学……完成了、或者说极近乎完成了由柏拉图开端而主要因为宗教上的理由经基督教哲学发展起来的精神、物质二元论。"（罗素：《西方哲学史》下册，马元德译，北京：商务印书馆，1988年，第91页。）

都是"主客"二分的思维模式在作怪。西方近代文艺复兴以来的人文主义觉醒使人们从上帝的桎梏中解放出来，但是随着人类自我的极度膨胀，走向了另外一个极端。"人与自然"的矛盾就是始源于人们把大自然作为与主体自身完全没有联系的只供人们所利用、所征服的客体。人类成为宇宙的中心，自然环境、动植物都是为人类提供服务的。这是将人类整体作为主体，大自然作为客体的截然对立二分。"人与人"的矛盾实际上是人类中的某个个体将自己作为主体，而此个体之外的其他一切作为客体的一种截然对立二分。某个个体成为宇宙的中心，人类中的其他人也就都是为此个人提供服务的，以达成此个体的个人私欲。"人自我身心"的矛盾则是将自我所谓的精神作为主体，而身体则是为此精神所服务的奴仆。这三类矛盾是"主客"截然对立二分的由内及外的必然的推演。

"主客"二分的思维模式本身具有一定的真实性，作为对自然的一种认识模式，具有一定的普遍性。比如，数学中的1与0，逻辑中的真与假，《易经》中的阴与阳，哲学中的有与无、等等。可以说二分的思维模式比三分、四分等其他模式具有更强的普遍性。究其原因，可能和人自身的身体结构等也有一定关系，人有两只手、两只脚、两只眼睛、两只耳朵等，更重要的是人的大脑大致可以分为左右半脑。如此的生理结构与人类所使用的语言也密切相关，"是"字作为语言的普遍句型，连接的就是主语与宾语。而语言当中普遍存在有与无、难与易、长与短、高与低、上与下、前与后等等二分判断。有些看似没有对立面的也都可以找到对立面，比如，理性与非理性，语言与默然等。然而将二分截然对立起来，片面地发展一个方面，则会造成严重的后果。

汤先生赞赏中国传统哲学当中的"天人合一"思想，以克服"主客"截然二分的思维模式，也就从西方的"过程哲学""建构性后现代主义"等思潮中找到了当代西方哲学的同盟军与知音。汤先生指出：

因此，当代西方"过程哲学"对二元思维方式的批判，在某种意义上是受到中国"天人合一"思维方式的影响。他们认为，应把环境、资源、人类视为自然构成中密切相连的生命共同体，这将对解决当前的生态环境危机具有重要意义。（卷7，167页）

解构性的后现代主义旨在解构"主客"的截然二分，在哲学上强调相对性、多元性、非中心、反本质、多视角等，体现的更多的是"只破不立"的精神。而新兴的"建构性后现代主义"将"过程哲学"作为的其理论先驱，作为解构性后现代主义的反对者出现的，但其建设性的特征更给人带来积极的态度与热切的希望。汤先生对之的关注远远超过解构性后现代主义。

二、怀特海与过程哲学

汤先生曾经回忆接触后现代哲学思想的历程：

> 早在上个世纪三四十年代，怀德海的过程哲学已经传入中国，但我听到怀德海的名字却是1986年在加拿大召开的一次会上。然而由于我的英语听力很差，对该主讲者所讲的内容一点也没听懂。"后现代主义"大约也是在80年代中期，我在游访欧美时才稍稍接触到，但那时的"后现代主义"主要目标是针对现代化所产生的问题进行解释。我稍多地关注怀德海和"后现代主义"是到21世纪了，这是因为出现了"建构性的后现代主义"思潮。而且有幸在2005年与"建构性的后现代主义"的创始人之一约翰·科布有一次面谈，此后又认识了留美中国学者王治河和樊美筠。（卷8，210页）

这段回忆，值得注意的有几点：其一，汤先生听到怀特海的名字以及后现代主义虽然在 80 年代，但是真正关注到二者，则是因为在新世纪接触到建构性后现代主义。其二，汤先生对怀特海与建构性后现代主义的关注无疑与他自己思考的中国传统哲学的现代意义密切相关。其三，汤先生与建构性后现代主义有直接的接触，不仅与建构性后现代主义的创始人小约翰·科布（John B. Cobb Jr., 1925—）有直接的对话，而且与建构性后现代主义在中国的主要传播者王治河、樊美筠夫妇有直接的接触，并为二人所著的《第二次启蒙》作序。

怀特海在其晚年的《科学与近代世界》《过程与实在》《思维方式》等一系列著作中，建立了他自称的"有机哲学"或"过程哲学"。《科学与近代世界》一书对近代科学背后的"科学唯物论"的宇宙观进行了批判，企图在欧洲的科学史中寻找自己新宇宙观的先驱思想。① 他批评了哲学史从笛卡尔开始的"主客"二分模式，明确地将其有机论的自然哲学建立在"主客"二分模式的科学唯物论的反面上。他指出科学唯物论的出发点是独立存在的两种对立的实体：物质与精神，而他所赞赏的有机论的出发点"则是事物处在互相关联的共域中的体现过程。"② "事件才是实在事物的单位。"③ 有机论与机械论的自然观有很大不同。机械论将自然理解成无目的、无价值、无生命的物质系统，而有机论则要把握活生生的自然，自然的诸存在既是相互包容的，又是差别多样的，他们各自实现着各自的价值与目的。④ 怀特海的有机哲学在《过程与实在》一书中得到系统的阐述和发挥。有机哲学拒斥那种只有外在关系的"实体"一样的物质概念，怀特海认为这样的实体是空洞的，缺乏主体的直接性（subjective immediacy）。怀特海主张

---

① 〔日〕田中裕：《怀特海：有机哲学》，包国光译，石家庄：河北教育出版社，2001 年，第 65 页。
② 〔英〕怀特海：《科学与近代世界》，何钦译，北京：商务印书馆，2011 年，第 169 页。此句英文原为："the analysis of process as the realisation of events disposed in an interlocked community."（Alfred North Whitehead, *Science and the Modern World*, New York: Menthor Books, 1948, p.152.）
③ 〔英〕怀特海：《科学与近代世界》，何钦译，第 169 页。
④ 〔日〕田中裕：《怀特海：有机哲学》，包国光译，第 87 页。

一种新的主体论，主体本身是在经验的发生中形成的。①有机哲学提出了相依性原理（the principle of relativity），主张"所有活动性存在（actual entity）都在其他活动性存在内部"，怀特海指出："在这种普遍的观点上，机体哲学似乎更接近于某些印度思想或中国思想的支脉，而不是更接近西亚或欧洲人的思想。前一种思想视过程为根本原理，而后一种思想则视事实为根本原理。"②因此，在有机哲学中，每个活动性存在与宇宙的所有存在具有确定的关系。③怀特海过程哲学的核心思想在于，它把世界的本质理解为过程，认为世界的实在性正在于它的过程性，过程就是世界，世界就是过程，过程就是实在，实在就是过程。④在《思维方式》的第三编"自然界与生命"中更是阐述出从"无生命的自然界"向"有生命的自然界"的自然观转变的必然性。⑤

怀特海这种"有机整体观念"为汤先生所赞许，汤先生指出：

> 他对现代西方社会的二元思维方式进行了批判，他提倡的有机整体观念，正好为他提供了批判现代二元论（科学主义）的理论基础。（卷7，218页）

建构性后现代主义将怀特海的"过程哲学"视为其理论先驱。由于怀特海哲学非常广博与丰富，所以对怀特海哲学会有多种不同的解释。在西方，除了建构性后现代主义创始人小约翰·科布和大卫·格里芬（David R. Griffin, 1939—）外，大多数过程思想家和后现代思想家一直将怀特海视为典型的现代哲学家。⑥格里芬认为怀特海的哲学旨

---

① 〔日〕田中裕：《怀特海：有机哲学》，包国光译，第98页。
② 〔英〕怀特海：《过程与实在：宇宙论研究》，杨富斌译，北京：中国城市出版社，2003年，第11页。
③ 〔日〕田中裕：《怀特海：有机哲学》，包国光译，第108页。
④ 杨富斌：《七张面孔的思想家》，收入〔英〕怀特海：《过程与实在：宇宙论研究》，杨富斌译，第28页。
⑤ 〔英〕怀特海：《思维方式》，刘放桐译，北京：商务印书馆，2011年，第119—155页。
⑥ 王治河：《后现代哲学思潮研究》（增订本），第315页。

在将相对论与量子力学的哲学意涵与詹姆斯（William James，1842—1910）对二元论的拒斥融合起来，具有鲜明的后现代特征。而科布认为怀特海哲学的认识论拒斥感觉认知的至上性，本体论将物质实体代替为拥有固有价值与内在联系的事件，也具有鲜明的后现代哲学特征。[1]

汤先生对怀特海的理解是借助建构性后现代主义的解读的。汤先生对怀特海过程哲学的介绍的引文依据的是《社会科学报》2002年8月15日上登载的一篇基于一次国际会议内容介绍怀特海的文章——《怀特海：和谐回应东方》。这次会议是于2002年6月17日至20日在京举行的由北京师范大学价值与文化研究中心和美国过程研究中心共同举办的"价值哲学与过程哲学国际学术研讨会"。会议的外方主席就是小约翰·科布与格里芬。《超越解构》一书中，有关怀特海一节为科布所撰写。在科布看来，怀特海的后现代主义主张二分和片断歪曲了实在，万物实际上都是相互关联的。[2] 科布指出"人类是自然的组成部分，而且我们和自然的其他部分的关系与我们和他人的关系一样是连续不断的。"[3]

汤先生特别看重从怀特海思想中引申出的"人和自然是一生命共同体"命题，将之与自己特别主张的"天人合一"观念进行了类比。汤先生明确指出：

> 过程哲学家怀特海曾提出"人和自然是一生命共同体"这样的命题，这个命题和"天人合一"思想都深刻地揭示了人和自然的不可分的内在关系，人必须像爱自己的生命那样爱护自然界。这个理念应该说同样有着重要的"普遍价值"的意义。（卷6，

---

[1] David Ray Griffin, *Whitehead's Radically Different Postmodern Philosophy: An Argument for Its Contemporary Relevance* (New York: State University of New York Press, 2007), p.4.

[2] 〔美〕大卫·雷·格里芬等：《超越解构：建设性后现代哲学的奠基者》，鲍世斌等译，北京：中央编译出版社，2002年，第233页。

[3] 同上书，第254页。

124 页）

怀特海本人对中国的文化怀有一种仰慕之情。在《科学与近代世界》一书中，他写道："我们对中国的艺术、文学和人生哲学知道得愈多，就会愈加羡慕这个文化所达到的高度。……从文明的历史和影响的广泛看来，中国的文明是世界上自古以来最伟大的文明。"①小约翰·科布将有机哲学的相依性原理比作佛教的缘起或空性的概念。②田中裕则联想到华严宗的"理事无碍法界"与"事事无碍法界"。③汤先生也指出怀特海的思想与《易经》的思想具有相似性，汤先生还指出："根据怀德海的哲学，他们就提出一套宇宙观，叫作'整体有机的宇宙观'，这和《易经》的思想有相同的地方。"（卷7，404页）学术界即有专门学者对怀特海与《易经》思想进行了比较研究。④

三、过程神学

建构性后现代主义者对其思潮的追溯，认为怀特海的过程哲学是第一时期，是其哲学源头，霍桑（Charles Hartshorne，1897—2000）及芝加哥学派是第二时期的发展，科布与格里芬则是第三时期的发展。霍桑发起的过程神学运动，已经成为现代西方世界有别于正统神学、自由主义神学等神学派别的重要派别。⑤怀特海的《科学与近代世界》讨论了上帝在形式世界（永恒客体）与时间性的生成世界之间的媒介

---

① 〔英〕怀特海：《科学与近代世界》，何钦译，第28页。
② 〔日〕田中裕：《怀特海：有机哲学》，包国光译，第99页。
③ 同上书，第101页。
④ 唐力权先生（Lik Kuen Tong）专门对怀特海与《易经》进行了比较研究，发表 "The Concept of Time in Whitehead and the I Ching"（《怀德海与易经的时间概念》）（*Journal of Chinese Philosophy*, 1974, vol.1, No.3—4）等论文，并在怀特海与《易经》思想基础上，出版了专著《周易与怀德海之间：场有哲学序论》（简体字版1997年由辽宁大学出版社出版），创立了场有哲学。
⑤ 〔美〕小约翰·B.科布、大卫·R.格里芬：《过程神学：一个引导性的说明》，曲跃厚译，北京：中央编译出版社，1998年，第Ⅱ页。

作用，上帝是非时间性的活动性存在，而在《过程与实在》中上帝的这种特性被称为上帝的原始本性。①有限的时间性世界中的活动性发生与无限的具有永恒本性的上帝，都是活动性存在。②过程神学继承过程哲学认为全部现实都是过程的观点，他们旗帜鲜明地反对五种上帝的意涵。他们反对作为宇宙道德主义者（Cosmic Moralist）的上帝，反对作为不变的（Unchanging）、冷漠的（Passionless）绝对（Absolute）的上帝，反对作为控制力量（Controlling Power）的上帝，反对作为现状之维护者（Sanctioner of the Status Quo）的上帝，反对作为男性的上帝。③

汤先生对霍桑的关注，虽了解到他作为基督教神学家、过程神学家的身份，更主要强调他要在基督教伦理与儒家伦理之间找到某种对话基础的观点：

> 于是有一些基督教神学家就提出在基督教伦理与中国儒家伦理之间是否有一些共同点，能否在这两者之间找到某些对话的基础。例如英国历程神学（Process Theology）大师查理斯·霍桑（Charles Hartshorne）教授认为，以基督教为代表的西方文化，必须向东方学习，学习其"德性实践"方面的精神。（卷7，11页）

应该说，汤先生对霍桑的接触是近距离的。在1983年加拿大蒙特利尔召开的世界哲学大会上，有一个专门的中国哲学圆桌会议，名为"现代社会中国哲学的挑战"（The Challenge Of Chinese Philosophy In The Modern World）。在这个圆桌会议上，成中英、Venant Cauchy、刘述先、John King-Farlow、Anna-Teresa Tymieniecka、汤先生、Herbert

---

① 〔美〕大卫·雷·格里芬等：《超越解构：建设性后现代哲学的奠基者》，鲍世斌等译，第88—89页。
② 同上书，第90页。
③ 〔美〕小约翰·B. 科布、大卫·R. 格里芬：《过程神学：一个引导性的说明》，曲跃厚译，第3—4页。

Fingarette、Charles Hartshome 先后发言。就在这个会议上,汤先生讲了他的"天人合一"等三个合一的思想。刘述先先生对这次会议有一个详尽的记述。① 就是在这个会议上,汤先生接触到了霍桑对中国哲学的看法。霍桑在这次会议上的论文后来发表在《中国哲学杂志》上。② 汤先生对霍桑的发言内容颇感兴趣,在他的著作中曾多次引用,其主要内容应当是转述自刘述先先生的记述。汤先生指出:

> 美国过程神学家霍桑(C. Hartshorne),80多岁,他也支持这个观点。他特别欣赏中国哲学,如孟子的思想。他认为孟子没有将心脑打成两片、思想和情感不可分割的观点是比较好的。他说,如计算机,不能思,不能感,它的运作是不能与人类思维混为一谈的,他也认为西方要向东方的智慧学习。(卷6,71—72页)

霍桑在此次世界哲学大会的论文则重点指出了中国思想足以弥补西方思想的某些方面,提出西方世界应该虚心向东方思想学习。他认为,世界上有中国、印度、西方三大传统,每一个传统都有其长处与短处。中国固有传统(在佛教传入前)在伦理与政治哲学方面比较擅长,倾向于行动。与欧洲思想相比,中国思想不倾向于建立逻辑学或数学,在理性方面不够严密,也较少分析。中国思想没有那种将人类仅仅看作是机械一般的宇宙的一个组成部分的西方梦魇。一个绝对的二元论在中国思想当中很难找到。霍桑指出:"世界的任何一部分都没有对智慧的独占。西方主要产生了科学,这比东方更需要一个关于神圣超越的观点。但是西方神学,尽管提供了在科学当中需要的观点(尝试想象上帝如何看待自然以及在自然当中的我们),但在很多作家那里也变成了不愉快的变形(比如神学决定论)。现在西方科学与技术以

---

① 刘述先:《文化与哲学的探索》,台北:台湾学生书局,1986年,第87—90页。
② See Charles Martshorne,"Some Perspectives On Chinese Philosophy", *Journal of Chinese Philosophy*, 1986, vol.13, no.3, pp. 267-270.

毁灭的后果威胁着我们。文化的吹嘘不是应对我们当前情形的适当回答。我们能够从东方获得的任何智慧,我们最好都尽我们所能去吸收。"①

无疑,汤先生的主张与霍桑也是相通的,在红火的"国学热"的今天,汤先生冷静地看到：

> 现在文化上的"欧洲中心论"已经破产,绝不能再提出个"中国中心论"来,什么"三十年河东,三十年河西"、"中国文化可以拯救世界",这不仅是不可能的,而且是十分有害的。"中国中心论"一定会以彻底的失败而告终。文化只有在交流中、取长补短中才能得以发展提高,不能提倡国学就排斥其他。(卷5,315页)

遗憾的是,霍桑的这篇文章中没有提到孟子或计算机的有关内容,或许是他在会议上的发挥,或许是会后交流中提出来的,但其中包含的"西方要向东方的智慧学习"的观点则是随处可见。虽然他讲话的视角仍然是西方的,但却明显具有后现代哲学主张多元、包容的态度。

四、建构性后现代主义

目前,国内学者对后现代主义的介绍和研究主要侧重于后现代主义的摧毁、解构、否定性的向度上,对后现代主义的批评也主要集中在这些方面,但对于后现代主义所蕴含的积极的、肯定的、建设性的向度则很少注意到。汤先生即注意到解构性后现代主义的主要特征及其缺点：

> 在20世纪60年代兴起的后现代主义是针对现代化在发展过

---

① Charles Martshorne,"Some Perspectives On Chinese Philosophy", *Journal of Chinese Philosophy*, 1986, vol.13, no.3, p.270.

程中的缺陷提出的，其所作的，是对"现代"的解构，曾使一切权威性和宰制性都黯然失色，同时也使一切都零碎化、离散化、浮面化。因此，初期的后现代主义目的在于"解构"，企图粉碎一切权威，这无疑是有意义的。但是它却并未提出新的建设性主张，也并未策划过一个新的时代。（卷7，217—218页。）

实际上，后现代哲学思潮中摧毁、解构一个旧世界的倾向，本身其实就蕴含着建设、重构一个新世界的意味。王治河分析指出，解构性后现代哲学在三个方面即具有建设性，一是倡导创造性，二是对多元的思维风格的鼓励，三是倡导对世界的关心爱护。[①]后现代主义的建设性向度与汤先生长时间对中国传统文化的现代意义的思考非常契合。

建构性后现代主义（Constructive Postmodern），也译作建设性后现代主义，作为后现代哲学思潮的一支，也有多种形式，有罗蒂（Richard Rorty）、霍伊（David C. Hoy）等哲学家为代表的，也有格里芬、科布等为代表的。汤先生接触的主要是后者。格里芬在组建后现代世界中心之后，于1988年创立了建设性的后现代思想体系。[②] 罗蒂、霍伊等主要从哲学的层面进行讨论。而格里芬、科布则更多关注人与世界、人与自然的关系问题，积极寻求重建人与世界、人与人的关系，寻求重建一个美好的新世界。[③]

作为解构性后现代主义的反对者，建构性后现代主义则是要克服解构性的缺点。汤先生在2005年与科布有过一次面谈，他常常引用科布的一段话：

[①] 王治河：《后现代主义与建设性》，收入〔美〕大卫·雷·格里芬：《后现代精神》，北京：中央编译出版社，1998年，第2页。
[②] 〔美〕小约翰·B.科布：《后现代公共政策：重塑宗教、文化、教育、性、阶级、种族、政治和经济》，李际、张晨译，第4页。
[③] 王治河：《别一种后现代主义》，收入〔美〕大卫·格里芬编：《后现代科学——科学魅力的再现》，马季方译，北京：中央编译出版社，2004年，第1—2页。

过程研究中心创会主任约翰·科布说:"建设性后现代主义对解构性的后现代主义的立场持批判态度……我们明确地把生态主义维度引入后现代主义中,后现代是人与人、人与自然和谐相处的时代。这个时代将保留现代性中某些积极性的东西,但超越其二元论、人类中心主义、男权主义,以建构一个所有生命共同福祉都得到重视和关心的后现代世界。"①

科布与 Herman Daly 写作有《为了共同的福祉》(*For the Common Good: Redirecting the Economy Toward Community, Environment, and a Sustainable Future*)一书,此书是生态经济学领域非常重要的著作。科布上述文字正是对此书的介绍。汤先生从中看出"这种观点,也许会使中国古老的'天人合一'思想与之接轨。"(卷7,218页)在某些地方,汤先生认为科布这些思想有可能是借鉴自东方。汤先生说:

> 建构性后现代主义的代表人物科布说"今天我们认识到人是自然界的一部分,我们生活在生态共同体中",这个思想是从哪里来的呢?它无疑与中国的"天人合一"的思想有着密切的关系。(卷7,235页)

汤先生曾对"天人合一"的思想进行过深度的解读,此思想的形成本身也是针对东西哲学差异以及中国在现代化建设过程中出现的现代主义问题的角度上分析得出的。

建构性后现代主义对解构性后现代主义进行批评,并不是要恢复到前现代去,他是以肯定现代主义的成果为前提,一方面要批评现代主义的弊病,另一方面则要避免解构性后现代主义的偏颇。②这样的立

---

① 《为了共同的福祉——约翰·科布访谈》(王晓华访问记),《上海社会科学报》,2002 年 6 月 13 日。
② 〔美〕大卫·格里芬编:《后现代科学——科学魅力的再现》,马季方译,第 22—23 页。

场与汤先生的立场也是相同的。汤先生对传统文化也并非是一味的膜拜与肯定，所以在传统文化的复兴过程中，汤先生保持一颗冷静的头脑。建构性后现代主义旨在超越现代性，就是要超越现代社会存在的个人主义、人类中心论、父权制、机械主义、经济主义、消费主义、民族主义、军国主义等。① 建构性后现代主义提出的哲学主张是继承自怀特海"有机哲学"的"整体有机论"，用以挑战现代主义的机械论的世界观。建构性后现代主义反对作为现代主义哲学基础的二元论、还原论，以及人类中心主义。他总体上与解构性后现代主义一样，要改变现代主义的思维定势，要拓展人们的思维视野，要激活人们的创造性思维。② 现代主义有一种傲慢，对过去持一种鄙视的态度，向人们承许即将找到终极的真理。在这样的傲慢下，传统的观点并贬低为"迷信"。正如格里芬所言，"现代主义这种世界观越来越不被人们看作是'终极真理'，而所有不同的世界观都被自动地看作是'迷信的'。"③ 在当前传统文化复兴的过程中，一方面要注意克服现代主义的傲慢，要充分尊重不同于现代主义的思想，另一方面则不能回归传统，在吸收传统文化积极方面并在克服现代主义弊病的基础上建设与开创新的思想。汤先生之所以赞赏建构性后现代主义，应该正是看到此方面的重要视角。

当然，汤先生认识到了现代主义在国内的强大势头，也看到西方企图克服现代主义而建设新的后现代思想的弱小。所以汤先生说：

> 目前，建构性的后现代主义的影响力在西方还很小，但我相信它在西方和东方将都会受到重视。（卷6，176—177页）

现代主义弊病已经得到国内有识之士的认识，大家也都在积极探

---

① 〔美〕大卫·格里芬编：《后现代科学——科学魅力的再现》，马季方译，第22页。
② 王治河：《后现代哲学思潮研究》（增订本），第293、295页。
③ 〔美〕大卫·格里芬编：《后现代科学——科学魅力的再现》"英文版序言"，马季方译，第20页。

寻可能的解决办法。如果不能够克服现代主义的思维方式，恐怕是很难解决的。汤先生以哲人的眼光肯定了建构性后现代主义的价值，并展望了其未来。

五、第二次启蒙

与汤先生对建构性后现代主义思想的关注相应，他还关注到有关"第二次启蒙"的思想：

> 在20世纪末，将进入21世纪之初，以过程哲学为基础的建构性的后现代主义提出将第一次启蒙（即18世纪的启蒙运动）的积极因素与后现代主义整合起来，召唤第二次启蒙。（卷5，209页）

根据科布的说法，"第二次启蒙"的思想最早是王治河提出的，而且本身也是针对中国社会提出的。① 汤先生认可关于"第二次启蒙"的思想，不仅为王治河、潘美筠所著的《第二次启蒙》一书作了序，而且专门写作了《启蒙在中国的艰难历程》一文，追溯了启蒙在中国的历程。其中，汤先生提出了将"第一次启蒙"与"第二次启蒙"毕其功于一役的设想，期望中国在启蒙上走一条不同于西方的"捷径"。无怪乎王治河、潘美筠将汤先生称作"第二次启蒙的当代拓荒者"。②

汤先生在文中指出，16世纪明末的反封建礼教运动仅仅相当于14世纪开始的"文艺复兴"，与18世纪的欧洲的"启蒙运动"并不相似。这次运动更多是人性解放运动，与西方"运用理性"的内容是大不相同的。而且这场中国的"文艺复兴"被清军入关打断了。中国的社会变革被延迟了二百多年。1840年鸦片战争，中国惨败，19世纪中国的有识之士开始意识到必须向西方学习，他们逐渐认识到要从西方"启

---

① 王治河、潘美筠：《第二次启蒙》，北京：北京大学出版社，2011年，第9页。
② 雷原等主编：《汤一介学记》，北京：新华出版社，2015年，第31页。

蒙运动"的民主、自由、人权、法制等思想中吸取思想营养。被称为中国"启蒙运动"的五四运动提倡"民主与科学"。改革开放之后，汤先生提出"新启蒙"思想。（卷6，174页）汤先生注意到，20世纪90年代在中国思想文化界出现了两股反对"一元化"的思潮：一股是来自西方消解"现代性"的"后现代主义"，另一股是追求复兴中国传统文化的"国学热"思潮。中国并没有完成"现代化"，同时，近代以来被无数有识之士满怀希望赞扬的现代主义在西方已经出现异常严重的弊端，而且在中国也逐渐暴露出来。汤先生忧心忡忡地询问：中国社会的"启蒙"将如何进行下去？"中国如何才能全面实现'现代化'，而又避免陷入当前西方社会的困境？如何关注西方后现代主义的发展前景，而能较快地使中国文化和后现代主义接轨？"（卷6，177—178页）

汤先生提出，中国或许可以走一条独特的"启蒙"之路。他设想，能够在全面完成而实现"现代化"的同时而较快地进入后现代社会。汤先生这样的设想正是基于"后现代主义"思潮与"国学热"同时在当下流行的现状提出的。汤先生用来论证的武器与思想则是建构性后现代主义及其第二次启蒙的主张。

汤先生的观点无疑与科布的观点有很大的相似性。"中国将通过并超越这些现代主义的选择找到其自身的道路。要达到这一目标，中国在自身独特的传统中有着丰富的资源。"①汤先生认为，中国传统哲学中的"天人合一"理论与建构性后现代主义关于"人与自然是一生命共同体"的观点本质上是相通的。发扬这样的传统思想，无疑可以在我们现代化的过程当中，同时借鉴传统的"天人合一"的思想，提前避免人与自然的截然二分的思想。

汤先生还看到，第一次"启蒙"的口号是"解放个人"，第二次"启蒙"的口号则是与之相对的"关心他者""尊重差异"。而"关心他者"

---

① 〔美〕小约翰·B.科布：《后现代公共政策：重塑宗教、文化、教育、性、阶级、种族、政治和经济》，李际、张晨译，第2页。

的思想如果用传统思想来表述，那就是"仁者爱人"。汤先生对第二次启蒙的另一口号"尊重差异"也找到了传统思想的对应。那就是"道并行而不相悖"。（卷6，180页）

此外，汤先生还思考了西方的"人权"观念与传统文化当中"礼"的思想，提出应该在在确立"人权公约"的同时，设立"责任公约"，以使得"权力"和"责任"之间得到平衡。汤先生认为，"责任公约"或许会对"人权公约"起着保护和提升的作用。因此，汤先生反对抽象的自由观，认为要与责任与义务的观念结合起来：

> 必须拒绝抽象自由观，走向有责任的深度自由，要把责任和义务观念引入自由中，揭示出"自由"与义务的内在联系。（卷5，210页）

"第二次启蒙"蕴含着某种否定之否定的规律，是对第一次启蒙的超越，对第一次启蒙的某些内容进行否定，但绝不是对第一次启蒙之前的简单回归。汤先生认为：

> 人类社会的发展，其文化是要不断积累，总是在传承中创新。因此，后现代社会必须是在保留"现代性"社会中"自由""民主""人权"等等积极的因素，这样"建构一个所有生命共同体福祉都得到重视和关心的后现代世界"的意义才得以充分显现。（卷6，180页）

对于前现代的中国传统文化，必须自觉认识到不是复古，而是用来吸收与发展，以便更好、更快地进入后现代社会。汤先生说：

> 作为前现代的中国传统文化是需要认真吸收启蒙运动以来现代社会的一切积极成果，如自由、民主、人权等"对个体权利的

关注和尊重"的思想，我们决不能企图排斥自由、民主、人权等"极富有价值"的思想，这样前现代的中国传统文化才能和建构性的后现代主义结成联盟推进现代社会向后现代社会转型。（卷6，183页）

这其中体现了汤先生"反本开新"或者"批判发展"的思维方法。正如汤先生在《启蒙在中国的艰难历程》一文最后所表达的观点那样：

在中国已经产生广泛影响的"国学热"和建构性的后现代主义这两股思潮的有机结合如果能在中国社会中深入开展，并得到新的发展，也许中国可以比较顺利地完成"第一次启蒙"的任务，实现现代化，而且会较快地进入以"第二次启蒙"为标志的后现代社会。（卷6，183页）

"第二次启蒙"并不是要靠汤先生个人去完成，但是他作为我们这个时代的哲人，已经清醒富有远见的认识到这样的必要性。

必须指出的是，后现代哲学思潮本身在西方哲学界是非主流，而建构性后现代主义更是非主流的非主流。汤先生曾针对建构性后现代主义说道："目前建构性的后现代主义在西方仅仅是一股涓涓细流，影响很小，但却被为了民族复兴的一批中国学者关注。"（卷7，234—235页）汤先生作为传统文化的传播者与研究者，汤先生对建构性后现代主义的关注，值得后人沿着此一方向进一步研究。汤先生与建构性后现代哲学家所看到的中国传统文化与建构性后现代主义的共同之处，是一个值得发扬与深入探讨的角度。如汤先生所言：

建构性的后现代主义的代表人物已经注意到中国传统文化对建构性后现代主义颇有吸引力，并已从中吸取营养；同样，中国的一些学者也已经注意到建构性后现代主义对当前人类社会走出

困境的现实意义,并认真地关注着该学说的发展。(卷6,183页)

汤先生关于"关心他者""尊重差异""人权"与中国传统思想中"仁者爱人""道并行而不相悖""礼"和责任义务等思想是极富有洞见的,后代学者显然仍可以接着汤先生的思想进一步发展。汤先生对西方后现代哲学思潮的关注,使我们逐渐认识到:中国当代的哲人已经与西方同时代的哲人有着密切的交流,当代中国哲学的研究也逐渐成为世界哲学的一部分,经过几代人的努力,中国哲学与世界哲学的距离已经越来越小,沿着汤先生指出的方法论,我们在大力开发中国传统的资源的同时,努力学习与跟踪西方哲学的当代发展的同时,逐渐出现融入世界哲学大家庭当中的梦想也可能会逐渐实现。

"现代新闻记者"的困境：柯尔律治新闻写作述评[*]

孙凌钰

摘 要：柯尔律治作为最早的"现代新闻记者"之一，承受了时代变化带来的精神和经济双重压力。不少学者批评他的新闻写作表现出立场骑墙和太遵循时效性，但我们必须看到，这并不能仅仅归因于他本人缺乏政治思想，而要结合当时的社会环境来理解他。他最终离开报社，专注于哲学散文的写作，也是因为他认识到新闻并不能开启自由舆论空间，并且开始反思新闻写作的作用。

关键词：柯尔律治 新闻写作 立场骑墙 时效性

柯尔律治（Samuel Taylor Coleridge）作为新闻和期刊写作者的形象，一直被他作为浪漫主义诗人和文学理论家的身份所遮蔽。事实上，他的新闻、期刊写作贯穿他一生，甚至我们从他的诗歌作品中看到，很多诗歌作品是率先发表在杂志上的。他从1797年至1803年是新闻、期刊写作高峰时期，这一时期柯尔律治有规律地为伦敦两家日报写作，是报社写作社评的最重要的作家。1803年以后，他逐渐淡出新闻界，作品多为哲学、宗教等思想领域的散文。玛丽琳·巴特勒、安吉拉·埃斯特海默等学者认为新闻、期刊写作这些文化活动，而不是某篇文学作品，对奠定他在文学、文化历史中的地位是决定性的，他是"现代新闻记者"的最早典型，是浪漫主义时期思想革新的代表之一。然而，他作为公共知识分子的"独特的姿态"却往往被人忽略，在他死后的

---

[*] 本文为中国传媒大学科研培育项目"英国浪漫主义与18世纪政治哲学思潮之关系"（项目编号：CUCI5A14）的阶段性成果。

漫长的19世纪，不但鲜有评论家称赞或研究他的新闻写作，还因为他早年的政治立场不统一为他招致许多批评。一直到20世纪才陆续有评论家关注他这部分创作，将之视为理解他本人和他的时代的重要材料。这篇文章试图解释他的新闻写作活动与其时代的重要联系，解释他最终放弃新闻写作而转向"晦涩难懂"的散文写作的原因。

一、"骑墙者"还是"现代新闻记者"？

1797年11月，柯尔律治受出版人丹尼尔·斯图亚特（Daniel Stuart）①之邀，旅居伦敦为最重要的日报之一《晨邮报》（Morning Post）写作社论。他在这一时期的社论文章中讨论法国宪法、拿破仑的军人独裁等问题，紧跟国际大事做出评论，使《晨邮报》的政治评论在众多报刊中显得鹤立鸡群，为《晨邮报》赢得了一批为数不小的读者②。1803年，斯图亚特卖掉《晨邮报》，带着柯尔律治进入另一家晚报《信使》（Courier），柯尔律治继续担任主笔。柯尔律治对这两家报纸均做出巨大的贡献，为报纸带来巨大销量。正如斯图亚特称赞柯尔律治："柯尔律治写作新闻头版时评的能力超过麦金托什（Mackintosh）、伯克（Burke）和其他人。他的观察力不仅来源于他出色的感觉，也来自他丰富的知识、深刻的思想和卓越的预见能力，他同时以学者、绅士和政治家的身份在写作。"③虽然得到老板的赏识，但是柯尔律治早期的新闻写作并没有给他带来真正的声誉，还让他招致许多研究者的批评。19世纪，研究者更多地关注他后期散文的内容

---

① 丹尼尔·斯图亚特是当时伦敦著名的新闻出版人，被称为英国19世纪初最伟大的三位报人之一。
② 《晨邮报》每天（除周日）有4页版面，内容包括种类多样的商业、学术和社会新闻。第一页罗列当晚伦敦剧院的演出信息，以及房地产、新产品、书，或找工作的各种广告。第二、三页和部分第四页，是国内、国外事件的评论文章，原创诗歌，戏剧、音乐会、讲座和其他表演的评论，社会新闻，邮轮新闻，犯罪新闻、破产、出生、死亡、结婚告示。商业性内容在第一、四页，在报纸外层。第二页的内容，通常叫头条（leading paragragh），是吸引读者最关键的内容。而《晨邮报》和《信使》的头条文章，基本都是柯尔律治所写。
③ Erdman David, ed. *Essays on His Times*, vol.1（Princeton: Princeton University Press, 1978），p. lxvii.

和风格[1]，尚未关注他早期的新闻写作；到了20世纪，随着他的早期散文集《他的时代的散文》（*Essays On His Times*）出版，他的新闻作品集中展现在世人面前，终于引起学者们的关注。

  学界对他的第一种质疑是认为他毫无长远的政治思考，称不上政治思想家。《他的时代的散文》（*Essays on His Times*）的编订者额德曼（Erdman）评价柯尔律治在《晨邮报》的数年间是一个政治狂热者，而不是一个政治思想家，"他没有一个稳定的党派立场，也没有对政治长远的思考"[2]，认为柯尔律治还是在朱尼乌斯（Junius）[3]的传统里写作新闻时评，关注的不是长期目标，而是当下事件，追求精确和新鲜。比如书中记录《晨邮报》1802年9月25日的文章，柯尔律治表达对法国形而上学哲学的批评，认为形而上学不是政治的方法，法国人会为此付出代价。1802年10月5日和9日的文章中，柯尔律治在斯图亚特和麦金托什的要求下，向所有党派的人说话，呼吁国人看到保王党人的良苦用心，并且明确提倡国家荣誉感和世袭贵族制，认为拿破仑政府的和平希望已彻底熄灭。10月8日的文章中支持皮特政府再次

---

[1] 对柯尔律治后期散文的讨论，详见拙文《柯尔律治的散文风格与真理的传播——以〈朋友〉文本为中心》，载《枣庄学院学报》，2013年12月，第41—47页。19世纪早期和中期学界对柯尔律治散文的评价，如 Gordon Mckenzie 认为柯氏的作品显示了缺乏有秩序的计划规划和发展，风格繁冗、经常离题。William Walsh 认为柯氏的散文计划混乱。D. G. James 认为他很少把事情想透彻，他的散文风格不能再差劲。这些人的评价有继承前代批评的看法，也有采用柯尔律治自己的说法。柯尔律治在文章中有四次明确的批评自己的文风，用词是晦涩、缠绕、过度阐释。Henry Nelson 认为柯尔律治文风平实、直接，但有时会离题很远，对读者思想要求很高。到19世纪末20世纪初，有学者反对主流意见，认为柯尔律治的风格不是松散（loose），而是紧凑有控制。到20世纪中后期，学者进一步挖掘其散文风格的价值，如 Stephen Potter 认为语句的复杂是为了思想的清晰，如果他用词太简单，会相应地把思想简单化。这些论述均参见 Grow, M. L. , *The Prose Style of Samuel Taylor Coleridge*，此文为博士论文，藏于国图缩微阅览室。

[2] Erdman, David, ed. , *Essays on His Times*, vol.1, p.lxi.

[3] 一位时政作者的笔名，据后人考证是英国政治家菲利普·弗朗西希爵士。朱尼乌斯于1769—1772年在伦敦的报纸《公共广告人》（*Public Advertiser*）上抨击内阁，风格是发表对当下政治的评论，而不建立理论系统。他连载的批评文章讽刺国王、抨击议会、蔑视法庭，言辞十分大胆，使《公共广告人》的销量从2800份一举飙升至5000份。可想而知，朱尼乌斯在当时有多受新闻业界老板的喜爱，可对议会和政府来说，他却是十分头疼的对象。

组阁。10月14日再次发表他早年写的诗歌《转变》(*Recantation*),以新题《法国》(*France*)发表,表达对法国政治的失望。这些文章虽都表达统一的保守主义立场,但仍然是围绕时事发声,并无长远而严密的理论体系可循。

学界对他的第二种质疑是认为他政治立场骑墙。柯尔律治在《晨邮报》时期曾经历了政治思想的大转变。他早年思想激进,推崇葛德文、潘恩等思想家,认为人能被当下环境立竿见影地塑造和改变,而不需要依靠漫长的历史和习俗的熏陶来培养。因此他不赞同柏克所持的重视传统、维护习俗的权威等观点,也不认同柏克对法国大革命的批评。在当时的柯尔律治眼里,法国大革命象征着整个欧洲打破封建统治的希望,拿破仑的政治能力则象征着他理想中的哲学王。但当他和骚赛在现实世界中创造"大同世界"的理想彻底破灭之后①,他经历了一段时间的沉寂和自省,在这段时期他不仅反思法国形而上学的革命思想在现实政治中的效用问题,也更深刻地反思了"人"是否能离开传统和习俗而被养成的问题。柏克在《法国革命论》中所提出的尊重英国传统宪制、尊重英国习俗、警惕法国式的历史断裂等问题,在柯尔律治头脑中逐渐得到认同,而这个过程一直伴随着他的新闻写作。1798年,法国入侵瑞士和西班牙后,柯尔律治发表诗作《转变》(*Recantation*)表明自己的立场转变,随后的作品也转向对法国侵略行为的强烈批判。与此同时,柯尔律治对国内政治的态度也发生变化,从以前坚决反对小皮特政府的政策,转变为支持小皮特政府的对法战争,也支持延续小皮特政策的阿丁顿政府。

许多现代批评家试图从他的新闻写作中找到他确定的政治立场,但是大多数学者认为,柯尔律治早期缺乏激进或保守立场的选择,不像后来,他是一个明确的保守主义者。只有柯尔律治的传记作者霍姆

---

① Beeley Harold, "The political thought of Coleridge", *Coleridge, Studies by Several Hands on the Hundredth Anniversary of His Death*, Edmund Blunden & Earl Leslie Griggs, ed. (London: Constable & Co.LTD, 1934), p.153.

斯（Richard Holmes）认为柯尔律治在《晨邮报》期间表达了一种新的成熟和清醒的观点，认为他为报纸形成了一种新的、适度的、有限度的姿态，通过打击狂热分子和极端主义，呼唤"创造一种适度的、中正的自由观点"①。其他学者均对柯尔律治的新闻写作评价很低，如汤普森（E.P.Thompson）在1979年一篇评论文章里说，柯尔律治是"知识分子变节者的代表"、"这些文章，既不负责任也没有道德感，而且写得也非常差"②。艾伦·刘（Alan Liu）认为，柯尔律治的政治文章立场摇摆，充满机会主义，他说"晨邮报时期柯尔律治的写作最出色的是他的修辞"③。克里斯特森（Christensen）写道："作为一个政治哲学家，柯尔律治总是有点远离政治，既不是雅各宾派革命者，又不是伯克妥协者，他就是一个骑墙者。"④这种批评似乎没有考虑柯尔律治所处的环境，以纯粹的学术标准要求他，而没有追问他立场骑墙的原因何在。

但仍然有一些学者，不再纠缠柯尔律治早期的政治立场的对错，而是关注他早年如此表现的原因是什么？柯尔律治是新时代兴起的"现代新闻记者"，承担着时代变化而产生的精神、生活压力。现代新闻记者并不是传统的忠诚的党派成员，而是需要吸引广大读者、要靠自己养家糊口的职业作者。他的"机会主义"，很大程度上是受到报纸的党派属性和市场销量等因素的绑架。我们将从他所处的时代背景入手，尝试来同情地理解他。

二、时代浪潮中艰难的"现代新闻记者"

柯尔律治在《晨邮报》发表过几篇评论法国宪法的文章，后来

---

① Holmes Richard, *Coleridge: Early Visions* (London: Hodder & Stoughton, 1989), p. 255.
② Thompson E. P., "A compendium of cliché: the poet as essayist", *The Romantics: England in a Revolutionary Age* (New York: New Press, 1997), pp. 149-152.
③ Liu Alan, *Wordsworth: The Sense of History* (Stanford: Stanford University Press, 1989), p. 425.
④ Christensen Jerome, "Once an apostate always an apostate", *Studies in Romanticism* 21, p. 464.

被额德曼整理在一起，以《论法国宪法Ⅰ—Ⅳ》（"On the French Constitution Ⅰ‑Ⅳ"）为题收入散文集。这样编纂以后，我们在阅读时会有意识寻找几篇之间连贯的主题，一旦发现柯尔律治行文重复甚至前后观点不一致，便大失所望，批评柯尔律治的立场不稳定，甚至怀疑他基本的写作能力。但我们应该清醒地知道，这种对关联性的诉求是编者暗示给我们的，而非柯尔律治的本意。柯尔律治在报纸上发表有关法国宪法的评论，他并没有计划写几篇，其实也根本无从计划，只能是随着时局的变动而写，如果忘掉了这个背景，而用传统看待学者论文的态度去看柯尔律治的新闻写作，便很容易对他的能力做出误判。因此，了解柯尔律治早期所处的政治环境以及刚刚兴起的新闻业的特点，对于帮助我们理解他的新闻作品十分必要。

18世纪末，由于人们对法国大革命和战争的关注，伦敦的日报生意非常好，日报数量从1783年的9家，发展到1790年的14家，到1792年已有16家。1799年，《晨邮报》的发行量大约是2000份，斯图亚特说当他1803年把《晨邮报》卖掉，发行量已达到每天4500份，但这个数字也不能估计实际的读者数量，因为读者往往是报纸数量的10倍，他们在咖啡馆共享同一份报纸[①]。新闻行业呈现一派繁荣景象，主要的政治党派都意识到报纸在传输政策给大众的过程中起到重要作用。学者艾斯皮诺（Arthur Aspinall）和沃克梅斯特（LucyleWerkmeister）都指出，在18世纪末，"公众（public）"这个词实际上等同于"新闻报纸读者"这个词[②]。在这种形势下，最有力的武器当然是党派开办自己的报纸，比如1792年至1793年，政府开办《太阳报》（*Sun*）和《真英国人》（*True Briton*），来直接掌控舆论走向。其次是各政党都想尽办法收买报纸，为己所用。有些是直接的现金交易，比如《晨报编年史》的老板詹姆斯·佩里（James Perry）接受首相福克斯（Fox）

---

① Hessell, Nicola Anne, *Coleridge as Journalist, 1799-1800* (Canada: The National Library of Canada, 2003), p. 44.
② Ibid., p. 45.

的现金。斯图亚特虽然宣称自己没有收任何官员的钱，但是也不能说明报纸没有收党派的钱。通过买报纸广告版面的方式，使党派向报纸付钱的事变成合法的①。柯尔律治所在的《晨邮报》接受托利党津贴，后转入的《信使》又接受阿丁顿政府的津贴，都是几成定论的事实，因此我们看到柯尔律治对皮特政府的态度前后不一，遭人诟病。然而，受雇于人只能配合报刊的政党立场来发声，这种政治压力不是文人个人能够消解的。

在承受党派压力的同时，政府的书报审查制度也很严酷。虽然英国在1774年废除了永久版权法，结束出版界寡头垄断的局面，让一大批出版商和印刷商获得了自由，但是书籍出版以后要接受政府的严格审查，如果书中有反政府等言论，作者将会受到严厉的刑罚。可想而知，柯尔律治也在审查制度下如履薄冰，比如他一边主张保护人权，反对政府"控制言论自由"的法令，另一边又在另一篇文章中赞成政府反对"煽动性作家"的政治智慧，强调国家利益高于个人利益②。这些看似反复无常的立场，如果仅仅归因于柯尔律治的浪漫主义诗人特性，或者简单指责他立场骑墙，都显得过于草率。毕竟没有人能孤立于时代，每个人都受到社会政治条件的许多制约。学者汤普森曾对柯尔律治表示理解，因为他发现柯尔律治某些言论自相矛盾，可能是被政府的审查制度左右的，目的是试图避免被起诉③。可能这也是柯尔律治屡次表示自己的新闻生涯非常辛苦的原因之一④。

除了政治制度的大环境，柯尔律治还需恪守新闻行业的时效性（temporality）的原则。所谓"时效性"，就是写作新闻、期刊文章要

---

① See Hessell, Nicola Anne, *Coleridge as Journalist, 1799–1800*, p. 47.
② See Patton Lewis, ed., *The Watchman*（Princeton: Princeton University Press，1970），p. 343.
③ See Thompson E. P. "A compendium of cliché: the poet as essayist", *The Romantics: England in a Revolutionary Age*, p. 153.
④ 关于柯尔律治抱怨记者工作太累的记载，参见 Griggs, Earl Leslie, ed. *Collected Letters of Samuel Taylor Coleridge*, vol.1（Oxford: The Clarendon Press，1956），p. 569. 另参见 Esterhammer, Angela, "Coleridge in the newspaper, periodicals, and annuals", *The Oxford Handbook of Samuel Taylor Coleridge*, Online publication date: Dec 2012: 13。

紧跟时事热点，并且需在相应的时间限制之内完成写作。不像其他沉思性的文章可以让作者深思熟虑、反复修改，新闻期刊作品往往是一蹴而就的，往往是灵光乍现的。学者扎查瑞（Zachary）分析过柯尔律治的两种写作方式：即时写作和哲学写作，并认为他同时擅长用这两种方法写作，比如他的诗歌就是他深思熟虑的产物，而每天的新闻写作，则追求效率。柯尔律治有一种能力，即能在有限时间内表达观点，所以他有很多文章的观点就是在跟斯图亚特聊天时直接讲出来的，当晚就拿去印刷。他曾在给友人的信中描述自己必须随时把想法记录下来，因为每天写评论需要这些灵感①。对事件的快速分析能力以及卓越的语言表达能力，使柯尔律治能胜任新闻记者的工作，并获得一种成就感。但这种写作方式使柯尔律治始终挣扎在"最后期限"上，这种追求时效的急迫性使他没有时间来反复思考自己的观点。

很多时候，这种"时效性"会被新消息的延误所困扰，今天的新闻还没有到，报纸却等着付印，编辑便不得不把旧消息重新说一遍。柯尔律治也常遭遇巧妇难为无米之炊的窘迫，他只好把自己的诗歌换个题目重新发表，或者把前几天的文章改头换面重新发一遍。同时，报纸还要用一些技巧激起读者的预期和悬念，好让他们继续买下一期。《晨邮报》里的报道常常"未完待续"，为了刺激你买下一期，可在真正下一期内容刊登之前，中间还夹杂很多期无关紧要的内容。当这些文章被集合在一起呈现出来时，我们很轻易就看出它们中间前后重复甚至前后矛盾的内容，但只有我们真正回到柯尔律治创作的环境里去，才能体会他作为第一批新闻记者所处的困境。

虽说报社有时会使用这些营销策略，但也不能太过放肆，报社还是需要迎合读者的兴趣，来保证销量和经济效益。我们从柯尔律治和斯图亚特的通信中，可以看到他们在商量选题时，经常提到英国的早餐桌和咖啡馆，柯尔律治在信中明确说："我们要注意早餐桌旁和咖

---

① See Griggs, Earl Leslie, ed., *Collected Letters of Samuel Taylor Coleridge*, vol.1, p. 365.

啡馆里的绅士们的兴趣点和口味。如果我这几篇文章不能符合咖啡馆绅士们的兴趣和口味，那么宁愿不发表我的文章。"[1]这是非常现实的考虑，18世纪末的英国，咖啡馆成为人们交换新闻的绝佳场所。首先是因为中产阶级的文化程度大幅提高，阅读报刊已成为他们的重要休闲方式；其次是因为18世纪末的英国政府对新闻出版物的严格管控，使人们很难用低廉的价格从非法出版物上获得信息，也很难消费得起昂贵的"新闻信"[2]。这时人们发现聚集在咖啡馆里分享信息是一个绝佳的选择，信差经常把报纸和小册子投递到咖啡馆，常常几十人分享同一份报纸。

柯尔律治为了吸引咖啡馆读者，通常需要摆出与读者一致的政治态度。比如，当小皮特政府在欧洲组织反法联盟时，柯尔律治坚定地反对皮特政府，反对战争。而在1801年皮特政府倒台以后，柯尔律治马上转变为支持阿丁顿政府。事实上，阿丁顿政府在很大程度上都是延续皮特政府的主张，只是阿丁顿政府言辞较为温和，在当时获得了人们的支持。那么，柯尔律治对阿丁顿政府的支持很可能是出于经营策略的考虑。人们期待新政府有所作为，若报纸在此时依然大肆唱衰政府，恐怕并不明智。

柯尔律治的老板斯图亚特对此也高度警觉，他曾拒绝一篇托马斯·普尔的文章，这篇文章是批评咖啡馆男性服务员的，认为"男性侵占和压缩了女性的就业空间"。斯图亚特拒绝它的理由是，第一，在《晨邮报》的消费者中，活跃的餐厅、咖啡馆服务员群体是一个庞大的群体；第二，服务员对报纸购买量的影响力非常巨大。至少他们的敌意会非常危险，因为很少有家庭直接购买一份没有经过服务员阅读的报纸[3]。由此可见，新闻期刊是读者导向型的写作。柯尔律治的新

---

[1] Griggs, Earl Leslie, ed. *Collected Letters of Samuel Taylor Coleridge*, vol.1, p. 627.
[2] 贵族阶层依靠直接从海外邮寄回来的"新闻信"获取信息，但新闻信因其价格昂贵，只能满足贵族阶层的新闻需求，大多数英国人无法承受。
[3] See Erdman, David, ed. *Essays on His Times*, vol.3, p. 165.

闻写作成为依赖时局、读者导向型的写作，在其中失去主体性地位，多少有些尴尬。

三、"现代新闻记者"理想的陷落

1803 年以后，柯尔律治与《信使》仅保持若即若离的联系，将大部分的精力投入到哲学研究和写作中。他本人对自己前几年的新闻写作生涯评价较低，也有不少学者把柯尔律治早年参加新闻写作归因于他生活的贫困[①]。我们承认经济当然是很重要的原因，但他 1803 年的离开报社并非是因为经济问题解决了，而是因为他原初的新闻理想破灭了。因此经济等实用主义的原因并不是他参加新闻写作的充要条件，柯尔律治的思想中还有更纯粹的形而上学面向，他在 18 世纪末对新闻怀有美好希冀，相信新闻能开启理性的公共空间，能对英国政治起积极作用。

他早在 1795 年的公开演讲中说"出版社之间的交流像长了翅膀"、"新闻是最大的指挥者，让令人震惊的真相传遍人与人、国家与国家之间"[②]。他敏锐地感到新兴的新闻业的巨大作用，可以把信息传播给大众，也能让大众参与国家大事的讨论中来。出于想做一个国家医生的热忱[③]，柯尔律治在 1796 年就加入伦敦《电报》（*Telegraph*）杂志；他在名义上接受詹姆斯·佩里（James Perry）的邀请，成为《晨报编年史》

[①] 很多学者认为他做新闻记者只是为了钱，如 Thompson 认为，柯尔律治让自己被无道德原则的报纸主编"使用"，他允许自己这样被使用，全部因为他需要钱。参见 Thompson, E. P., "A compendium of cliché: the poet as essayist", *The Romantics: England in a Revolutionary Age*, p. 153。又如，柯尔律治把《古舟子咏》以 5 镑价格卖给《每月杂志》（*Monthly Magazine*），为了赚钱去威尔士旅行。See Esterhammer, Angela, "Coleridge in the newspaper, periodicals, and annuals", *The Oxford Handbook of Samuel Taylor Coleridge*, Online publication date: Dec 2012: 3.

[②] Coleridge, Samuel Taylor, *Lectures 1795: On Politics and Religion*, Lewis Patton and Peter Mann, ed. (Princeton: Princeton University Press，1971), p. 313.

[③] 柯尔律治曾自白："一个正常人应把日常精力用到个人事务上，如果把过多的希望或恐惧给那些在我们能力范围之外的事，是一种疾病。可我恰恰就患有这一疾病。"这种疾病是什么？就是不顾个人损失而花费大量精力去关心社会公共事务的热情，柯尔律治试图用写作时政评论的方式来作"国家医生"。See Erdman, David, ed. *Essays on His Times*, vol.1, p. lxii.

的合作编辑。

同一年,他创办了自己的杂志《守望者》(The Watchman),他在《守望者》序言中说:"这(创办《守望者》)对于爱好自由、理性和人性的朋友来说是一项紧急的任务"①,意为他希望通过期刊杂志建构一个理性空间,提供给人们互相交流、甚至互相争论的公共空间。于是,柯尔律治设计了一个实验,通过开放专栏的方式,邀请读者投稿,用"互相推进(mutual propulsions)"的做法,作者和读者一起讨论社会问题。他在《守望者》创刊辞中对读者说:"邀请我的读者就民主和公共事务写作投稿,把杂志当成一间宽敞的咖啡馆。"②即便在今天看来,这也是一个具有创造性、十分具有现代性的做法。哈贝马斯的理论认为,公共领域是指一个国家与社会之间的公共空间,民众可以在这个空间中自由言论,不受国家干涉。新闻期刊的出现,似乎是民众获得公共空间的希望。早年笛福创办期刊的工作得到过哈贝马斯的称赞③,而柯尔律治的做法比笛福更具有先锋性和实验性,他不是把民众当作被启蒙的对象,而是直接邀请他们成为交流的主体。但是,柯尔律治忽略了他面对的民众的心智水平,这个实验很快就停止了,因为柯尔律治满腔热情得不到读者的回应,一些知识分子觉得他的文章不够严谨,而水平稍低的读者则看不懂他的文章,无法与他对谈。柯尔律治最终对他的读者失去耐心,停办了《守望者》,第一次努力以失败告终。

柯尔律治的第二次尝试是在《晨邮报》时期。柯尔律治认为由新闻行业开创的舆论空间,是获得自由讨论的渠道,这种自由交流的空间的存在,才能保证民意有宣泄的出口,才能保证政府不遭受民众的

---

① Qtd. in Coleman, Deirdre, "The journalist", *The Cambridge Companion to Coleridge*, Lucy Newlyn, ed. (Cambridge: Cambridge University Press, 2002), p. 9.
② Coleridge, Samuel Taylor, *The Watchman*, Lewis Patton, ed., p. 5.
③ 哈贝马斯说:"笛福为建立英国的新闻事业尽过很多力,他在报刊《评论报》上奠定了18世纪撰写期刊文章的工作。这项工作在斯蒂尔和艾迪生手上得到发展,他们一道创办了《闲谈者》和《旁观者》,风俗、时尚、文学、故事、道德见解都先后成为短文的题材,这些短文是有意识地写给中产级读者的。"哈贝马斯认为这些杂志、报刊是培养批判意识的公共阵地。参见〔英〕艾弗·埃文斯:《英国文学简史》,蔡文显译,北京:人民文学出版社,1984年,第358—359页。

非理性冲击等政治危机。换言之，良性的公共空间的交流能消解民众的不良情绪，能保护英国的国家稳定。当时许多政治人物也认识到新闻的积极作用，正如首相福克斯所说："新闻大战总比军队战争好，让那些报纸去吵吧！"①

当时《晨邮报》的出版人斯图亚特明确表示希望能在报纸上开辟政党间理性交流的空间，开启真正清明的政治。他说：

> 如果我们不按对错来判断，而仅仅根据大众的接受程度来精明的计算，那么是不真诚的。如果我们提出确定的原则，符合理性的、可实践的，看事情或人物是否符合原则来做评判，这也是相当难的。尤其是我们还要考虑到公众的信心和希望，这才是真正的无党派性。**实际上，党派作家之间的争论是有益的，也是必要的。**这其中的危险在于，两党互相间的失望和仇恨，往往会使他们彼此诽谤，以致丧失公众对他们的信心和信任。②

他把《晨邮报》的政治立场不稳定解释为"无党派性"，其目的是开启党派之间良性的争论，这种争论是有益于政治的。柯尔律治也支持这一观点，他认为如果报社要服务政治，那就不应片面支持某一党派，而应努力开启一个让双方自由、有效交流的空间，通过双方的辩论来找到一个利益平衡点。但是，这一理想也很快破灭，因为政治的高压和生存压力，报社不得不变相接受党派津贴，新闻记者在当时无法独善其身。

1803 年以后，柯尔律治就只与报社维持微弱的联系，开始专注于更哲学化、更内向化的哲学和宗教问题思考中，用一种高深莫测的、晦涩难懂的语言向受过教育的中高阶层的人们说话，从 1809 年起陆续创作了《朋友》（1809—1810）、《俗人的布道》（1816—1817）、《文

---

① Erdman, David, ed., *Essays on His Times*, vol.1, p. cxi.
② Ibid., p. xciii.

学传记》(1817)、《沉思之助》(1825)等著作,这些作品真正对舆论造成了影响,也被玛里琳·巴特勒认为是柯尔律治"一生中真正有意义或至少是有影响的工作"①。可以说,柯尔律治在有生之年及死后享有的盛名,多半是依靠他中晚期的这些作品赢得,而不是依靠早期发表在报纸上的社评以及年轻时创办的杂志。

这段时期,柯尔律治越来越不掩饰自己对早年那段新闻写作生涯的否定,也公开宣称自己要为"有身份、有财产、有社会地位、有才华或喜欢思考的人,为那些能影响大众的人"写作。早年希望开启理性交流的公共空间的梦想,已被无望的现实砸醒,他发现没有受过教育的人的思维是时间性的,只能按时间顺序重现事物,而没有抽象分析能力,但受过教育的人的思维是空间性的,不仅能提炼主题、能结构性地组织句子、还能抽象地分析事物之间的联系,而理性交流恰恰需要这样的抽象思维。他开始相信交流只能在上层社会中发生,只能跟受过教育的人分享思想。玛里琳·巴特勒说:"(后期的)柯尔律治有意用他的文体来发现一个精英阶层,并改造它,使之更符合自己的理想。他的写作风格为他赢得拥护者,那奇怪的专业化语气仿佛与读者签订了一种契约,把读者上升为上帝的选民之一,使他满心欢喜。"②这段评语可谓非常贴切,他后期散文诘屈聱牙的风格,可以说是他对读者的主动选择,也是他对读者主动的思维训练的教育。至此,柯尔律治已不再是早年激进的"现代新闻记者",而是主动选择了保守主义思想立场,继续自己的思想启蒙之路。

四、放弃新闻写作的深层原因

经过了以上分析,我们看到柯尔律治的新闻实践在遭到政治环境

---

① 〔英〕玛里琳·巴特勒:《浪漫派、叛逆者及反动派》,黄梅、陆建德译,沈阳:辽宁大学出版社,1998年,第140页。

② 同上书,第145页。

的种种限制以及他对读者群体的失望后戛然停止,这可算是他放弃新闻写作的表层原因。笔者认为,柯尔律治放弃新闻写作还有一个深层原因值得关注,即他对政治本质的透彻分析反而使他的新闻实践蒙上一丝形而上学的色彩,从而与现实条件格格不入,最终不得不放弃新闻写作。

柯尔律治对政治有一个基本判断,即政治不属于形而上学的领域,因而不可能仅凭理性就解决所有政治问题。理性只是人类的一种能力,并不能以偏概全。以政治为例,政治是经验世界的事务,要依靠久经考验的传统和习俗来支持,要依靠人们在习俗和传统中获得的智慧来谨慎地处理,绝不是可以由理性思维一蹴而就的。柯尔律治反对法国革命的原因也在于此,他认为法国人误把政治当作几何问题,想用精确的定义和原则来处理现实政治,这必然要失败的。现实世界中并没有任何一种固定原则可以永恒不变地用于政治事务,我们只能顺应它不停变化的规律,来审慎地作出反应。

这样的认识可谓道尽保守主义的精髓,不盲目崇拜理性和普遍性。然而,柯尔律治在与政治相关的新闻实践中,却试图在变动不居的现实世界中追求一种永恒的普遍性。他曾在《文学传记》中回顾自己的新闻写作生涯,认为自己当时并不是立场骑墙,而是遵循一个普遍原则。后来柯尔律治的女儿萨拉(Sara Coleridge)把这一普遍原则解释为"道德立场一致性(Virtual Consistency)",认为他的文章都与英国重要的历史时期有联系,因而观点也有了普遍原则[1]。换言之,柯尔律治所说的普遍原则与历史、习俗联系在一起,指的是久经历史考验的道德一致性,而不是固定的、成文的理性准则。更准确地说,柯尔律治认为虽然经验世界中的事务没有理性原则可循,但依然可以依靠经验和审慎,来寻找和遵循其道德原则。额德曼赞同这种解释,他说:"这种普遍原则从来没有明确出现,因为政治的原则最终表现为没有

---

[1] See Erdman, David, ed., *Essays on His Times*, vol.1, p. lxiv.

原则，只能采取权宜之计。权宜之计是柯尔律治从柏克那借用的语言，听上去像是有机会主义、见风使舵等贬义，但事实上并不是。"[1] 正因为经验世界中政治原则最终表现为没有原则，所以不可能希望用固定原则来统摄一切，而要灵活多变。同理，与政治相应的新闻写作领域，柯尔律治所说的普遍原则也不是几何学意义上的理性原则，而是在道德原则的观照下，随事件变化做出及时的调整和改变。

  柯尔律治以此来解释他的新闻写作为何显得没有原则，因为与政治相关的新闻评论，本来就没有一个固定原则可循，一切都要在当下根据道德律令来作出判断。这种态度看似考虑了经验世界的特点，实则却有着非常理性的坚持。这种理性并非法国革命坚持的理性，而是高于人类理性计算能力的一种直觉判断。虽然对这种理性能力的要求，非常不符合现实，但柯尔律治还是用远远高出读者或政客能力的理性，来指导自己的新闻实践，试图坚持与党派保持距离的客观态度，试图指导读者理性地思考当下政治。因此他也从来没有成功过，柯尔律治终于在党派压力和读者能力不足面前，缴械投降。而他失败的真正原因，恰在于他太过坚持自己认为的更高级的理性原则。

  然而，柯尔律治虽然失败了，但是他在新闻实践中表达的对政治的理解、对理性直觉的理解以及对新闻功用的理解，却是留给我们后人的宝贵财富。也正是在这个意义上，柯尔律治的新闻写作有着别具一格的价值。

---

[1] See Erdman, David, ed., *Essays on His Times*, vol.1, p. lxiv.

论《诗经》的起源

〔法〕汪德迈　撰　〔法〕金丝燕　译

摘　要：《诗经》从何而来？里面的诗为什么存入国家文献，又是如何汇集在一起的？甲骨卜辞与谚语的关系如何？本文作者由此入手来探讨《诗经》最古老的源头。本文认为，服务于商朝王室的"史"听到的预示气候的民谚，是支持占卜的依据，这些也是"诗"的最初来源。

关键词：诗经　国风　谚语　占卜　农民诗颂

《诗经》的出现向我们提出一个问题，孔子为什么选民谣编辑成书？在儒家经典里，除了《诗经》，没有任何民俗存在。《礼记》记载："礼不下庶民，刑不上大夫。"

此外，表意文字由前科学的占卜所创。它将神话排除在外，因为神话被视为是不科学的。《山海经》不是真正的儒家经典，《楚辞》亦非是。表意文字何以在中国保留了歌谣却又弃绝神话？

唯一在中国得到保存的口头文学是用文言写成的歌谣，而非寻常的歌谣。有例为证：《诗经》中几乎所有"风"均为四言，而不可能当时各国人民只用四言体唱诵。因此，必须对歌谣的特质作出特殊的解释。歌谣带有气象谚语有特别的原因，中国科学始于占卜学，而占卜学极重气候，因此占卜学特别地保留了关于气候的谚语形式的歌谣。有关自然气候的占卜通过思辨发展成宇宙学，由此产生了社会气象与天理相应的理论。正是在歌谣里，儒家看到社会气象与天理相应的表述的原因。

孔子"述而不作"。确实，他并非通过创造一种个人写作，而仅仅是通过大胆地独自重编周王室文典推翻了国家行政对书写的垄断，使中国文学向民众开放。他认为自己负有复辟时已近崩溃的王制之天命。所重编之文典的文学部分最珍贵的是几千首诗歌，他从中选出300首（确切地说是305首）而成《诗经》。这些诗歌由何而来？为何存入国家文典？又是如何汇集在一部诗经里的呢？

《诗经》分三部分，第一部分为起源，记载于周朝王都及其八个诸侯国收集而来的民间作品，为吟唱之作，故称为"风"。因为据说成文于汉代的《毛诗大序》在《诗经》开篇写道："言之不足，故嗟叹之，嗟叹不足故永歌之，永歌之不足，不知手之舞之，足之蹈之也。"当古希腊人通过宙斯九位缪斯女之一的特尔西科瑞（Terpsichore）创造诗人之诗的时候，中国人感受到诗如同音乐语言中鼓动的风在吹拂。我们通过古代中国"风"这个概念的发展脉络来看这一情形。

甲骨文中"风"的字例有不少，作为"凤"的同义词，有时候加上象形的一片帆作区别。在中国萨满教神话中它是典范的意思。风是自然之力量，被想象成神鸟之精神，所向披靡。这一力量以多种方式展现：1944年胡厚宣破译的著名甲骨片（乙5340）上列有南、东、西、北四种风名。各种风统领各方，推动各地民谣的唱诵，预报各地天气。

在远古中国，占卜专家"史"所承担的责任中有一项很重要，即预报天象，相当数量的甲骨文记载了这一过程。"史"不可能没有注意到当时的中国和以往任何时候任何地方一样，农民比任何人都更了解天气，根据经验，不同风向带来雨或晴天，热或寒冷，风暴或蝗虫等。因此，"史"通过所听闻的农谚强化其卜释，并将农谚背下来作为参照。农民的气象经验普遍形成各地的谚语，如中国传统的"不行春风难望夏雨"。尤其是"草木知春"这一句，让我们想起《说文解字》关于"民"（民在当时只是指农民）的释义："众萌也。"农民只是"素人"，完全不懂礼仪，如田野之草那样完全与自然交融。农民从大自然中直接感受到气候的变化，将之诠释为自己的情感，由此产生农民诗学，尽管农民歌者的社会地位低下，但他们了解自然现象。远在文字发明以前，服务于商朝王室的"史"听到了这些预示气候的诗颂，他们很重视这些谚语，并用以支持甲骨占卜，这应该就是《国风》最古老的源头。

诗歌由风萌发，由自然现象而生，后来被儒家道德化，被翻译成文言，并被过度诠释。这就是整个历史长河中的中国诗观。《离骚》中，屈原复归自然，重拾纯自然的情感，而孔子则将自然情感道德化。

西方文化中，诗歌的灵感来自宗教。《荷马史诗》的灵感来自神灵，后者是人类所有烦恼之源，神将其意愿实施于人间。诗歌的表述启灵于缪斯特尔西科瑞。神的意愿成为法则。而在中国，诗歌的表述妙化为宇宙，宇宙在孔子那里是伦理的，在他看来，伦理在宇宙之中，天理也是道德之法。

发明表意文字之后，周代初期，占卜记录不再录于卜片而记载为《连山》，《易经》的雏形，占卜官们同时将农民的天气之谣作录，后者乃《诗经》之雏形。其间，占卜性思辨凭借著占和宇宙得到形而上的发展，气候之谣的采集扩大成反映社会气候的民间歌谣。随着这一发展，中国关于"风"的思考去神话化：古字"凤"中的鸟改动为"虫"而会意成"风"，寓意为风之宇宙性威力。该会意之文成为常态字，有长沙附近春秋楚国之墓出土的帛书为证。它凸显了带有《易经》宇宙学的宇宙观。

从占季候之谣延伸到占社会气候之谣，采自民间之国"风"不再仅仅是占卜官探求支持其骨占的证据的行动，而是国家之事。设立特殊的采集人制度，派"风人"采风心记，并返回，在原为史－卜的国家太史前覆颂；后者以文言译之，特别作录。也正因为此，贵族仪典——雅与颂——所用之歌也开始被记录。此外，这些诗歌自然而然进入了金文包含的内容中。

而儒家将道德的力量植入依天法的宇宙自然之中，他们竭力在歌谣的意义中发现潜在的道德意义，以及歌谣表述与天命之治或合或逆而产生的社会气候。在孔子所编《诗经》之前，还应有更早的《诗》，即更早先诗歌的一部诗选，孔子正是在那基础上，删减重编，形成现在我们看到的《诗经》。

起源于《诗经》的中国诗歌带有鲜明的特征，这就是诗人感性之作的抒情与宇宙之风为天气所发之音的抒情，两者同质。而人们看到在更启灵于道教的诗人如李白，是纯自然山水的抒情，与启灵于儒家并带有深厚道德意义的诗人如杜甫的抒情，在色调上有着相当的不同。

继承与建构：胡小石先生的书法史观*

徐兴无

摘 要： 受清代书风变革和学术演进的影响，碑派书学在实践和理论上皆有发展，至何绍基、康有为和李瑞清等集大成。胡小石在继承何、李的书学的基础上创发建构。由碑溯源，进而探求帖学之本，重新梳理了中国书法发展的脉络；由八分入手，分辨了中国书法的结体规律；借鉴美学和科学的理论，提出中国书法的发展方向。其《中国书学史》《书艺论略》是现代书学的开创性著作。

关键词： 清代碑学 八分 书艺

因为举办胡小石先生的书法文献展览，今天向大家讲的内容，只是将有关清代以来的书学史和胡先生的书学成就做个梳理，主要涉及三个问题：第一，清代碑派书法的理论与实践，它的重点在哪里；第二，胡小石的老师清道人李瑞清在书法史观方面对胡小石的影响；第三，胡小石在继承清代碑派书学的基础上，有哪些创新。

一、清代碑派书法的理论与实践

明朝人好谈心性，崇尚性灵，在文学上、思想上都是这样。明人的书法基本上以唐宋为宗，最高的成就，一个是狂草，以徐渭、王铎、傅山等为代表。王铎被视为明代第一家；徐文长的草书满纸烟云；傅青主的草书率意之极。

---

* 本文据2018年12月28日作者在南京大学美术馆"胡小石与他的时代书法文献展"讲座稿修订。

但是狂草毕竟是一种纯粹表现的艺术，抽象的艺术。在日常生活当中，或者是一般的书法展示的场合，主要还是行楷书。行楷书明代有文徵明，但文徵明没有完全摆脱二王和黄山谷的面目，只是往精妙处走；被推为明代书画集大成者是董其昌①。董其昌的书风以虚灵流转为美，在明代就有很大的影响，特别是他受到清朝两个皇帝康熙、乾隆的推崇，所以他在清初风靡天下。但是他的书法是比较柔美的，特别是他继承了帖派，字写得流转。他自称"最得意在小楷书"②，因此他很善运指，笔法精致。他自己论用笔，反对"信笔"作书，讲究"一转一束处皆有主宰"③。但是到了康、乾时期，也有一些书法家想拓展书风。中国古代书法家很多都是官僚、学者，比如刘墉、翁方纲等，他们转向了碑版，主要是转向唐碑，因为他们原来学的都是阁帖，就是宋代以来翻刻的古代的法帖。将古人的帖摹写出来，在石头上面翻刻出来，再打拓成字贴，我们叫刻帖，这里最有名的就是北宋的《淳化阁帖》。刻帖本来失真，再拿来摹写，就会更失真。但是古人造碑，比如汉魏晋南北朝唐代刻碑，先用朱砂写在石头上写，叫书丹，然后再刻，失真度要小。所以，如果一下子转向学习唐人的碑版，比如说看到颜真卿的《颜氏家庙碑》，看到《勤礼碑》，书风就开始变得真切厚重，运笔劲健，所以他们努力地拓展书风。

董其昌的字，广泛吸收了晋唐宋元的书法，他自称初学颜真卿《多宝塔》，后去而学锺王，再从宋人哪里理解了书法。④他的字写得非常流丽婉转，非常美，而且很有中国艺术追求的"神韵"。他又是个画家，知道运用墨色来写字，他说："字之巧处在用笔，尤在用墨。"⑤我们知道，康德把审美判断分为两种，一种叫崇高，还有一种是优美。优

---

① ［清］梁穆敬《画禅室随笔序》曰："有明一代书画之学，董宗伯实为集大成。"《艺林名著丛刊》，北京：中国书店，1983年，第1页。
② ［明］董其昌：《画禅室随笔》，《艺林名著丛刊》，第9页。
③ 同上书，第3页。
④ 同上。
⑤ 同上书，第2页。

美是艺术家创造的纯粹、形式意义上的美,直接让人产生协调和愉悦感、迷恋感。大自然的伟大及其引发出来的人的道德感、崇敬感叫崇高。人面对大自然要经过压抑、升华的过程。如果我们简单地借来打个比方,董其昌的这种美,可以看作是优美,用中国的美学术语讲,也可以说是阴柔的美。但是刚才讲到的刘墉,他又写颜体,他也学董其昌,但他一写颜体,字开始变得重浊。重浊了以后就厚、拙,有崇高或者阳刚的气质,不像董其昌追求精巧,追求优美。

这样就改变了审美和欣赏习惯。再比如说翁方纲。他主要是练欧体,欧阳询,直追唐碑,字变得刚健,笔法也变得厚重,有了劲健之气,柔气就要洗掉一些。这是康、乾时代的书风状态。虽然这些人都没有能够开辟一个新的境界,但是都有可贵的尝试。

到了乾嘉时代就不一样了,我们知道乾嘉时代的学术是以经学反对理学,这个时代的书学是以碑学反对帖学。清代经史之学很重视金石考证,对古代钟鼎、彝器、碑版、墓志、砖文等考古史料非常重视,对它们的研究蔚然成风。清代人的书法上继宋元明而来,都是临帖出身。但这时有一些人开始变了,开始不学帖了,或者说,他们当中有的人想洗掉原来帖学的背景,尝试取法新的范式,寻找比帖学更远的范式。他们认为刻帖失真,就找一些更真的,或者说找一些帖学之外的,不出名的,不是二王的东西,这样就转变了风格,开启了碑派的书法实践。早期不是一些很有地位的学者来实践新的书风,而是一些民间的书画家,他们的书风带些险怪,很有冲击力。比如说金农,扬州八怪之一,他的字很像《爨宝子碑》的风格,但他的字又不是临《爨宝子》的。他把侧锋和铺毫安排在一个字里面,竖细横粗对比到极致,形成一种特殊的字体,有楷有隶有篆,号称"漆书"。一般的字形是左下低,右上高,他反过来,形成左上高到右下低这样的结体,把视觉平衡的习惯也打乱了。这是一种创造,别有味道,古味开始重了,金石味开始重了。但这种字只能他写,其他人写得不好就变成美术字了。

另一位"扬州八怪"郑板桥刻意把隶书融入到行楷书中来,而且能和他的画融为一体。所以大家说他的字是"乱石铺街"。今天的主持人赵益老师的老师——卞孝萱先生，就是研究郑板桥的大家。

伊秉绶这个人很重要，他做过扬州知府，和阮元是同榜进士，但比阮元大十岁。伊秉绶开始比较完整地临习汉碑，特别是东汉那些重要的碑刻，比如《韩仁铭》《尹宙碑》《孔宙碑》《张迁碑》《衡方碑》等，这是所谓的东汉的隶书。后来胡小石先生把这种字体叫作"八分"，将这种字体与早期的隶书分开。我们可以看到，他整个字的结体，包括他的行书用笔都开始变化了，但是他还没有找到一种表现碑版古韵的特殊运笔方式，他还是用简单的铺毫写字，还是临帖的那种笔法。明朝人不会写隶书，清朝人开始写隶书，还没有摆脱一些东西。这个书风影响很大，比如说清朝人刻书写书的封面喜欢写隶书，很受他的影响。

第二个很重要的人物是邓石如，邓石如没有做过官，身份比较低，是民间书家，但他交游极广，比如刘墉、程瑶田、包世臣等。他在江宁人梅镠家做门客，梅家藏有很多古代的碑拓，他临习了很多隶篆，后来自己又访碑临习。所以伊秉绶和他被认为是清代碑学的两个开山鼻祖，从他们开始，碑学具有了实践意义上的面目。邓石如不仅写隶书，他的篆书也写得很好。他的篆书，还没有写到先秦的大篆，而是所谓的秦小篆，也不是唐篆。胡先生认为邓石如是在清代隶书上最有成就的，"上推曹魏，用笔沈鸷"。不过，邓石如也有缺点，他的字看多了以后就觉得有点俗，缺乏韵味。

阮元是一个不会写碑的人，但是这个人对碑派书学的贡献特别大，为碑学奠定了理论基础，特别是建构了清代碑派书法的历史理论。他自己的书法是帖学出身，但是他受到伊秉绶的影响，并且他在实践上也开始追摹汉隶。他的理论概括起来就是："书分南北"，"南帖北碑"。中国人将学术史和艺术史分为南北，起源很早。六朝时的人就比较北人学问与南人学问的不同，可以在《世说新语》等史书中看到。唐代分禅宗为南、北二宗。大概南方的风格清通简要，重悟性；北方渊综广博，重功夫。后来中国人谈诗、画、书法、文章都喜欢分南北，南北已不仅仅是空间概念，而是不同风格的鉴赏标准。明朝董其昌说唐代禅宗分南北，山水画也分南北。李思训着色山水为北宗，王维水墨山水开南宗。清代的厉鹗说辛稼轩、陈后村是词的北宗，姜白石、周清真是南宗。张祥河说颜真卿、柳公权是北宗，褚遂良、虞世南是南宗。对此，大家可以参看钱锺书先生的《中国诗与中国画》。① 但是阮元是乾嘉学派的路子，讲实证，他讲南北就不是感性的鉴赏了。他最大的贡献是两篇文章，第一篇文章是《南北书派论》。② 他告诉我们，随着南北朝的分裂，南派是"江左风流"，形成"二王"的帖派传统。学习刻帖的人，基本上都是从"江左风流"的传统往下写，这一派的书法"长于尺牍"，草书"减笔至不可识"，但是里面汉魏的篆隶遗法到东晋已经没有了，不用说到宋齐了。但是北派却保存了"中原古法"，虽然"拘谨拙陋"，但是"长于碑榜"。阮元这个人学问很大，他从经学的角度来讲。他说南北朝的经学有质实和轻浮之别，书法也一样。所以元明以来的书家被北宋的《淳化阁帖》所拘囿，除了《阁帖》不知道有其他的书法，可是我们所处的乾隆、嘉庆年间，已经能看到北朝的很多古碑了，这就是所谓的"北碑"。阮元编过很多金石方面的书，他认为他所处的时代已经能看到很多的北碑。所以他举了一些北碑，如《刁遵墓志》《司马绍墓志》《高植墓志》《贾使君碑》《高贞碑》《高湛墓志》《孔庙乾明碑》《郑道昭碑》《武平道兴造像药方记》《启法寺》《龙藏寺》等。他要为碑派找到源流，找到祖宗；还要为碑派提供一系列新的临写典范。他说自己的字写得不好，"见道已迟"，但是已经从金石和正史中看出南北两派，希望以后的人能够追随北派，用汉魏的古法打破目前流俗的弊端，"不为俗书所掩"。《北碑南帖

---

① 参见钱锺书：《七缀集》，上海：上海古籍出版社，1985年。
② 参见上海书画出版社、华东师大古籍整理研究室选编、校点：《历代书法论文选》，上海：上海书画出版社，1979年，第629—635页。

论》是第二篇,① 其中特别讲了北碑和南帖的差别,他认为南帖是"短笺长卷",这样的书法,写帖比较好;但如果"界格方严,法书深刻",当然写碑好。汉唐碑版之法盛,但是汉唐时钟鼎文、即金文传下来的笔法已经衰微,尽管宋代欧阳修、赵明诚等人喜欢研究钟鼎文,但是法帖的书风反而盛行。他说:"商榷古今,步趋流派,拟议金石,名家复起,其谁与归。"他这是寄希望于后代。胡先生对他这个理论是接受的,胡先生的书法理论也注重书法史、注重从历史文化的角度讲书法。但胡先生能够打通南北,这是他最为创新的地方。

第二个理论家是包世臣,包世臣这个人在书法上有大名,其实包世臣的书法成就不算太高,运笔过于做作扭曲。胡先生说他开始学苏东坡学不成,但是他有一本讨论书学的著作很著名,叫《艺舟双楫》,其中有《述书》等篇。② 胡先生说他讲得也不精。但是不管怎么样,包世臣在当时有大名,他对碑派的提倡之力是很大的。他自己自诩为"右军之后第一人",但十分崇拜邓石如,推其篆隶为清代唯一的神品,八分和真书是妙品中的上品。他提倡碑学和阮元不一样,阮元是一个学者,他是从文史的角度和金石学的角度来分辨南帖北碑,讨论的是书法史,但是包世臣从书法技艺角度谈论碑派的书学理论。书法的技艺,首先是执笔,第二是运笔。笔怎么拿,怎么运。然后就是字怎么结体,笔画结成一个字叫结体,很多字在一起叫布局。所以书艺里面就四个词,执笔、运笔、结体、布白。除了这四个东西之外,没有别的东西。其实书法不神秘,只要好好练,都能练成。胡小石特别批判了他的执笔法,他说,"执笔无定,世人心领神会耳",每一个书法家都知道执笔无定法,根据个人怎么方便怎么执笔,真正会写字的人"无法可守"。但是他也承认,清代讨论书法的只有包世臣一个人,胡先生讲书学,不仅继承阮元推阐历史渊源的方法,也继承了包世臣分析技艺的方法。那么包世臣的学说对当时有什么影响呢?

---

① 参见《历代书法论文选》,第 635—637 页。
② 同上书,第 640—679 页。

第一，他讲执笔。简单来说，帖派的执笔，运指很重要，但开始临汉碑时，汉碑的笔画沉着，手指就运不起来了。包世臣说把虎口向左侧，侧了之后毛笔管便向左，稍稍后偃。之前执笔时手腕是竖着的，写时间长了，字写大了就累，如果手腕侧一点，把手腕放平，这样力气就到了手背。这样的执笔，大拇指就不能往上竖着了，大拇指就要和中指对应着捏着笔管。他告诉你这样写字，大拇指一根筋可以通到胸部，中指一根筋可以通到背部，写字时全用腕臂之力，这叫"悬著腕"，是秀水王仲瞿（1760—1817，乾隆年间的举人，书画家）传给他的。碑派大多反对运指写字，比如曾熙就说临小楷不会有长进，因为运指而不运腕。只是包世臣有点神秘其说，后来胡先生说这是江湖术士的派头，但他说的头头是道。不过他还有更神秘说法。他说汉朝人写隶书的方法是"无不平满"，不像我们一撇写得有粗有细，写一横两边粗中间细（按：像一根骨头一样）。他说汉人不是这样的，汉人是平铺的，他说这是蔡邕（蔡中郎）看到人家刷墙得到的灵感。他说观察古碑的刻划，刀锋直是直下的，刻划的底子是平的，所谓"直墙平底"。这就是说刻划好像挖水渠一样，像挖槽子一样的，两边直竖，下面平底，是"凹"字形的。但宋元以后的碑，是写在纸上，再上石刻，刀锋斜入，刻划呈中间深，两边斜，是"V"字形的。他认为汉魏时期的刻工都懂得书家写字的时候是铺毫写的，所以"用刀必正下以传笔法"。他说这种方法叫"始艮终乾"，是阳湖黄乙生（1771—1821，清代诗人黄仲则的儿子）传给他的。后世石工不懂笔法，刻晋唐法帖时刀尖斜下，所有的笔画都成了尖锋，让人看不到书法的妙处了。什么是"始艮终乾"？很多人都解释不清楚，后来沈曾植认为包世臣神秘其说，胡小石先生跟着老师清道人在上海，和陈三立、沈曾植、曾熙等遗民交往很多，他后来在《中国书学史》中特别批判这个方法。其实包世臣的笔法一点都不神秘，因为后人有讲得不清楚的地方，不妨简单地分析一下。包世臣认为唐楷是"始巽终坤"，任何一个笔画都有八个面向，东、东南、南、西南、西、西北、北、东北，围成一圈，可以用《后天八卦图》表示，就是震（东）、巽（东南）、离（南）、坤（西南）、兑（西）、乾（西北）、坎（北）、艮（东北）。写唐楷，比如一横，起笔一顿，笔尖朝着巽（东南）；从左向右写，收笔时笔锋向下一顿，笔锋此时扭转对着左上方，也就是对着坤（西南）的部位，一笔完成，其笔锋始于巽终于坤。但是写魏碑、写隶书就不同了，比如写一横，起笔要往下走，笔锋对着艮（东北）的位置起笔，这样从左向右行笔时笔锋就沉着粗厚，收笔时下顿还要回锋，力度大，笔锋对着乾（西北）的位置。相对于"始巽终坤"，"始艮终乾"的运笔可以说是大起大落，扭转乾坤。这么简单的事情，但是被他说成八卦之后，就成"八卦"了。

第二，他说看古人的碑拓，其中的运笔"行处皆留，留处皆行"。"行处皆留"，意思是我们写一横，横着就过去了，但是古人在写的时候，就不断地留，有点像后来看到的"抖笔"的笔意，不像写楷书笔画那样一下子写过去，要不停地"留"。所谓"留处皆行"，就是笔画拐弯的地方。古人到了"转折挑剔之处"是不停的，笔锋向上一提就带过去了，而我们写楷书会在这些地方停顿一下，蓄点势再提上去。"行"、"留"就是书法中很讲究的"疾""涩"运笔。包世臣的观点说到底就是这么简单，但是他对这些基本方法的提示，奠定了碑派书法技艺的法门。

第三，他还提到结体，说我们写字喜欢写九宫格，九宫格的中间三格最重要。要把字稳定在中间，笔画向周围伸展。这就是所谓的中宫收紧，四面伸展的结体原则。如果字写多了，那么整幅字的布白就是一个大九宫。大九宫就是当你写很多字时，以九个字为一个组合，把中间那个字当作最重要的，与周围的字要发生统摄关系。小九宫是一字，叫结体，大九宫就叫布白。他认为宋人不懂九宫，拿来计算字的大小，其实看过两晋真书碑版之后，就发现这里面还有小九宫、大九宫，每一个字的结字和很多字在一起的布白，也能在古人的碑版上看到法则。所以他就从执笔、运笔、结字、布白四个方面系统阐说了碑派的书法技艺。

道光以降，按照这种碑派的理论和实践，不断地有大家出现，其中有一位是胡小石先生特别推崇的，就是何绍基。胡先生非常推崇何绍基，他的临古作品后面的跋语中就有"恨不及何道州"、"虚不及何道州"等，说明他对何绍基很崇拜，觉得达不到何道州的程度。据说何道州临《张迁碑》临了一百多遍。而且他创了一种"回腕执笔"，其实他的右手有腕病。他是练颜体的，帖派中练颜体的人最讲中锋运笔，当他转而写碑的时候，又不放弃中锋运笔，不愿意蹲锋铺毫。包世臣说过，帖派和碑派最大的区别就是不能运指，要运臂。何道州发明"回腕执笔"，这样手指头就没法动了，只能捏着笔。其实后来还有一些书法家发明了更怪的姿势，很多人有不同的执笔方法。何道州创出一种"生拙迟涩"之笔，这样一来书风就变了。我们看他带有颜体风格的行书，但里面带有很强的隶味。他的字和董其昌的字不一样了，笔画很沉着质实。他的字也美，可是他的美是一种古典的美。如果将董其昌的字和何绍基的字相比，董其昌的字就像簪花插翠的美女，而何绍基的字的就像落拓潇洒的名士。

所以胡先生在《中国书学史稿》里讲，清代书风到何绍基之后风气大变，"其书汉碑，唐而后无一能及之人"。胡先生特别欣赏的是他能"临汉碑去汉人面貌"，成一家之法。胡先生说"其生平论书数语，名贵可珍"，特别提到何绍基的"悬臂乃能破空，搦笔惟求杀纸，须探篆籀精神，莫习锺王柔美。写字即是作人，先把脊梁竖起"。胡先生说"悬臂"二语更是学书语，"自宋以后，有高座写字者，皆不能悬臂"。宋以后，有的人为了把字写大，把座位抬高，坐在高椅上写，但是他的臂悬不起来。后来胡先生讲书艺的时候也特别讲到，唯有"杀纸"，字才有骨，所以"能书者当能杀纸，能杀纸破笔，纸中一段势也。""纸中一段势"指的是纸的物质性对运笔产生的阻力。他指出"贞公生早数十年，近世西州简漆未及见，而书有暗合之，是其书能得汉人之神也。惟何贞公腕强始用生纸"。纸，比如宣纸，有生纸、熟纸之分，生纸表面绵柔，笔墨易渗开，稍有滞迟就成墨晕，所以笔力要强健，不能迟疑,既要有速度又要有力度,既要能虚又要能实。熟纸用矾做过处理,表面光滑,一般写小楷、画工笔用,墨色浮泛,渗入不了纸中。而何绍基笔力强劲,可以用生纸。

何绍基时代还有一些人再往上追,追到秦代的碑如李斯的篆书以上,这时就出现了杨沂孙这样的书法家,他开始写《散氏盘》,这就是金文。我们看胡先生也好,清道人也好,都是在金文上下了很大的功夫。还有吴大澂,他是受杨沂孙的启发,他也开始临写金文,后来像吴昌硕、清道人同时代的人,也写金文。所以金文也是顺着碑派的路再往上走,再去找新的典范。随着安阳甲骨文的出现和青铜器的大量出现,金文的典范越来越多,所以后来清道人居然能用不同时期或国别的青铜器铭文——"金文"的书风来划分中国的书派,如果青铜器的出土数量不到一定的程度,而书法家又没有机遇目睹手摩出土的器物,他是做不出这样的事情的。王国维先生《古史新证》提倡"纸上材料"和"地下新材料"构成了"二重证据";陈寅恪先生《陈垣燉煌劫余录序》认为:"一时代之学术,必有其新材料与新问题。取用此材料,以研求问题,则为此时代学术之新潮流。"所以,清代金石学和甲骨文等出土文字,不仅对学术产生了极大原向,也是碑派书风盛行的重要原因。在当时,大家只能找字数多的,《散氏盘》《毛公鼎》临的人比较多,等安阳甲骨文出来以后,卜辞也进入书法。比如罗振玉等人的甲骨文创作。胡先生也临卜辞、甲骨。这是时代的大趋势。

到晚清,出现了一个人物叫康有为,他写了一本重要的书,叫《广艺舟双楫》。[①]《广艺舟双楫》表明他在思想、理论上认同、接续包世臣,系统地阐述了碑派书法的理论。首先,他在《尊碑》一篇中讲了清代碑派的兴起,主张尊碑卑帖。他认为碑帖经后人翻刻已经面目全非,没有古人的精神了。在乾隆之世,伊秉绶、邓石如"启碑法之门","开

---

① 参见《历代书法论文选》,第747—868页。

山作祖，允推二子"。阮元在理论上说"知帖学之大坏，碑学之当法，南北朝碑之可贵，此盖通人达识，能审时宜"，是"作之先声"，也就是做了理论上的准备。碑学兴盛的时候，正好是"帖学之坏"的时候，金石学也盛行了起来。乾隆、嘉庆之后，金石学方面出现了很多著作，所以现在我们看到的南北诸碑，多是嘉庆、道光以后新出土的，以后还会更多。"出碑既多，考证亦盛，于是碑学蔚为大国。适乘帖微，入缵大统，亦其宜也。"

他表扬了包世臣"表新碑，宣笔法"，认为包世臣在笔法上贡献是比较大的。他认为碑学有五个好处，一是碑易临摹，笔画完整；二是可以考证书法的流变；三是为后世考证源流提供依据；另外唐朝的书法重结构，宋代书法尚意态，这两个优点在六朝的碑版中都具备了，而且"笔法舒长刻入，雄奇角出，迎接不暇"，为唐宋书法所不及。康有为认为这五个好处是尊碑的前提。

其次，康有为也讲执笔，他说帖派主要靠运指，碑派是通一身之力的，用全身来写。他的方法是大拇指要往下拿，假如"以指代运"，笔力就弱。笔法上他提出方笔、圆笔两种笔。方笔就是顿笔，下去之后是方的。其实胡先生大量的字就是方的，清道人的字是方的，曾熙的字是圆的。康有为在书里讲到方笔、圆笔各自适合写什么字，另外，"妙处在方圆并用，不方不圆，亦方亦圆，或体方而用圆，或用方而体圆，或笔方而章法圆。"这是他讲运笔之法。方笔、圆笔在胡先生的书学理论里被发展为贯穿在中国整个书法史的两种笔法，这是他的一个继承与发挥。

另外康有为告诉我们哪些碑是方笔，哪些碑是圆笔，哪些碑是方圆并用之笔。就是说如果想练方笔，可以练哪些碑；如果想练圆笔，可以练哪些碑。他提供了书法学习的典范。他还在《碑品》里建立了艺术和审美典范，包括神品、妙品、高品、精品、逸品、能品等，这样就把书法典范和碑结合起来。不断出土和传世的碑，无论是南北朝的碑还是汉代的碑，都没有用艺术的方法分过类，以前阮元、包世臣只是提倡几种碑很好，但是到康有为就不同了，金石学的大多数谱系是历史的时间谱系，先断代。还应该有器型的谱系，这是现代考古学的分类法，康有为还不懂，后来清道人就懂了，他是以器型分判书风的。从金石学的谱系、从历史的谱系，再用艺术的谱系来系统地重新建构书学史脉络的，康有为是开创者。不仅如此，他的《碑评》还建立了碑派的批评理论，告诉我们这些碑的风格、审美特点，这影响了晚清民国时期的临碑、评碑。晚清民国时期的书法家临完碑之后，包括李瑞清、曾熙、胡先生他们都喜欢写几句评语，实际上是一种即兴的，随着临碑的实践，或者是结合书法史做一些评点，或者写些心得。

最后总结一下清代碑派书学的主要特征。首先它有深厚的学术文化背景，这是最重要的，它不是一个纯粹的艺术学本身的东西，它必须以经学、史学、金石、考据等所谓的"古学"作为根基。其次是有一系列倡导的人物，这里面有大量的学者及官员。另外，它的艺术理论涉及书史、书艺、批评三个方面。书史包括甲骨、钟鼎金文、秦篆、汉碑、北碑、南碑，实际上是从南北朝的碑向前推，随着考古学发展，一直追溯到商周；书艺包括执笔、运笔、结体、布白。另外也建构了批评与鉴赏理论，由于碑派人物的学术与文学水平很高，所以书法批评的水平很高，包括他们的碑评、碑跋等。总而言之，这些遗产体现出了古典主义的审美观，即"帖失真面流俗，碑近古而格高"，这就是清代碑派书学给我们的遗产。

二、清道人李瑞清

胡小石在《中国书学史稿》里没有一个字提及康有为和他的《广艺舟双楫》，这个问题还是一个谜。据说他的老师李瑞清和曾熙他们不喜欢康有为，因为他们看到康有为结交太监，但这些都是传闻，我们暂时还找不到确切的史料。不过据马宗霍先生《毂子随笔》所载，曾熙批评康有为的字如"鳄浪千寻","有凶横之气"。又说康有为《广艺舟双楫》"多夸词臆说",看来他们对康有为的书法评价不高。胡先生在讲到清代书学时,论述了包世臣。按说康有为的书法观点在当时已经很有影响,胡先生不会不知。但有可能因为康有为与清道人、曾熙等是同时代的人,胡先生讲书学史时当然不会将康有为纳入他的书学授受统绪之中,所以他讲李瑞清的书学,直接推到何绍基。他说李瑞清先生早年受到何绍基影响作"八分","后至超绝之境"。何绍基是虚锋不能实笔,但是"本师之笔皆可刻"。清代碑学从邓石如开始,到他的老师集大成。清道人的魏碑写得很好,现存南京大学鼓楼校区的"两江师范学堂"石匾就是他写的。

胡先生认为他的老师清道人最大成就是书学,不是书艺。因为碑学十分注重学,而他的老师本来是经师,治《公羊春秋》,"晚年以治经之法论书,从眼观手摹中分别时代、家数、前后系统与影响"。这句话很了不起,这就是说清道人用他的方法建构书法史。清道人写成《玉梅花盦论篆》,刊在东南大学《国学丛刊》(1925年,第3卷第四期)中(《清道人遗集》收作《玉梅花盦书断》)。胡先生说:"今兹所论书学史,本之师说。以书学立场论,自南北朝后碑法中绝,先生一一还其面目。世之嫉者,以为先生惟能摹仿,不知此存古而传于后,如惠栋经学之功云。"清道人临碑不分家数、南北,从甲骨文开始,把所有碑甚至阁帖都加以临习。以书学代书艺,按照书法史的谱系来练习书艺。胡先生说他的老师"古文最得力《散盘》","神游三代,目无二李,求篆于金,求隶(分)于石"。清道人自己在《玉梅花盦书断》中说,学书要"从篆、分入,学书不为学篆,犹文家不通经"。为什么要从篆、分入手呢,就是要从追摹笔法的源头入手,而不拘束于是碑还是帖,是隶还是真。清道人的书学超越了字体、字形、超越了南碑北帖等书法艺术的载体,直追书法的艺术语言及其表现手段的历史脉络,探求书法艺术的最基本的元素。曾熙也说:"学书当先篆,次分、次真,又次行",他说现在的人学书,被包世臣迷惑,一开始就写魏碑,其实魏碑之所以沉着，"多从古篆、分、隶得来"①。所以，清道人认为，从金文中把握篆书的笔法，从汉碑中把握隶书和八分书的笔法，掌握笔法，就能通贯各种书体，甚至打通碑派与帖派的界限，打通字体的界限。他不像康有为那样尊碑贬帖，而是纠正了阮元南帖北碑的绝对论，说南方也有《爨宝子》《爨龙颜》这样与北碑一样古朴的书风，而北碑中也有《敬使君》《张黑女》这样妍雅的书风，说明古人明白写碑和写帖采用不同风格的书法，正如阮所云，前者"界格方严，法书深刻"，后者是"短笺长卷，意态挥洒"，各有其体用，但古人对二者皆能致力，皆能擅场。唐宋以后推崇二王，人们知帖不知碑；清代人又推崇北碑，人们又知碑不知帖。于是有了泾渭，相互不通。为了纠正当时的人们都去学六朝古碑的风气而不知其笔法渊源的弊病，清道人也临写法帖，自称"临帖以碑笔求之，辄十得八九"②，希望"纳碑于帖"③。临写出来后，多次付印出版。沈曾植不同意他的"纳碑于帖"说，提出要"化碑为帖"。④曾熙评价说，碑与帖不通，就像不能用作碑文的文体撰写信札一样，只是唐宋法帖失了真，所以清道人"不得不以两汉隶、分生六代之枯骨"⑤。也就是说，用近于源头的笔法，来恢复刻帖书法的生气。清道人还说："章草久已无传，余近见流沙坠简，欲以汉人笔法为此体中兴也。"⑥他认为可以用汉碑的笔法来恢复章草的笔法。清道人的这些实践，其实开启了胡小石先生从南碑、汉简、楼兰残纸等书法出发，直追二王笔法的先河。不过，清道人心中还有碑、帖体用分途的界限，他追求写碑写帖能各具风格，所以写书札时还是采用灵动圆熟的帖学风格，而后来胡先生就实现了碑帖的融通，写信札、写行草也能化用碑笔。

---

① 曾熙：《游天戏海室雅言》，《书法》，2008年第2期，第58页。
② 《玉梅花盦书断》。
③ 《玉梅花盦临古跋》。
④ 《玉梅花盦临古跋序》。
⑤ 同上。
⑥ 《玉梅花盦临古跋》。

清道人受人指责的是他在写篆、分、北碑时，其运笔看上去有点刻意地抖动。胡先生对此作了辩白："先生清末受何贞公影响，用涩笔而瘦能顿挫。顿挫者弹性之谓也。世以为抖笔，此真痴人说梦。"他认为清道人不是抖笔，而是涩笔，因为他的老师能够"一近所拓之异境界"，看得到最好的拓本，所以看得真切，进入到那种意境，知道古人的笔法，而世人认为是刻意的抖笔，那是痴人说梦，不能理解他。曾熙是清道人的同道，他也实践这种涩笔。他说："清道人学书最勤，书中甘苦，知之最深。其一波三折，皆从顿挫提转中来。所谓行乎不得不行，止乎不得不止。海上后生，学之不得，徒得其丈牙相错之状。不知者或咎梅庵作俑，此真梅庵之罪人也。"① 这种自家体会来的笔法，后人刻意摹仿形状，当然很难成功，但是清道人细辨古人用笔，发明笔法的精神，却是值得继承的。胡先生的书法实践过程恰恰证明了这一点。他早期也学习清道人用笔，但后来脱去形迹，得其神髓，创发了自家的笔法，形成了自家的面目。这才是善学书者。清道人很重视笔法，他认为《散氏盘》的笔法值得追摹。我们知道古代的经文，有些是用毛笔写的，有些是刻的，但不管怎么样，都是刻写在泥范上，在上面灌注铜水，制作出来的时候之间形成的一种特殊的线条视觉效果。春秋战国有直接刻在器物上的文字，但西周的很多重器，特别是像毛公鼎这些书法好的，都是铸造出来的。这种效果，加上古代碑刻上刀锋的效果，因为古，凝结在上面的历史的价值就会让人产生崇敬感，让人折服，形成特殊的美感，这种美感和世俗的美感不同，因此，只要古拙就可以洗脱媚俗，唐朝的韩愈一看到秦石鼓，就被它的"古"所震撼，写了一首七言长诗《石鼓歌》，感叹"羲之俗书趁姿媚"。所以碑派洗脱帖派的媚俗书风，主要靠两个方法，一是追求古拙雄健，二是读书知古。清道人说："学书尤贵多读书，读书多，则下笔自雅。故自古来学问家虽不善书，而其书有书卷气。"② 曾熙也

① 曾熙：《游天戏海室雅言》，《书法》，2008年第2期，第59页。
② 《玉梅花盦书断》。

说:"凡作书者,宜先读书。如能读破万卷书,虽不孳孳临池学书,而书自能清雅绝俗。"① 所以,清道人追摹考古实物上的笔锋、刀锋,以及由时间造成的残损效果,我们姑且将此叫做"气锋",在追摹当中形成了自己的笔法,也就是一种带有古味的笔法。我们从清道人临的《散氏盘》可以见到所谓的"抖笔"。看上去,他写横笔的时候上下抖,写竖笔的时候左右抖,其实决不是简单地机械地上下左右交替运笔。

胡先生早期也"抖",后来他更加内化了,变成一种顿挫之法,不单纯地追求一种表面上的效果。其实清道人的"抖",是写大字,如果我们站远了看,它的力量美感就出来了。

清道人在书法史和书法理论上的代表作是《玉梅花盦书断》,其中认为青铜器是按不同的时代和地点分布的,按时间分,有西周的有东周(春秋、战国)的;按地域国别分,有楚器、齐器、周器等。这些器物越来越得到考古学的丰富补充。我们知道王国维先生也是考古器物看得多的人,他很早就认为汉代人所说的"隶书",其实是战国的秦系文字;所谓的"古文",其实是战国时期东方六国系的文字。清道人的方法是按器物分派,把甲骨分为殷派,下面分为周庙堂体、齐侯罍派、楚公钟派、散氏盘派、克鼎派等十派。他说"各国有各国之风气,故书法不同",他以楚公钟派中的盂鼎作为后来的方笔之祖;以散氏盘派"用笔醇厚,雄浑当为篆书第一";他还说篆书都是纵势的,而《散氏盘》却结体"横衍",所以字的布白章法,也源自于钟鼎文字。总之,清道人的书学史建构一直追渊到甲骨,并且以两周钟鼎金文的笔法来分派,以笔法为源,统摄后世的书风,包括碑、帖;分为用笔(方笔与圆笔)、结体(纵势与横势)两大类。方圆之笔和纵横之势的笔法与结体理论,胡先生不仅继承了,还做了很好的创发。

---

① 曾熙:《游天戏海室雅言》,《书法》,2008年第2期,第59页。

三、胡小石的创新

1934年，胡小石先生率先在金陵大学开设中国书法史课程，他的讲义《中国书学史稿》被宗白华先生誉为"第一部中国书学史"。晚年应江苏政协的要求，于1961年在江苏社科院讲书法，讲稿被整理为《书艺论略》，刊于《江海学刊》第七期，现收于《胡小石论文集》。《中国书学史稿》为其女弟子游寿所记，在"文革"中遗失，2009年在南京为人购得，上面有胡先生批注，2014年由中国文史出版社出版。但是《中国书学史稿》的《绪论》在宗白华先生主编的《时事新报》上刊出过两次。宗白华先生是胡先生的好朋友，他在《编辑后语》说："然而一部中国书学史还没有人写过，这是研究中国艺术史和文化史的一个缺憾。近得胡小石先生《中国书学史》讲稿，欣喜过望。"胡先生很早就开始写《中国书学史》，晚年又用"书艺"这个词，著作《书艺论略》，这说他的书学建立在书法史和书法技艺两人基础之上。

胡先生在《书艺论略》中指出：书学"凡有三事：一为文字变迁，二为八分书在书艺上之关键性，三为学书诸常识。"

"文字变迁"指的是字体演变的历史，胡先生从中分析出方笔、圆笔两种基本笔法。胡先生在这方面钻研至深，考证切实。他对甲骨文、金文研究很深，在这方面撰写的论文篇幅甚至超过研究中国文学方面的论文，如《考商氏所藏古夹钟磬》《甲骨文例》《金文释例》等。胡先生继承师说，又以实物与《说文》互证，超越了康有为、李瑞清以碑、鼎等器物上的书法风格分判流派的书法史观和批评方法，他将方、圆两种笔法的流变建立在现代古文字学的基础上，将其确立为中国书法史上的两大其本笔法。他说，"自殷至西周早期铜器上所见方笔用折之文字，相当于古文"，"自西周中叶以下至东周早期铜器上所见圆笔用转之文字，相当于大篆"，大篆发展至春秋时，用笔越来越细。后来考古者所说的六国文字，实际上是大篆在河东与江外演变之末流。

他的古文字流别论,既有历史的连续性,又有地域的差异性。

秦始皇统一中国后,推行小篆,二世元年秦诏版出现了"化曲笔为直笔而更简易可速书者,此即当时新兴之所谓隶书"。胡先生一直认为,这种秦系的简化字体才是隶书,后来汉人发展出的隶书叫作"八分",并不是隶书。隶书的字体形成以后,再在运笔上加以装饰,写出波磔,所谓蚕头燕尾,应该是汉人后来增饰的,叫作"八分",这是从汉武帝时开始出现的。他说:"隶加波磔,而行笔又加简疾,则为章草。""章草"与"八分"都在西汉出现,可证之于西埵居延木简。胡先生在这方面临写了很多。比如胡小石先生临《楼兰简》,由此探得"八分"的笔法和结体。胡先生临的汉简,既有八分又有章草,胡先生有时把它们临在一张横幅上面,这说明他在探索这些字体,认为这都是一个时代的。他的书法理论里面所讲的内容,我们都可以在他的临古作品里找到,他的"临古"正是一种书学史的撰写方式。

在探求古人笔法上,胡先生也有自己的理解,比如临《张迁碑》,与何绍基的相比较,何绍基回腕执笔,圆笔多,方笔少,胡先生临的《张迁碑》更有《张迁碑》的风采,因为此碑是方笔多。

"八分书在书艺上的关键性"是胡先生书学理论中非常重要的观点。所谓"关键性",即胡先生通过分判"隶书"与"八分",不仅分出了两种不同的字体,同时他在字体演变的历史中,重新定义了"八分"的"分",作为衡量中国书法中"纵势"和"横势"两种基本结体类型的标准。"八分书"在中国书法史上作为书法结体的术语,一般指取用篆、隶二体的结字方式或笔意的多少。刘熙载在《艺概·书概》中说,八分书的"分"法有两种,一种是"分数之分",即我们现在说的百分比;还有一种就是"分别之分",即字的结体形状是相向的还是相背的。"分数之分"如《书苑》中引蔡文姬的话说:"割程隶字取二分,割李篆二分取八分,于是为八分书。"① 二分隶,八分篆,

---

① [清]刘熙载:《艺概·书概》,《历代书法论文选》,第683—684页。

叫八分书，这是作分数解，分数就是不同字体的结合比例，不同字体如何结合呢？其实就是从笔法上讲八分，即写一个字时，有些用笔运用沉着方广的隶书笔法，有些则采用圆通婉转的篆书笔法。他又举南朝的王愔说东汉书法家王次仲"始以古书方广少波势，建初中以隶草作楷法，字方八分，言有模楷"①。"古书方广少波势"，指的是隶书的用笔，王愔把隶草中有波磔的用笔融合到隶书中，字体才形成了八分模样。所以这里说的八分，其实是从结体上讲的。刘熙载认为："以参合篆体为八分，此后人亢而上之言也。以有波势为八分，觉于始制八分情事差近。"②所以。他认为八分讲的可能是的字形，而不是篆隶两种笔法的比例。但是他没有坚持，又说："汉隶既可当小篆之八分书，是小篆亦大篆之八分书，正书亦汉隶之八分书也。"③认为后出的字体都是以前字体用笔比例的减少。康有为在《广艺舟双楫》中也谈到"分变"，说"八分"只是古人讲字体演变的一种术语，他也是笼而统之地取"分数之分"。

  胡小石先生的父亲胡季石，曾受教于刘熙载。胡小石取刘氏"分别"之意，是取结体字形的定义，他既有碑学的新证，又创为贯穿书法史中的结体类型。他说中国书学史的关键，首先是明辨"八分"。"八分"就是相背，不是蔡文姬说的"八分"，而是"以八之相背，状书之势者"。就是以"八"的字形来形容字的体势，"非言数而言势"。这样一来，胡先生就把帖学中的锺、王二祖，即锺繇和王羲之区分开两派。他说帖学派以锺、王并称，其实我们真正地讲书法，不能把他们并称，"吾辈不当求其同而当求其异"。怎么求异呢？锺繇是曹魏时代的人，"善书八分书体（即区别于秦隶的汉隶），而其书体结体呈相别背之势"，他的字带有八分书的色彩，他虽然写楷书，但"真书亦带分势"，字体趋扁，好像后来的苏东坡的字那样，梁武帝萧衍评锺繇的字"如云

---

① 《历代书法论文选》，第684页。
② 同上书，第684—685页。
③ 同上书，第686页。

鹤游天,群鸿戏海"①,字如飞鸟,张翼翱翔,分张得很。而王羲之就不同了,王羲之的字虽然学锺繇,但是他"易翻为曲,减去分势","一搨直下",字的结体变成了纵势。梁武帝评王羲之的字"字势雄强,如龙跳天门,虎卧凤阙。"有一股向上腾起的气势。清道人和曾熙两人的字不同,也有这两种取向的意味。曾熙的字写得扁,用圆笔,他的书斋就叫"游天戏海室"。他的门人朱大可说近代作魏碑分两大派,清道人折旋中矩,曾熙周旋中规。矩为方,规为圆。胡先生认为:锺繇是北书之祖,北方人不管写什么,都喜欢像锺繇那样把字写得扁扁的,向两边开拓。"其后锺为北书之祖,而王为南书之祖。北朝多师锺,故真书皆多分势,乃至篆书亦以分意入之。"

胡小石先生临《楼兰晋简》之后,写了一个跋:"启山阴之先河。"意思是说从西晋人的字里面,我看到了王羲之的渊源。晋人写字分势不明显了,开始收缩了,呈现出纵势,字形竖起来了。他又说:"自元魏分裂以为东西以来,邺下晋阳书风,有一部忽趋秀发。"这是指东魏、西魏分裂后,在东魏的书法里,有一支突然变得不怎么八分了,变得纵势了,"忽趋秀发"。他认为这是因为南方士族流入,带去了南朝的书风。"洛下长安,保守旧习之力特强",但是王褒入北,北方人就都开始跟着王褒学。王褒的字现在看不到,但是胡先生认为王褒的字一定受王羲之影响。清道人和胡先生都临过北魏的《敬使君碑》,清道人的跋语说:"与《黑女志》同一圆笔而稍加隶势,何道州得其化实为虚之妙。"他是将此碑当作圆笔的典范。而胡先生在跋语中说:"书至东魏使挺秀,有南风矣。"他从中看到的是南方纵势结体的书风北传的信息。

南朝的碑,现在只能看到《萧憺碑》及《萧秀碑阴》等。为什么南碑少呢?因为南朝的时候禁碑,不许立碑,所以临写的范本少。但是胡先生很了不起,他的学问大,他对南京周围六朝遗迹的考古很精通。

---

① [南朝梁]萧衍:《古今书人优劣评》,《历代书法论文选》,第81页。

他发现《萧憺碑》是一个丰碑巨制，字很多，结体是纵势的，很像王羲之的字，不像锺繇的字那样呈横势。他也下功夫临习，发现其中有"乌衣子弟风度，实南书之矩镬"，就是说我们可以从这个南碑去上推二王的笔法，因为他们是一脉相传的。

胡小石先生一直在追寻古人的笔法，他不是像包世臣那样从书艺上来讲笔法，而是从书法史的角度来讲笔法，最后把笔法变成了书法史的术语。他最后总结出这样的定律："锺、王而降，历代书人每沿此二派以为向背。在唐，虞褚齐名。虞书内撅，分势少；褚书外拓，分势多；在宋，苏、黄齐名。苏书外拓，分势多，黄书内撅，分势少。"所以有人说，黄庭坚讥讽苏轼的字是"石压蛤蟆"，苏东坡就讥讽黄庭坚的字是"树梢挂蛇"。在他这里，八分已经成为一个书学术语，成为一个书法理论的范畴。

胡先生临北魏的碑，落了一个款"此纯出元常耳"，虽然是楷书、魏碑，但是它取的是分势。我们知道锺繇是楷书的始祖之一，但是他的字还有那种八分的姿态。胡先生说这样的字"纯出元常"，就是纯粹出于锺繇风格的字。胡先生不仅从南碑得了王羲之的笔法，他也临王羲之的草书，但写出来的是他自己面目的草书，有碑的笔意在里面，这和徐渭、王铎的草书注重圆转写意完全不一样。

就字体而言，八分是隶书的楷化，字形有波折，呈相别的横势。胡先生特地把它与隶书分开，但这不是主观臆断，而是经过了书法史的考察。然后他又用结体中分势的多少来讲中国书法的结体趋势，这是一种创见。据金启华先生回忆，1944年春天，罗常培先生请胡小石到西南联大讲"八分书在书学史上的地位"，胡先生当时将他临写的各种字体带上讲台，讲完后掌声热烈，汤用彤、余冠英等先生连赞精彩。[①] 他在西南联大专门讲过八分书，说明这是他得意的地方。胡先生的字方圆皆备，但是他主要是写方笔，取方笔、纵势的一路。他独追

---

① 金启华：《追忆胡小石先师书学二三事》，求雨山文化名人纪念馆主编：《胡小石书学轶事》，南京：凤凰美术出版社。

晋纸、南碑，进而探得二王家法，自开格局，熔碑帖于一炉，既赋予碑派以抒情色彩，不落板滞，又赋予帖派以劲健雄浑之气，一洗流俗。进而再参学宋人以下行书，创发出自家的行书面目。

胡先生行书写得最好，他的结体有米芾、黄庭坚的影子，但是他在吸收他们的时候，出发点和基础不一样。他是从碑里体会出二王的方法，再从二王往下探，形成了他的行书那种劲健、秀丽、挺拔又优美的风格。胡先生通过继承清代碑派书学的临古方法，向上追至甲骨，向下由汉简分判隶、分，由晋纸探寻帖学笔法，由南碑打通碑帖界限，重新建构了书学史、书艺史，并以此指导自己的书艺实践，创新了书法境界。

胡小石先生还能超越书法，从时代思潮、社会文化的角度揭示书法中蕴涵的人生情感和美学价值。他在《中国书学史稿》里特别讲到"今以书体论之，八分为表现真实人生，用笔八面周到。真书则空流圆转，表现玄冥之思想。北人存八分是儒家，南人兴真书是玄风也"。他研究书法史，却进入了文化史，这就跟康有为不一样了。胡先生也超越了阮元，阮元对南北朝文学研究很深刻，他在这个基础上分出南帖北碑。而胡先生则从南北思想的不同来判别书法的文化内涵。美学家宗白华在给胡小石先生《中国书学史绪论（续）》写的"编辑后语"中说："中国书法有'方笔'、'圆笔'之分。圆笔所表现的是雍容和厚，气象浑穆，是一种肯定人生，爱抚世界的乐观态度，谐和融洽的心灵。王羲之的书法是圆笔的，有取象于鹅项。晋人书札是家人朋友间的通讯，他们用笔圆和亲切。方笔是以严峻的直线折角代替柔和抚摩物体之圆曲线。它的精神是抽象地超越现实，或严肃地统治现实（汉代分书）。龙门造像的书体皆雄峻伟茂，是方笔之极轨。这是代表佛教全盛时代教义里超越精神和宗教的权威力量。"宗白华先生是美学家，胡先生也是美学家，他们都能把书法的用笔和当时的思想文化，情感品质融合起来讲，但他们讲得内涵却如此不一样，所以美学是感性的，没有什么客观标准。

"学书诸常识"旨在开示书学门径。胡先生打破了清代碑派的运笔禁忌,主张自由执笔、运笔、结体、布白,拓展了书法表现空间。他在《书艺论略》批评包世臣那些神秘的笔法,主张"执笔无定法",只要"指实掌虚",虚实结合就可以了,"若夫强立科条,使学者自由活泼之手,横被桎梏。夸张新奇,苟以哗众,此乃江湖术士所为,识者所不道也"。这些议论体现出现代书法观念。不管写什么字,都要灵活。根据字、根据自己的创造,根据个人的心得,可以"蹲锋",可以"铺毫",写字是自由的,不要拘泥。"言结体者,首辨纵横。纵势上耸,增字之长,横势旁骛,增字之阔。此每与时代、地域或作家有关。"他是从历史文化当中讲书法,而不是简单地从书法技艺来讲。

此外,胡先生的学术方受到进化论的影响。他以"一时代有一时之胜"通观书法的时代性,与其所持"一代有一代之所胜"的文学史观相呼应,构建出中国书法的演进史观。宗白华在《中国书学史绪论编辑后语》中提到:"中国乐教衰落,建筑简单,书法成了表现各个时代精神的中心艺术。胡先生根据最新材料,用风格分析的方法叙述书法的演变,以文化综合的观点通贯每一时代的艺术风格与书型。"胡先生对时代有独到的见解:"时代云者,实即在同一段时期内群众努力所得成绩积累之总和,亦即群众力量所共同造成之一种风气。凡系同时代人之书,彼此每每有几分相近。夫学书之初,不得不师古,此乃手段而非目的。"胡先生主张既要继承,也要创新。他在《书艺论略》中说"前无古人,后无来者"这句话割断了历史前后关系,孤立了作家存在地位。应该说:"前不同于古人,自古人来,而能发展古人;后不同于来者,向来者去,而能启迪来者。"

总之,胡先生既是一位书法家,又是书学史家,所以他能从更多的时代中汲取书法的资源和风气,与古为新,创造自己的书风,建构自己的书学。

计算人文学：智能与意义的嵌入建构

陈跃红

摘　要：人工智能的应用是一把"双刃剑"，无论在 AI+，还是 +AI 的领域，如何对其实施人文"审计"，使之实现有益于人类的利用是关键问题。目前紧要的不是对刚起步的人工智能应用做出"终极伦理"审判，事实上，我们更需要关注的是如何处理好人工智能发展过程中的一系列"过程伦理"问题，如何在它的发展过程中不断地建立法律和伦理的规训，推动人文价值和意义的关怀引导，从而促进人工智能技术这一新兴行业的健康发展。

关键词：AI　计算人文学　过程伦理

2018 年 5 月 19—20 日，围绕人工智能的若干命题，一场题目为"人工智能时代的技术与人文：跨学科对话"的多学科交叉研讨会，在中国深圳最具创新活力的新兴大学南方科技大学召开。这次会议有一个显著特点，它既不是通常那种人文学者圈子内的形而上自说自话，也不是人工智能专家之间的纯粹技术交流，而是各自面向对方的一场认真严肃的跨学科对话。

会议邀请了 18 个报告人，其中 9 位是人工智能领域的专家，包括 3 位计算机领域著名的 IEEE Fellow，另外 9 位是人文社科相关领域的知名学者，构成了一场特殊的 9+9 对话。

与会嘉宾在报告和讨论中普遍认为，人工智能研究和应用的各个结构性层面，都存在众多技术与人文密切相关的问题，这尤其需要技术专家与人文学者一起来探讨和解决。与此同时，与会专家也认为，人工智能是一把"双刃剑"，如何合理利用才是关键问题。目前紧要的不是对刚起步的人工智能应用做出终极伦理审判，而更需要关注的是如何处理好人工智能发展过程中的一系列"过程伦理"问题，关注如何在它的发展过程中不断地建立法律和伦理的规训，推动人文价值和意义的关怀引导，从而促进人工智能技术健康发展。

鉴于此，建构发展一门专门研究人工智能相关人文问题的"计算人文学"学科，就显得十分迫切和重要。

围绕计算人文学的建构，需要简单回顾一下AI的历史。

事实上，有那么一些重要的人类历史的重要节点，并非都是在轰轰烈烈的仪式下宣告诞生，而往往是在平静的，不引人注目和不声不响中开始它的历史进程。可以肯定，1956年，当摩尔、麦卡锡等人在达特茅斯给AI命名的时候，他们并没有预料到，在21世纪的第二个十年，AI会在地球人中间引起如此的轩然大波！同时另一方面，我们当下也越来越明显地感受到，现代历史过程中无数种技术进步和革新，譬如蒸汽机、发电机、电话、火车、汽车、飞机，等等，它们当中似乎没有一种技术像眼下的人工智能这样，才刚刚走向应用就引起如此多的巨大伦理争议，并且是前所未有地从价值、意义、伦理、法律、隐私、文化和美学等各种层面，与人文学科嵌合交集到了一起。人工智能作为一种历史性的技术进步，它在某种程度上超越了传统的，被动的工具理性，一跃成为具有主动性和自主性的新兴技术，它的"仿人类性"特征，使得它从一开始就不可避免地面临了如何跨越人文价值种种界面的挑战。

这是自工业革命以来雄霸世界的科学技术界所未曾预料过的局面。同样我们也注意到，这一技术的应用性展开，几乎一夜之间就成了世界和各个国家具有战略意义的大事件。联合国、欧盟、美国、英国、日本、韩国等都发表了推动和规范人工智能快速发展的战略性国家报告。中国不仅发布了国家战略报告，还将之写进了两会政府工作报告和新的国家科技进步规划，足见其受到关注和重视的程度。需要特别指出的是，这些所有的报告，均有一个不同于以往任何重大科学技术发展报告的特点，以前那些个报告基本上都集中关注科学、技术、人才、资金和政策层面，不太会，也不可能去讨论有关的人文问题。但是，眼下所有的这些人工智能发展报告，都无一例外的花费了相当的篇幅来讨论人工智能的人文社科命题，譬如法律、隐私、伦理、意义等。有的报告干脆就认为，人工智能领域天然的就是"游走于科技与人文之间的学科"，它既需要数学、统计学、计算机科学、神经学、脑科学……也需要哲学、心理学、法学、语言学甚至文学和美学。跨学科的研究方法和普遍的人文视角，眼下已经成为人工智能的重要方法学和研究进入角度首选。我国不久前发布的《新一代人工智能法发展规划》，一口气15次提及了"人工智能伦理"这一关键词。你不可想象其他任何科学技术发展规划会这样来强调科技与人文的关联，由此可见，将人工智能与人文学科加以整合，就其嵌合关联的现象事实和可能的结果展开系统研究，是学科交叉整合的重要对象目标，也是一种现实的学科研究需求，我们就不妨称之为计算人文学。

那么，计算人文学可以研究些什么呢？梳理一下人工智能研究和应用的各个层面，就会发现，无论是在基础设施层，算法层，还是技术及其应用层，都有众多的问题亟待解决。

譬如在基础设施的层面，即所谓硬件、算力和大数据领域，围绕数据的开放性、安全性、保密性、价值评估和资本意义等，就不可能是纯粹的技术问题，甚至在很大程度上应该归属于关于数据的价值认识论命题，数据的资本价值和人类共享权利张力的关系处理，数据使用和保护的法律建构，数据应用的正当性和道德正义边界的严格划定等等。Facebook（脸书）的数据泄露事件，扎克伯克的国会作证和道歉，"剑桥数据"公司的破产，不过是给世界敲响了一记警钟，9000万被泄露用户的数据，被一类APP应用优选出17个州的中间选民的32种性格去推送广告，由此影响了大选的行情，而事情迄今并没有自此完结。特朗普的当选，英国不可逆转的脱欧，国际政治格局的骤然洗牌，在这些后面，曾经为"剑桥数据"设计选举推广算法的人工智能大师作何感想我们并不知道，但是却令人思之恐极。

在基本算法层面，人文的思维逻辑，研究范式和经验知识，将有可能成为人工智能演进发展的精神源泉和内在动力。一些算法的特征和灵感来源，一些优化模式的改进和深化，都不仅仅是一种数理科学思维和技术自然逻辑的演进，而是与人类的形象思维，感性逻辑甚至生物生存规律现象的经验总结密切关联。譬如联想算法与反向传播，符号算法与逆向逻辑，进化算法与自然选择，类推算法与相似性测定等。当然，也许还应该算上在座姚新教授的演化算法的蚂蚁归巢比喻，史玉回教授的群体智能的群鸟寻食创意，这些算法和现象之间始终存在着内在的关联。

而在人工智能的具体技术方向层面，无论是图像识别与理解、语音的识别与合成、自然语言处理与机器翻译、情感分析、规划决策系统和各种大数据的分析，还是由此生发出的行业解决方案，如各种机器人功能岗位（例如仓库、港口、搬运、家居、超市、物业、书店等，金融、医疗、交通、旅游、区域安防、无人机和无人驾驶汽车……），机器在带来无与伦比的精准，快捷和便利的同时，人的生命过程"痕迹"将被无所不在的加以搜集、存储和精准操控的推送处理，而隐私、自由和随心所欲的个性化生活、多元化的审美文化建构，都有可能逐渐消失。如果说，在+AI应用的范式下，人工智能技术的使用正当性和合法性，尚有先在的功能设计和规范前提提供保障，那么，在AI+的范式下，其合法性就需要从一开始就必须加以严格的价值考量，法律规训和伦理评估，并且设计出既保障快速发展又能实施有效管控的系统规则，从而争取避免类似核武器出现的事后担忧和惊恐，这也正是我们以为有必要推动计算人文学这种跨学科研究的重要动因。

当然，说到底，AI也只是一种技术，一类程序、算法和优化手段，尤其我们目前基本上也还只是处在所谓弱人工智能时代，程序、算法和结果之间尽管存在运行的黑箱和晦暗不清的面目，但它本身目前至少还没有能力计算欲望、感情和意义追求，它的一些看似价值选择的惊人之举，多数时候只是算法或者设计漏洞所致。因此，到目前为止的人工智能程序和算法，肯定不是，也不太可能是点石成金的神器或者是随时放出恶魔的潘多拉盒子，那些关于人工智能的终极伦理判断（譬如关于多大比例的人群将无所事事，多少人将毁灭或者永生的预言），在历史尚未终结的长时段内，谁也没法证明或者证伪。相比之下，我们也许更应该关注人工智能的"过程伦理"问题，尤其应该在 AI 的发展过程中不断地实施人文意义检测和伦理干预，目的在于推动它的健康发展。

如此，在人工智能应用爆发的当下，我们确实感觉到了文理工跨学科共创嵌合的现实脉动和互动对话可能，由此来理解耶鲁大学校长苏必德（Peter Salovey）所强调的"我们已经到了最需要人文学科的时候"，也许他并非信口开河。相比较机器会把人变成奴隶的预言，近代以来显示的事实却是：真正将人类变成奴隶的生物，从来都是人本身。

不过，迄今为止，我们对人类自我完善的能力依旧未曾丧失信心，我们对人类滑入命运深渊的预言始终存在质疑，我们对人类的前景尚存信心！作为 21 世纪拥有充分智慧和经历太多历史教训的人类，面对 AI 作为又一波技术飞跃的能量爆发，我们依旧能清醒的意识到，相对于预期中的强人工智能和超强人工智能时代，我们毕竟还处在弱人工智能的门槛之内，AI 的主要利器似乎还局限在算法和数据的逻辑互动关系层面，在逻辑智能的路上我们似乎已经走出了一大步，但是在情感智能和意义智能的路上，我们至今举步维艰，前景晦暗。当下人工智能在每一个领域的应用，都立即会爆发各种人文的、伦理的、法律的以及价值意义的质询，这应该看作是好事，是人类面对技术开始日渐成熟的一种标志。

显然，一切都还来得及，不过需要强调的是，身处人工智能这样一个科技与人文实质上已经相互嵌合的时代，我们不能只是单方向地，一味要求理工男们要抓紧脑补人文通识的知识，要培养人文精神和技术创造的价值灵魂云云。文理分科以及过度专业分工的恶果，并非只是理工领域受害，人文学界也受害不浅，瞧瞧当下想走却又走不进人工智能技术逻辑场域，论述总是隔靴搔痒，学科圈子自嗨的大把期刊文章，的确不能不说，人文学者真的到了需要走出自己的知识"围城"和自我循环论证孤岛的时候了。在这样一个真正学科跨越和相互嵌入的时代，我们不能只是要求别人必须要人文补课，人文学界自己更加需要给自己来一场理工和技术的通识教育补课。即使仅仅是就发展计算人文学知识建构的迫切需要，我们也要奋勇走出书斋。走进实验室，走进AI技术世界的各个层面，然后才会获取到研究所需的知识和数据，结合自己的知识疆域和论证特长，取得真正有"技术含量"的发言权，从而真正从过程伦理的意义上去参与这场对话，并且在双向互动中努力去建构起计算人文学的话语平台和对话机制。

人工智能中的语言问题

李　蓝

摘　要：本文从四个方面讨论人工智能中的语言问题。首先探讨人工智能时代的语言定义。第二部分介绍语言的生理机制。第三部分介绍目前语言工程学及人工智能领域的语言工程方向。最后本文比较了人类语言编码机制与机读二维码在信息交换方面的差别，认为人类语言因为必须遵循时间顺序原则，就信息交换的效率来说，远不及机读扫码的信息交换方式。因此，以后的人工智能机器人必须考虑人–机、机–机的双向能力设计。

关键词：人工智能　语言工程　仿生技术

一、人工智能时代的语言定义

关于什么是语言，中国人两千多年前就有思考。孔子曾说"不学诗，无以言"（《论语·尧曰篇第二十》）。这里的"言"，就是说话的意思。孔子死后，他的学生们把他的"言"整理成一本书，名叫"论语"。其性质和"某某语录"一样。

《诗·大雅·公刘》"于时语语"，毛传："直言曰言，论难曰语。"陈奂传疏："论难者，理有难明，必辨论之不已也。"这个讨论被许慎直接引入《说文解字》：直言曰言，论难曰语。

于此可见，在中国古代，一般的说话叫"言"，讨论问题时说的话叫"语"。"语"和"言"的意义有所不同。

下面是两个现在的通行定义，代表现代中国主流学术界对语言的传统认识。

《现代汉语词典》(第6版)(中国社会科学院语言研究所词典研究室2012):

　　人类所特有的用来表达意思、交流思想的工具,是一种特殊的社会现象,由语音、词汇和语法构成一定的系统。语言一般包括它的书面形式,但在与"文字"并举时只指口语。

《辞海·语言文字分册》(上海辞书出版社2010):

　　语言,人类最重要的交际工具。它同思维有密切的联系,是人类形成和表达思想的手段,也是人类社会最基本的信息载体。人类借助语言保存和传递文明的成果。语言是人区别于其他动物的要本质特征之一。

　　这两个定义都强调语言的人类属性,强调语言对人类社会的重要性。
　　但从维纳开始,科学家开始不再承认语言只属于人类,否认语言只属于人类的专有属性。陈明远(1984)在《语言学与现代科学》里说:

　　现代科学中的"语言"概念,比过去大大扩充了。什么是"语言"呢?语言是人类社会特有的一种信息系统,是人们用来进行交际和思维活动的有效工具。有声语言(口语)及其文字记录(书面语),不过是广义语言中的特殊形式,即"自然语言"的形式。随着现代科学和计算机技术发展的需要,各式各样的人工语言已被设计出来了。这些人工语言也同样具有词汇形式、语法规则、语句结构和语义内容,等等。语言学课题已经成了现代科学的基本课题之一。

到我们今天，人类社会已完全进入了计算机时代，语音机器人已与人类进行了完整的"语言交际"，语言的确已不再专属于人类，现代计算机被人类赋予了语言能力。

二、人类语言的生理机制

本节主要以《新编心理语言》（桂诗春，2000）和《生理学概要》（朱大章、陆利民，2002）《语音学教程》（林焘、王理嘉，1992）三书为基础，简要介绍人类语言的生理基础。

人类要能说出话，首先要有管理整个语言行为和语言能力的神经中枢。人类控制语言能力的大脑神经机制是借助一些病例逐渐发现的。

1861年，法国外科医生，神经解剖学家保尔·布罗卡（P. Broca）在巴黎召开的人类学会议上介绍一个病例。一个病人的发音器官完全是正常的，但说话非常困难，而这个病人能听懂别人的话，能用面部表情或借助手势与别人交流。当这个病人去世后，解剖检查发现，他的大脑第3额左回发生严重病变，出现一个鸡蛋大小的肿瘤。布罗卡医生遂设想，这个区域可能是大脑语言中枢的所在地。现在，大脑这个区域的语言功能已基本确认，医学界把这个区域称为布罗卡区。

1874年，德国神学家卡尔·韦尼克（Wernike）报告了另一病例。这个病人能说话，也能听见别人说话，但他无法理解自己说的话，也听不懂别人的话。病人去世后解剖检查发现，这个病人大脑第3额上回有病变。韦尼克于是推测，这个区域可能与理解语言的意义有关。这个发现现在也已基本得到证实，这个大脑区域遂被命名为韦尼克区。

现在进一步的研究发现，韦尼克区是指大脑左半球后部颞顶叶较广泛的区域。

布罗卡区和韦尼克区组成了语言中枢的主要部分。

人类语言的生理机制除了神经机制外，还有心理机制。心理机制包括记忆、输入、理解、输出等几个方面。

1. 记忆。在语言信息处理模型里，外部信息需要经过一系列的心理结构来理解、编辑、存储和提取，其核心部分是记忆。言语的习得和产出都离不开记忆。没有了记忆我们的一切言语和思维活动，感知和推测能力都成了无源之水。

2. 语言输入的心理过程。语言输入是个认知和言语交际的过程，也是极为复杂的生理、心理过程。学习者通过听觉、阅读把感知到的语言符号先在韦尼克区内进行解释，然后传递到布罗卡区以备表达之用。在这个过程中，学习者要完成符号辨认和理解两个阶段。作者的思想通过语言符号传达给学习者。学习者则对一连串的语言符号进行信息处理，使之意义化，并加以理解、接受然后储存到记忆中，形成各种各样的图式。

输入（听、读）的关键在于理解，仅仅辨认语言符号而不能理解是无意义的。学习者为了达到最终的理解，应使语言符号意义化，将其与自己已具备的知识、经验联系起来加以思考、推测、判断、证明或修正。学习者已具备的同材料相关的知识结构（图式）是理解的基础。学习者的知识面越大，图式的数量越多，质量越高，理解也越好。

3. 语言产出的心理过程。人们在说话、写作时，先从韦尼克区提取词汇，然后将它们传递到布罗卡区，在这里进行文字、语义和句法的编码，再决定言语的具体形式或语音，并向书写中枢或言语运动中枢发出指令，完成言语的产出。

人类产生语言有大脑中形成后，还需要发音器官的协作动作，最后才能发出语音。人类的发音器官由三个部分组成。

一是动力系统。动力部分由肺、横膈膜、气管组成。当需要发音时，肺部排出气流，气流受横膈膜调节，经气管冲击声带，声带振动后发出声音。

二是声带。声带位于喉头的中间，是两片富有弹性的带状薄膜。两片声带之间的空隙叫声门，肌肉的收缩，构状软骨活动起来可使声带放松或收紧，使声门打开或关闭，从肺中出来的气流通过声门使声音振动发出声音，控制声带松紧的变化可以发出高低不同的声音来。

三是共鸣区。包括口腔、鼻腔和咽腔三个部分。口腔（包括唇、齿和舌头）后面是咽腔，咽头上通口腔、鼻腔，下接喉头。口腔和鼻腔靠软腭和小舌分开。软腭和小舌上升时鼻腔关闭，口腔畅通，这是发出的声在口腔中共鸣，叫口音。软腭和小舌下垂，口腔成阻，气流只能从鼻腔中发出，这是发出的音主要在鼻腔中共鸣，叫做鼻音。如果口腔没有阻碍，气流从口腔和鼻腔同时呼出，发出的音在口腔和鼻腔同时产生共鸣，叫鼻化音（也叫半鼻音或口鼻音）。

三、人工智能的两种工程模式

人类获得了语言能力，也发明了记录语言的文字符号，但在录音技术发明之前，人类的声音信号一直无法真实记录和保存，无法进行有效的科学研究。

1877年7月18日 美国科学家爱迪生发明了录音机。这个录音机可以将声波变换成金属针的震动，然后将波形刻录在圆筒形蜡管的锡箔上。当针再一次沿着刻录的轨迹行进时，便可以重新发出录下的声音。这是人类历史上最重要的发明之一，人类从此后可以突破时空限制，记录声音，保存声音，研究声音。

1941年，在研究探测德军潜艇的声呐技术的过程中，美国贝尔实验室发明了语音视频分析仪。这种仪器利用声音的音色、音高、音强、音长等物理属性，把声音的能量信息转换成绘制在专用图纸上的可视化图片信息，这是人类第一次看见声音。从而揭开了人类研究语音的新篇章。这个发明的重要性可以和录音机相提并论。

到现在，科学家已经可以不要专门仪器，只要安装了语音分析软件，利用普通的计算机就可以生成语图了。进入计算机时代以来，声音处理技术的发展完全可以用日新月异来形容。到20世纪70年代，已可以初步人工合成语音（语音指的是人类发出的声音），可以不要发音器官，也不要人，就可以直接"做"声音。

最近，高度智能化，可以和人类自由对话的语音机器人已出现，最著名的有日本的安德鲁和安德罗，已取得沙特公民身份的索菲亚，还有最近刷屏的谷歌助手。

这是两种不同工程方向的语音机器人。安氏兄妹和索菲亚是一类，属仿真机器人，这种机器人的终极目标是做出一个和真人一样的机器人。从语音仿真程度看，索菲亚的声音"机器味儿"还比较重，真人的语音仿真水平不如日本的安德鲁和安德罗。面部表情是索菲亚的仿真表情做得更好，基本可以和人类互动。

谷歌智能语音助手完全不考虑人类的外形仿真问题，只做语音。对话的智能水平已达到普通人的标准，语音的仿真水平可以说已到了完美的地步，完全可以以假乱真，接电话的"活人"完全不知道对方是一个语音机器人。

但这三种人工智能机器人用的都是同一种智能语音技术：程控法。这种方法完全不考虑人类发音器官如何运作等问题，完全从程序控制、语音识别、语音合成出发，最后生成对话的语句，用机器内部的播音喇叭播出声音。重要的技术难点有两个：一是复杂语义的理解及话语应对策略的设计，二是语音合成的仿真程度。

编程法合成语言的历史始于20世纪60年代。最初的做法是先录好一些词语，做成语图，放在数据库里，成为机器人理解人类语言的"词典"，计算机"听"到人类的语音后，把声音录下来，做成语图，送到数据库中去做匹配，匹配上之后把相应的语图转换成声音或文字符号，播放出来或显示出来，从而达到人机交互。

外还有一种完全仿人类语言形成过程的智能语音机器人。这种机器人设计的目标是完全模仿人类的发音器官，做出像人一样说话的机器人来。日本的科学家对此兴趣一直不减。

语音机能仿真的技术目前看已完全无法和程控法竞争，在智能语音机器人这个领域，完全可以预见，以后这种方法不可能有竞争力。

但这种方法通过对人类语音形成的过程的完整模仿，可以使科学家充分了解人类语言的发音原理，在语言医学领域会有很大的发展空间。

四、人机通讯与机机通讯

2018年5月9日，Google首席执行官皮查伊展示了一段谷歌语音助手为一位女士预订理发的录音，这段对话展示的语音技术可以说技惊四座。下面是我们转写的对话内容。

（铃声响起）

Hair Salon: Hello how can l help you?

Google Assistant: Hi,I'm calling to book a women's haircut for a client.I'm looking for something on May 3rd.

Hair Salon: Sure,give me one second.

Google Assistant: Mm-hmm.

Hair Salon:Sure，what time are you looking for around?

Google Assistant:At 12 pm.

Hair Salon:We do not have a 12 pm available. The closet we have to that is a 1:15.

Google Assistant:Do you have anything between 10 am and 12 pm?

Hair Salon:Depending on what servise she would like. What service is she looking for?

Google Assistant:Just a women's haircut，for now.

Hair Salon:Okay,we have a 10 o'clock.

Google Assistant:10 am is fine.

Hair Salon:Okay,what's her first name?

Google Assistant:The first name is Lisa.

Hair Salon:Okay,perfect. So I will see Lisa at 10 o'clock on May 3rd.

Google Assistant:Okay great,thanks.

Hair Salon:Great.Have great day.Bye.

从技术的角度说，这个谷歌语音助手输出端语音合成的拟真度堪称完美。句法成分之间的韵律构成和词语之间停顿时长都得到精确控制，贯穿整个语段的语调和美式英语的契合度非常高。从输入端看，谷歌语音助手没有听错任何词语或句子，并用准确的回答展示了其语义分析的水平和能力。

这是一段特定对象和特定内容的对话，不是如人类聊天一样东拉西扯的开放式话题。因此，还不能就此对谷歌的语音技术做出完整评价。但就这段对话展示的语音技术来说，已接近达到完美水平，在对话题复杂度和对话内容宽泛度进行扩展后，一个全能的语音助手已呼之欲出。

最后我们要探讨一个事实上已经来临的问题：如果是两个谷歌语音助手进行对话，那应该如何设计信息交换符号？换句话说，如果不是人机交互而是机机交互，如果以后形成机器人社区，机器人之间交流信息，还会继续使用人类语言吗？

回答这个问题可以从两个方面来观察。

人类语言的编码和解码都是线性方式：说话人沿着时间轴线编码，形成符号串，再沿着时间轴线一字一句输出（说话）。听话人逆向而行：沿着时间轴线接收声音信号，反向解码，提取话语信息，理解说话人的意思。

在信息传递过程中，人类语言编码和解码都要花费大量时间，最后才获得有效信息。

如果采用二维码的来编码解码，那会发生什么情况？

二维码（2-dimensional bar code），是一种用某种特定的几何图形按一定规律在平面（二维方向上）分布的黑白相间的图形来记录数据符号信息的编码。

以日本设计的 QR CODE 为例，二维码在编码解码方面有以下优点：

1. 信息存储容量大；

2. 可有效表现各种符号，包括汉字；

3. 可从任意方向读取信息；

4. 传递的是信息，没有歧义；

5. 有比较强的抗污损能力；

6. 可视化符号，可快速编码，编码。

尤其是其中的可视化符号，直接传递信息，无固定读取方向这三项，这可以使二维码可瞬间编码解码。就信息交换来说，二维码具有人类语言无法比拟的效率和速度。

因此，下一步设计智能机器人时，我们应该为机器人设计两套信息交换符号系统。一套用于人机交互，一套用于机机交互。

参考文献

1. 陈明远：《语言学与现代科学》，成都：四川人民出版社，1984年。

2. 桂诗春：《新编心理语言》，上海：上海外语教育出版社，2000年。

3. 夏征农、陈至立：《辞海》，上海：上海辞书出版社，2010年。

4. 林焘、王理嘉：《语音学教程》，北京：北京大学出版社，1992年。

5. N. 维纳：《控制论——关于在动物和机器中控制和通讯的科学》，罗劲伯、侯德彭、龚育之、陈步译，北京：科学出版社，1961年。

6. 中国社科院语言研究所词典研究室：《现代汉语词典》（第6版），北京：商务印书馆，2012年。

7. 朱大章、陆利民：《生理学概要》，上海：复旦大学出版社，2002年。

计算人文学视野中的三种人工智能

吴 岩

摘 要：计算人文学视野中至少存在有三种人工智能的话语：历史的、政治的和想象的。历史的人工智能话语具有科技话语的风貌，具有是路径依赖性和外周封闭性。政治的人工智能话语试图通过政治操作建立起人工智能跟未来之间的关系，这种人工智能话语具有目标愿景性、资源承诺性和未来导向性。想象的人工智能话语是愿望性的，有跨领域性和叙事性。计算人文学从厘清人工智能的话语形式开始，通过对不同类型话语的批判，更清晰地感受技术、科学、社会、个体目标之间的复杂作用。通过加强不同话语持有者之间的理解，增进相互的渗透，更好塑造人工智能的社会未来。

关键词：人工智能 话语 历史 政治 想象

任何一个学术领域都深受话语的困扰，人工智能也不例外。计算人文学一个最重要的内容，是梳理话语场中流行的人工智能话语类型，并通过分析话语去探究这一领域中正在发生的到底是些什么？进而，也可以感知过去和推测未来。

从 ALPHA GO 战胜围棋冠军李世石之后，有关人工智能这一主题在各种媒体和社交网络上飞速升温。一些人欢呼人类正在走向一个全新的时代，技术正在超越人脑成为代替人类思考的真正工具。另一些人则对此忧心忡忡，生怕丢失饭碗甚至在未来的某一天丢失性命。人工智能专家也分成许多派别，这些派别对技术发展的路径进行辩论。政府和国际组织强行参与，各自提出了具有法律法规意义的宣言、主张、行动纲领。科幻作家和种种网络意见领袖，也没有放过这个机会阐述自己的观点。在如此众声喧哗的人工智能言说的杂烩之下，计算人文学必须冷静地寻找一种清晰有效的方法，高屋建瓴地透视现实。而从索绪尔以来，人文和社会学家所进行的扎实的话语分析的实践，是这一过程的最有效的工具。

以话语的特征和来源拆解当今的人工智能话语，会发现三种明显不同的言说范畴，这三个范畴分别是历史、政治和想象。三种范畴共用一个中心词汇，内容上却传差异巨大。

一、人工智能场域中的三种话语

1. 作为历史言说的人工智能

人工智能言说的第一个话语范畴，我称之为历史性范畴，这一领域的人工智能话语包含了从冯·诺依曼、图灵以降所有人工智能、智能机器、定理证明、专家系统等标识之下的逻辑、数学、计算机、脑科学、认知心理学的言说和讨论。人工智能专业学术会议上的讲演，学术刊物上的论文，相关科普读物等，都是历史性人工智能话语范畴之内的言说。真正能理解历史性人工智能话语的人在这个世界上为数不多。即便是相关程序设计的从业者，真正把握到历史性话语精髓的人也是少之又少。更不要提没有逻辑学、算法基础的人，他们完全无法进入这个言说场域。

历史性的人工智能发展到今天，形成了一些重要的言说派别或领域，这其中最为重要的两个派别是深度学习和遗传算法。而自然语言处理、图像识别、专家系统、自动驾驶和机器人等，则成为各个时期最有开发热点的领域。历史性的人工智能有强烈的路径依赖性，是一些历史性的事件（如会议、某项重要投资、某个社会政治力量的强烈关注等）导致了历史路径的形成，它们也是历史性人工智能话语展开的基本线索。每当我们谈到阿尔文·明斯基、赫伯特·西蒙和艾伦·纽埃尔、瓦伦·麦卡洛克和瓦尔特·皮茨、约翰·霍兰德，每当我们谈到达特摩斯会议、乔治敦实验、深蓝击败卡斯帕罗夫、ALPHI GO战胜李世石的时候，这种路径便凸显出来。

历史性的人工智能话语言说中的某些材料，至今仍然被隐藏。但通过某些外部的实证性观察，我们能够确认这些话语的存在。这种人为的黑箱，使得开发者之间竞争激烈，也使得政治性人工智能的话语掌控者能有所作为。通常，历史性人工智能话语在能指和所指之间具有的可靠的匹配性，因为这些内容在行业内部具有共识。对而路径性和匹配关系的熟悉与否，导致了语义在小范围的封闭性。但是，这并不证明每一个言说者的同样类型陈述是一致的，因为这其中也有很强的策略性或游戏性。例如，当我们观察各个学派或流派的著作或类似的言说时，可以发现每一个学派在呈现整体人工智能外观的时候可以有一定的侧重和取舍，反复言说的时候也可以有所删节，而这些做法的意义是突出自己所在的路径的重要性。每一个流派似乎都在用事实证实，自己在创造宇宙。这同时也说明，人工智能即便在历史场域之中，被言说到的宇宙是有所侧重的。至少，这个宇宙是有分区和存在各自边疆的。有些区域，通过前期发展已经空间相当充分，而另一些区域还在发展之中，更有一些区域被明显搁置，像第五代计算机就是一个已经被搁置甚至废黜了的空间。从历时性的侧面观察，历史性人工智能的发展是阶段性的，在不同的时段可能被不同称呼所取代。

虽然上面的陈述已经证明，历史范畴中人工智能话语有很强的经验参与，但从这种言说的外观上看，话语是科学+技术型的。数学、计算机科学、逻辑学的假设和原理，以及技术的可能性、可行性、可证明性、可证伪性等，调节着话语的结构。也恰恰是这种历史性话语跟科学话语之间的统一关系，导致了历史性人工智能宇宙疆界的最终划定。

回顾冯·诺依曼的《会思考的机器》，彻底拆解这部作品的内容，你能发现历史性人工智能的话语空间可能到达的高度，和可能实现的广度。在冯·诺依曼看来，人工智能自始至终还是一种方法的、工具的、准／非智能体的、可能没有最终临界但却有明显的指数渐近线的空间之中。在当前正在激烈的创新的方向上，历史性的人工智能话语具有逐渐侵蚀边界、拓展宇宙的能力。但时时回到冯·诺依曼是有价值的、能让我们认清历史性人工智能的所有可能和局限。

2. 作为政治言说的人工智能

最近五年，一些国家的议会议员、政治家、企业家，出现了为人工智能的发展游说或为限制人工智能可能出现的种种危机去加速或者叫停的游说。一些民间组织和群众团体也对大公司发展人工智能提出了自己的观点。多数人认为，人工智能技术的突破和普及，将是人类社会经历的一次巨大的转变。这种转变可能只有语言的发明这样的重大变化才能与之媲美。而语言的产生直接导致了智人的兴起和其他类人猿的消亡。在从相互合作到你死我活的光谱氛围下，联合国、欧盟、美国、日本、中国等各自出台了与人工智能有关的促进法案、管理法案、行动计划、行动纲领。这些内容构成了人工智能第二个重要的话语范畴，暨跟决策和未来相关的政治话语范畴。

从很早起，政治力量就已经介入甚至左右人工智能场域了。各类政府或各类组织通过项目或投资方式，给人工智能发展的整体或者某个方向提供经济支持。在这方面行动较早的，是美国国防部先进技术预研局（DAPPA）。这种类似输血的援助，导致了历史性人工智能在一些接近人财损失或者技术僵局的断裂点上起死重生。

假如历史性范畴中的人工智能都是朝向历史过往方向的言说，那么政治性人工智能则是朝向未来的言说。将这一技术／存在纳入群体／国族之间竞争的考量，纳入国际国内科技或社会发展的考量之后，政治性人工智能创造了自己的话语言说。这些言说大都以议程、法案、行动纲领等形式表达，也有的出现在政治家的讲演和议会推动之中。

前面已经说过，政治性人工智能话语的言说差异巨大。在2016年联合国教科文组织与世界科学知识与技术伦理委员会联合发布的《机器人伦理初步报告草案》①中，各自强调了人工智能不能用于独立杀人武器的开发以及人工智能机器的行动都必须在监管之下完成。2017年，国际电信联盟"人工智能造福人类"全球峰会则重点探索加速人工智能发展以便更好应对贫困、饥饿、健康、教育、平等和环境保护等全球性挑战。上述话语跟联合国维护世界和平和关注贫困与平等的宗旨之间具有极大一致性。2018年5月，欧盟委员会决定了增加投资带动公共和私人资本参与、促进教育和培训体系升级适应就业岗位变化和制定人工智能新的道德准则以捍卫欧洲价值观的三大措施。继续维护启蒙以来的个人的高尚地位，保护隐私，强调文化根基在人工智能发展上的价值给人深刻的印象。2016年10月至12月，美国白宫科技政策办公室发布《为人工智能的未来做好准备》②、《国家人工智能研究和发展战略计划》③和《人工智能、自动化与经济》④3个报告。前者提出人工智能应用带来潜在公共政策问题，并提出23条建议。报告特别强调政府的重要作用。第二个报告提出了投资、开发人机协作、解决伦理、法律和社会学影响问题、注重安全可靠、开发培训和测试的公共共享数据集和环境、通过标准和基准以测量和评估、了解人力需求等七个建议。第三个报告提出要投资和开发对社会有益的人工智能、提供教育和培训为未来的工作做好准备、帮助转型过程中的工人并赋予其权利，确保其可以广泛共享由人工智能带来的经济增长收益。同样在2016年，英国科学办公室和议院下院也发布了《人工智能对未来

---

① United Nations Educations, Scientific and Cultural Organization and World Commission on the Ethics of Scientific Knowledge and Technology, preliminary draft report of comest on robotics ethics, 2016.
② Executive Office of the President National Science and Technology Council Committee on Technology, preparing for the future of artificial intelligence, 2016.
③ National Science and Technology Council Networking and Information Technology Research and Development Subcommittee, "the national artificial intelligence research and development strategic plan", 2016.
④ Executive Office of the President of the United States of Amarica, "Artificial Intelligence, Automation, and the Economy", 2016.

决策的机会和影响》①和《机器人技术和人工智能》②两个报告，指出人工智能在政府层面大规模使用的潜在可能性、可能的法律与伦理道德问题。2017年，日本政府召开"人工智能技术战略会议"，认为人工智能是第四次产业革命的技术核心。会上还公布产业化路线图，计划分三个阶段推进。2017年7月，国务院关于印发新一代人工智能发展规划的通知，要求认真贯彻执行《新一代人工智能发展规划》③。该规划从战略势态、总体要求、重点任务、资源配置、保障措施、组织实施等方面，全面阐述了中国人工智能发展到2030年之前的步骤、方向、目标、执行方法等。认为必须"面对新形势新需求，必须主动求变应变，牢牢把握人工智能发展的重大历史机遇，紧扣发展、研判大势、主动谋划、把握方向、抢占先机，引领世界人工智能发展新潮流，服务经济社会发展和支撑国家安全，带动国家竞争力整体跃升和跨越式发展"。

政治性人工智能的话语是一种全新的话语。只有在技术成熟到能够引发政治行为的时候，这种话语才逐渐成为一种社会化的言说形式。政治性人工智能话语没有历史性人工智能话语那种强烈的路径依赖特征，但它特别关注历史性人工智能的当前边界，并通过这些边界做出自己发展判断的同时，将组织、地区、国家的利益放在重要位置。由于政治性人工智能话语伴随着巨大的资源承诺，因此在上述不同类型的话语言说发生作用之后，世界人工智能的未来版图将出现彻底的改变。而各国人工智能的发展方向，也会发生较大的分裂。

政治性人工智能话语是强社会语义的、具有明确所指的、包含充分行动潜力的，通常是社会愿景形式所展现的。以政治考量判定人工智能的发展方向，推进这些方向，是政治性人工智能话语的标志性特

---

① Government Office of Science of United Kingdom, "Artificial intelligence: opportunities and implications for the future of decision making", 2016.
② 施羽暇：《英美两国人工智能战略比较研究》，《人民邮电报》，2017年5月18日。
③ 国务院：《新一代人工智能发展规划》，2017年7月8日。

点。分析各国各地区各组织颁布的政治性人工智能法案或报告、方案，可以发现各自相当不同的操作特征和经验特征。由于政治操作可能具有的偏差也会导致这些话语普遍在世界各地的两极性评价暨一些人欢呼一些人诟病，因此，不断研究人们对政治性人工智能话语的反映、观察其他对手的话语内容，对修改和调整自身人工智能发展言说具有重要意义。

在某种意义上，政治性的人工智能话语由于携带着权力和资源，已经成为当前最重要的人工智能话语形式。这种形式联系着科研和大众，联系着历史和未来。但十分遗憾的是，政治性的人工智能话语的言说只是极少数人的事情。我认为这种状态是不符合人工智能发展的。如果没有更多社会力量的介入，许多由于思考不全造成的漏洞，令人十分担忧。

3. 作为愿望言说的人工智能

人工智能话语的第三个范畴，是想象性言说。这个言说方式的存在，远远早于历史性和政治性人工智能话语。想象性人工智能话语的产生是在追问人类为什么存在和挑战这种存在、尝试设计通向自由之路的一系列思考过程中产生的，这种话语核心是人类对自身智能的超越和类似事物/过程的重建。

想象性人工智能话语无论是东方还是西方都出现得很早。叙事性是它常常具有的特点。许多神话、传说、民间故事、小说、美术、童话、寓言中包含有这种人工智能的话语。希腊神话中的铁匠赫菲斯托斯制造机器仆人的故事，就这类言说的一个典型案例。赫菲斯托斯是希腊神话中的主神之一，赫拉之子。他一条腿行动不灵，一出生就被厌弃。但恰恰是这个身体残疾、家庭关系不好的铁匠创造了具有智能驱动的机器仆人。在希腊神话的语境中，故事充满了道德和社会文化方面的功能代偿，也充分体现了西方金属文化的技术路径。同样是人工智能研发的故事，在列子的《汤问》篇也有一个。这就是《偃师造人》。故事从周穆王西巡途中遇到偃师谈起，把对智能体遭遇产生的震惊、兴奋、愤怒和行动统一起来。情绪情感是这个叙事的核心，更是技术创造的核心。两个东西方不同的人工智能叙事，都是人类的想象，但是差异如此巨大。这在很大程度上展现了作为愿望言说的想象性人工智能的特点。

想象性人工智能有一定的蔓生性，有可能随着历史的发展反复重现，但内容则没有太多逻辑性，语义更加能指化，即可以做许多种不同的解读。随着科技时代的到来，想象性人工智能的话语在很大程度上被科幻文学和科幻艺术所承接。例如，有关智能机器人的词语就是由捷克科幻作家卡莱尔·卡佩克在《洛桑万能机器人公司》中所创造的。美国作家艾萨克·阿西莫夫还在小说《我，机器人》中提出了所谓的机器人学三定律／三大法则。坦尼斯拉夫·莱姆专门写文章讨论了这类人工智能作品局限性的论文。丹·西蒙斯把这种人工智能的未来发展提升到宗教体验层次。

想象的人工智能话语看起来边界宏大，它也确实比历史性的人工智能的路径性话语具有更广的空间，但是，如果把这些内容详细地研究，会发现这种言说的内容范畴其实也并不很大，将人工智能表达为一种人性的、即将超越／永远无法超越情感、灵魂、自我界限的机器造物，是想象性人工智能的通常表达形式。对于那个他者意义上的、跟人类处于非我状态的造物，从一开始就就被预设得是人而不是机器。自身的超越和回归是想象性人工智能话语的三个主要母题。

由于族群目标、政治操作只是想象性人工智能话语一小部分内容，因此两者之间的重叠并不很大。而且，虽然愿望强烈，但想象性人工智能的话语缺乏未来的直接推动性。当然，在更广大的时间范围内，想象性的人工智能话语可能推动人投入人工智能历史的创造，投入未来发展的愿景考量，但这些都是间接的。不但如此，为了达到目的想象性人工智能话语还常常会"正话反说"，从不可能暗喻可能。这一点是跟其他两类话语完全不同的。

二、话语的批判和对话创建

无论起源于古希腊还是春秋战国，想象性人工智能话语的出现都远远早于历史性人工智能话语。在过往的数千年里，想象性人工智能话语一直引导着人类不忘初心，寻求超越自身也超越自然的努力。是科技革命中方法的改变颠覆了这个状况。从图灵开始，历史性人工智能话语逐渐抢夺了话语场中人工智能言说的主动权。在当今，随着族群政治、国家政治和国际政治的发展，政治性人工智能话语采用自己凌厉的攻势，超越了历史性人工智能话语更超越了想象性人工智能话语获得了领导力。面对人工智能话语场域中的这种权力关系的此消彼长，一些隐含的问题正在逐渐浮出水面。

首先，政治性话语背后的族群诉求较强，各国在出台这样的报告和规定之前又只在小范围政府渠道或组织渠道内进行讨论，这样的人工智能言说本身就令人疑虑。市场因素对政治性人工智能的话语塑造也起着关键作用。但市场操作本身的问题早在多年之前就已经开始受人指摘。因此在当今，虽然各国出台了人工智能政策，但这些政策是否会反会将人类送入歧途，还未可知。

其次，历史性人工智能正在沿着各自的发展路径快速前行，但科技发展永远是在从业者兴趣、前沿突破的可能性和功利性三者之间综合推进着，而科技背后的道德言说，在这个领域中常常起不到任何作用。此外，历史性人工智能话语本身的内敛性和路径依赖性，导致了这种形式的话语超越自身的难度。

第三，覆盖广泛、内容丰富但无法介入当前话语场的想象性人工智能言说，已经处于全面失语状态。从科技革命之后，人文主义在技术领域中的合法性早已经被剥夺。而且，在人类作为整体已经超越70亿，很难寻找出一种方法收集和放大新的、更有价值的想象性人工智能言说的方法，并将其作用于话语场去改进人工智能的现状。

从上面的几点可以看出，当前风光无限的人工智能话语场域并非一个发展完善的场域。使用更多分析话语、解构话语，寻找内涵中被埋没的信息已经到了十分急迫的状况。此外，建立更多话语交互机制、丰富这个场域中的言说和对话，是另一个重要的工作。

在这里，我想侧重提到发挥想象性人工智能话语价值的问题。在我看来，想象性人工智能话语的最大特征是言说的多向性、模糊性和内容的社会感召力。鉴于这些特点，想象性话语其实提供了人类最广泛的人工智能产业发展目标。想要增进政治性人工智能话语的代表性，增进政治性话语的全面性，应该从更广泛地听取想象性人工智能话语的言说开始。

还以《偃师造人》为例。这篇作品至少提供了四个不同侧面去观察人工智能现象。第一个侧面是技术创生侧面的。在这篇文章中，可以生发出有机材料、仿生学、道家自然观等。作品对人工智能开发中情感的中心位置，也很有启发性。从《偃师造人》中提取出的第二个侧面是社会管理的。故事清楚地告知我们，人工智能问题不是也不可能是纯粹的技术过程，它必定是社会、政治、区域化、行业管理等造就的综合现象。第三个侧面是事业运作的。在这里，政治性人工智能的话语已经介入。因为周穆王的存在本身，就是政治干预技术发展的符号。第四个侧面是哲学／神学的。人工智能的制造到底使人类走向哪里？是通向超人、取得神的地位，还是其他的什么？想象性的人工智能的话语就是通过这一种模糊的故事，揭示了技术存在本身的生态性。大量的相关叙事，提供了人工智能各种发展可能的未来样貌，可以供我们学习、吸纳，并在政治性和历史性人工智能的言说中体现。

这样，我们自然而然地终结在当前人工智能的发展必须进行话语场重建的问题之上。这种重建的目标，是让三种言说都能充分发挥作用，且能从相互了解中学习到更多有价值的东西。

话语场的重建说起来容易做起来难。2018年5月19日，南方科技大学人文中心和计算机学院共同召开了"人工智能时代的技术与人文：跨学科对话"研讨会。会上，一位出身于计算机技术但站在社会管理者立场发言者不无讽刺地说：有的人"昨天还来问什么是人工智能，明天就成世界专家了，后天开班收费了，然后还来跟我认真讨论这个东西"。这句话至少让我发现了人工智能领域中确实存在一种鄙视链。他在另一个地方还曾说过，文学家和哲学家已经搅得人工智能开发者"不知道什么是人工智能"。作为这个会议的参加者我觉得收获巨大。人工智能的话语冲突让我感到，现在是回到科技发展的真正意义、回到交流的真正意义上来的时候了。至少，对历史性和政治性人工智能言说者需要广泛的倾听，而想象的人工智能言说者，应该学会新的言说方式。只有部分地改变自己的叙事性言说方式，才能将人类的广谱的愿望投送到其他两种言说的场域之中并能跟他们交流。这样，一种新的人工智能言说会逐渐产生。这是相互倾听和相互理解的，是寻找启迪和共同发展的。计算人文学对此责无旁贷。

人工智能无人系统最新发展趋势预测

郝 祁

摘　要：最新的深度学习技术不仅跨越式地解决了关于信号特征提取与模式识别的问题，其衍生技术在更深层次上巨大地影响了知识获取、知识表达以及知识运用这些经典人工智能领域。无人系统应用广泛，包括无人机、无人艇、无人驾驶车辆等。但是由于其应用场景过于复杂，目前都没有能够实现完全脱离人工操作的智能化系统。此外，无人系统的集群运行对体系协同性和时间紧迫性要求更高，更加迫切需要实现每个单元的高度智能化和自主化。现有的人工智能技术能够推进无人系统的智能化，但如何实现高度自主化的无人系统仍是一个巨大的技术难题。本文将系统地介绍以深度学习为核心的人工智能技术将如何提高无人系统的智能性，同时也将面临怎样的巨大技术挑战。

关键词：人工智能　深度学习　无人系统　趋势预测

一、人工智能与机器学习

　　学习和进化是人类智能的两大来源和动力。从计算机诞生的时刻起，人们就希望使用机器来模仿人类的计算、记忆、交流、思考的能力。机器学习一直是人工智能研究的焦点之一，其目标是使用机器来模拟人类的学习行为。机器学习包括监督学习、非监督学习和增强学习三大类，介于监督学习和非监督学习之间还有弱监督学习。监督学习利用大量的标注数据建立知识模型，进行预测与决策。非监督学习无需标注数据，通过先验知识来估算数据的内在结构进而建立知识模型。增强学习更接近人类的学习过程，通过与环境的不断交互、试错来建立最佳的行为策略。

近年来，深度学习作为机器学习的一个重要方向，吸引了学术界和工业界的大量关注，在计算机视觉、语音识别、自然语言处理等很多方面取得了惊人的成果。在无人系统领域，深度学习也有着广泛的应用，如基于监督学习的目标检测、基于非监督学习的三维测量估计和基于增强学习的自动驾驶决策等。目前，深度学习主要基于深度神经网络结构，相较于早期的神经网络结构，其最大的特点在于隐含层的大大增多，利用多层次、复杂模型实现对大量数据特征的抽象与表达。主要的深度神经网络结构包括卷积神经网络、循环神经网络和深度置信网络等。

卷积神经网络最突出的特点是利用多层卷积与池化运算很好地模拟了人类神经元对视觉刺激的反馈，使得网络具有多尺度、局部感知的特点；最后通过全网络连接来实现整个图像的特征泛化和表达。因此，卷积神经网络在图像分类、目标检测和追踪等任务中有着优秀的表现。循环神经网络利用反馈机制使得网络可以描述一个时间序列里的动态和瞬态的特征，因而这类网络被广泛应用于语音识别和机器翻译等领域。长短期记忆神经网络是一种特殊的循环神经网络，强调对关键时序数据和状态的记忆、对不重要数据与状态的遗忘，适合处理和预测时间序列中间隔和延迟较长的重要事件，例如连续的手写识别。深度置信网络是由特殊的神经元组而构成的深度模型。每一组神经元由一个显层和一个隐层构成，隐层能够提炼显层的数据特征。深度置信网络可以用于降低数据维度，实现自动编码机的功能。

机器学习所获取的知识模型分两大类：判别模型和生成模型。前者强调不同种类数据之间的区别；后者着重反映同类数据的相似度。生成对抗网络将两类模型结合到一起来产生模拟数据：生成模型通过给定的结构信息来随机产生数据，判别模型将生成数据是否真实的判别结果回传给生成模型，来完成生成模型的学习。生成对抗网络可以利用深度学习网络来实现判别模型和生成模型。同样，深度增强学习也利用深度神经网络来建立增强学习中的价值函数、状态转移函数或奖励函数等，从而实现从感知到决策的端到端学习，提高智能系统在动态环境中的自主学习能力。在机器学习中，先验知识的准确表达能够大幅度提高学习的功效，对非监督学习尤为重要。迁移学习是利用先验知识的一种重要方法。如果两个网络的数据或任务之间存在相关性，迁移学习可以将已经学习完成的模型参数（知识）迁移到新的模型来提高其学习效率。

二、无人系统及其应用

一般而言，无人系统是指无人干预、自主运行的复杂智能系统。对于无人机、无人艇、无人车而言，是指取消了人类的实地驾驶，通过远程操作或自主运作的人工智能系统。因此，无人系统具有可消耗性高、机动性强等特点，可代替人类执行大量危险、重复、枯燥的任务。其应用包括以下四大类：军事用途、监测巡逻、交通运输、服务娱乐。

通常，军事任务具有高度的危险性，是无人系统最先得到应用的领域。例如，无人机已经被广泛用于边境巡逻、敌我区域的侦察以及对敌目标的打击。现有的全球鹰和捕食者等无人机系统具有一定的自主功能，但大部分任务仍需人类驾驶员的远程操作。在工业、民用应用中，许多监测巡逻任务枯燥且耗时长，也有一定的危险性，是无人系统能够发挥作用的另一大领域。具体应用包括园区巡逻、电力巡线、水域检测、精准农业、自然环境勘探、灾难现场监测探索，等等。目前，简单的监测、测绘和巡逻可由无人系统自主完成，而高级一些的异常场景检测和未知领域探索均需人类用户的介入。

无人系统在交通运输领域的应用可以分为无人驾驶和无人物流运输两个方面。目前，无人驾驶巴士已经在几个国家的特定区域展开实际应用，而无人驾驶小汽车则正在公共路面进行大量实测，各大汽车厂商纷纷推出各自的辅助驾驶模块。无人机和无人车及其编队正在进行货物远程运输的测试，一些物流公司则已经使用机器人群进行智能仓储和分拣。在特定环境下的无人交通运输系统已经可以实现，但面对复杂的城市环境还需要进一步提高其智能化程度。作为消费电子产品，无人系统可以用于家政服务与休闲娱乐。扫地机器人可以实现针对不同地面的清洁工作；无人机可用于高空自动拍摄以及无人机群空中表演；水下机器人则可以作为潜水伴侣实现水下摄影、自拍等功能。无人系统在这个领域的应用更丰富多样，强调人机交互和用户体验。

总而言之，无人系统已经在人类的各个领域得到大量应用，然而自主性、智能性的不足仍旧是制约该技术应用的最大因素。高度自主化、智能化将是无人系统研究不断追求的目标。

三、无人系统的技术特点

绝大部分无人系统都可以分解为感知层、决策层和执行层，通过对外界的感知与理解来进行预测、规划、决策，并采取相应的行动。因此，虽然种类繁多、面对的环境也差异极大，无人系统的主要技术包括：环境建图，定位导航，目标识别与追踪，感知融合，任务、行为规划与运动决策，群体合作和人机交互。

对于无人系统而言，首先要理解周围的环境，并确定自身位置、姿态与地理环境的相互关系。不同的无人系统对环境建图的内容和精度要求不同，但都以获取环境的几何信息为主。无人系统的建图技术主要是通过卫星、图像与雷达来实现。在无人系统定位方面，虽然基于全球定位系统（GPS）的定位技术已经被广为应用，但精度问题使得普通 GPS 技术难以满足复杂任务的要求：许多任务需要定位精度达到厘米级别。改进的差分 GPS 技术可以提高定位精度，需要建设特别的基站。各类 GPS 信号都面临着信号覆盖的问题，如在遮挡、室内等环境中都无法应用。通过实时环境建图技术，可以实现高精度的局部定位；除此以外，还可以通过惯性传感器、超宽带无线信号、声呐等技术实现定位。

要实现场景理解并进行自动驾驶决策，除了要对环境建图、获取环境的几何信息之外，还要对环境中的目标进行识别和追踪。这项技术通常需要对包含目标信息的传感器信号进行特征提取以进行识别，然后通过特征匹配和与环境几何关系的估计来不断追踪运动中的目标。识别技术的最高要求为像素级的图像语义分割，由此无人系统可以识别场景中出现的所有物体。为了实现复杂环境中高精度的定位导航以及目标识别追踪，必须采用多种传感器、通过融合多种不同的传感信号保证测量目标的高精度、准确度与稳定性。感知融合技术可分为多个层次，包括数据融合、特征融合以及模型融合。通过多层次的融合可以获取不同类型、高精度的信息：例如数据融合可以减少测量误差，特征融合可以提高识别精度，模型融合则可以提高对复杂场景的理解程度。规划与决策技术是无人系统对外界信息的反应。任务规划决定了任务的分解方式与先后顺序，行为规划决定了在特定外界参数下采用何种运动的规则，运动决策决定了无人系统的运动方向与幅度的执行量。这项技术涉及的通常是逻辑推理以及多目标与多约束的优化技术。

无人系统群体是无人系统的高级应用方式，具有工作效率高、抗干扰性强等特点，善于在各类环境下完成复杂任务。群体合作技术需要结合单体无人系统技术、群体信息传播技术、群体知识迁移技术、群体运动规划以及任务分配技术等，以实现多个无人系统的有机协作和整体任务效益的最大化。该技术的特点是自组织与可重构。无人系统与人类用户具有各自的强项：前者移动范围广、信息采集量大、计算能力强以及通信带宽高，后者善于对错综复杂的形势进行准确的判断、对不正常的情形产生合理的怀疑；通过双方的协同、交互可以完成更复杂的任务和实现更高的工作效率。人机交互技术的核心是用户信息感知、用户意图理解与可视化界面技术。该项技术要求无人系统能够准确地捕捉用户表达的信息与意图,并将处理过程、疑点难题与执行结果高效、及时地反馈给用户,使得用户能够有效参与规划与决策过程。

四、无人系统的主要技术难点

针对以上所描述的无人系统技术特点,我们不难看出发展无人系统的技术难点与挑战：里程计、环境建图、高精度定位、实时规划、群体合作、虚实结合。

里程计是无人系统用于估计自身位置与姿态的运动轨迹,由此理解自身运动的几何信息,实现定位导航。现有的方法包括惯性、机械与视觉里程计等。惯性里程计和机械里程计容易累积漂移误差；而视觉里程计需要对周围环境进行测量来反推自身的运动信息,测量精确稳定性不高而且同样具有漂移问题。结合视觉与惯性里程计可以消除一部分误差,但如何确保即时精度和消除长时漂移仍旧是难点。建图是无人系统对环境进行二维或三维的地图构建。通常的方法是采用雷达、声呐或相机进行深度信息的测量。对相机来说难点在于深度信息估计误差较大,而且对于缺乏纹理的表面难以进行像素或特征点匹配。对激光雷达来说,首先是无法记录环境的纹理信息,其次是激光扫描分辨率较低。这两者结合可以建立比较理想的地图,但如何融合多传感器以提高地图的精度和有效信息量仍是难点。通常的 GPS 定位精度不足并且难以覆盖所有区域,而无人系统在缺乏 GPS 的陌生环境下定位需要采用同步的定位与地图构建技术。然而这项技术只能实现局部定位,并且定位精度受无人系统的环境识别能力的约束。因此如何采用差分 GPS 定位（或 5G 通信网络定位）并融合视觉与激光雷达、里程计等多种传感器实现高精度的环境识别与全局定位是一大难点。

无人系统的运动、行为与任务规划是一个多目标多约束的优化问题。现有的规划方法或者计算量巨大或者难以实现全局最优，并且灵活性不高，难以应付突发状况。因此如何有效利用分布式计算（包括云端计算、边缘计算资源）实现更接近全局最优的实时规划是一个难点。无人系统的群体技术可分为集中式和分布式两种。集中式技术统一处理群体的信息，利于管理和实现，但对集中基站的计算能力和个体的通信资源有较大消耗，效率不高。分布式技术则强调群体耦合关系的解除，采用局部计算资源和分布式信息传播方法，实现效率更高的协作方案。如何迁移个体的独特知识去帮助其他个体更快地执行任务，是群体协作技术一个重要的难点。采用深度学习技术可以大大提高无人系统的智能程度，然而深度学习通常要求海量的训练数据。仅仅通过物理实验采集的数据量难以满足训练要求，因此需要借助虚拟技术来获取更多的仿真数据。系统仿真在无人系统的设计中也越来越重要。如何使虚拟数据具有和现实数据媲美的仿真度，如何通过结合虚拟环境和物理实验平台来实现无人系统的训练与测试，是无人系统技术实现快速迭代的难点之一。

五、基于深度学习的无人系统关键技术研究

无人系统的主要技术难点包括感知融合、任务与运动规划、群体合作等。这些技术难点都可以通过各种深度学习的方法来克服。

感知融合需要通过相机、雷达、惯性传感器等设备，将无人系统自身以及所处的环境与场景转换为能够使其所理解的知识，包括轨迹估计、三维环境建模、同步定位建图以及目标识别与追踪。轨迹估计的实现方法分为特征法和光流法两种。在基于特征法的运动估计中，使用多层卷积神经网络方法提取信号的特征信息，利用匹配的特征点来估算无人系统的运动轨迹。在基于光流法的运动估计中，先使用卷积神经网络提取出相邻图像光流信息，利用光流定位来估算无人系统的运动轨迹。此外，使用循环神经网络融合视觉、雷达与惯性传感器

数据，能够更准确地估计出无人系统的运动轨迹。

三维环境建模需要实现从二维数据到三维信息的转换。使用神经网络来计算三维信息的方法可以分为两类。一种是监督学习方法，使用二维图像、相机方位以及对应的三维信息作为训练数据，实现稳定的三维信息和相机方位变化的输出；另一种是非监督学习方法，从三维投影几何一致性的角度出发训练神经网络，分别来预测三维信息和相机方位变化信息。同步定位建图要求无人系统对自身定位并且同时建立环境地图。无人系统可以使用数据的语义分割来建立语义地图，或者建立局部的三维点云地图。基于深度学习的语义分割通过卷积神经网络提取数据特征，将得到的特征通过特殊的操作产生粗糙的分割图信息，结合轨迹信息建立地图信息。另外，通过使用长短期记忆网络，将早期建图过程中出现的特征信息以及当前出现的特征信息进行组合优化，实现地图的精度校准与无人系统位置的准确估计。在目标的识别与追踪中，无人系统可以利用卷积神经网络，准确快速地学习出目标的外观、形状等特征，并且通过各个网络层之间的连接，利用长短期记忆层实现特征的结构化的表达，准确定位对目标的注意力，结合模型的回归学习，实现快速的目标识别与追踪。

无人系统使用运动规划技术在不同环境中进行自主移动与避障，最终到达目的地。首先，无人系统通过深度学习模型对周边环境进行感知，建立环境模型。然后，使用强化学习模型，对当前可能采取的运动进行预测与判断，对正确的运动决策不断加大权重，结合长短期记忆网络，使得整个网络能够记忆之前的运动决策，从而快速确定运动的方向与速度。在与对手竞争的情况下或者在动态环境下，无人系统还需要使用任务规划技术来高效完成任务。第一步，根据已有的场景与决策信息、使用卷积神经网络训练出一个实时策略网络（高速低精度）和离线策略网络（低速高精度）；策略网络能够在给定系统与环境状态下，计算下一时刻采取不同行动的概率。初始化一个价值网络，该网络能够对策略网络所生成的多步行动计划进行评价。第二步，将实时策略网络与离线训练好的策略网络进行对弈,利用增强学习来修正当前的实时策略网络参数,得到增强的实时策略网络。第三步,利用离线的策略网络与第二步所得到的增强实时策略网络进行对弈,生成多步行动计划并随机生成下一时刻的行动直到到达终点状态之一,并获得一个反馈,利用反向传递更新价值网络,再判断行动计划是否正确的概率。无人系统结合基于深度学习的运动规划与任务规划这两种技术,通过与外界的交互、试错,不断提高对竞争对手或者变化场景的理解,从而作出正确的决策。

现有的无人系统群体合作也可以采用增强学习的方法来提高通信和合作的效率,但是学习效率受限制于群体数量,群体数量越大,学习效率越低。因此,可以利用平均场增强学习的方法突破群体数量的限制。该方法强调了群体内的单个个体之间的信息交互可以通过单个个体与总体的平均值交互来近似,从而使得个体之间的交互得到增强:个体最佳策略的学习取决于总体的动态,而总体的动态则根据个体策略的模式而变化。

六、未来智能无人系统发展趋势

通过以上对人工智能技术、无人系统技术单独以及二者相结合的分析,我们可以对未来智能无人系统的发展趋势做出以下的预测。

(1)以深度学习技术为核心的人工智能崛起是计算科技与数据积累的必然产物,具有准确标注的数据集成已经为深度学习成功的关键。因此,数据自动标注技术应运而生。使用自动化工具等对收集来的图像、数据进行语义标记以形成可供计算机学习的优质数据,本质上就是将人类先验知识注入人工智能无人系统。其主要发展趋势有以下两个特点:标注过程运用机器学习的算法,利用少量标注数据来自动标注大量数据,将人工重复劳动降到最低;标注界面显而易见地友好,让人工标注的操作尽可能简便和符合直觉。此外,利用生成对抗网络产生大量模拟数据，通过迁移学习充分使用在其他领域的标注数据，基于增强学习不断提高自动标注数据的准确率，都将成为发展人工智能无人系统的核心技术。

（2）对于无人系统而言，复杂场景与极端环境的数据最为重要。然而，通过常规的物理实验往往难以获得这些不常见的数据。因此，具有高度真实感的模拟仿真平台对于人工智能无人系统而言变得至关重要。这个平台不仅可以通过各类三维模型可视化并检验所采集到的真实世界实验数据，还能够生成大量的仿真数据来训练无人系统的智能。所有的仿真数据都有完整、精确的标注，还可以模拟各类复杂场景与极端环境；仿真数据可以与实验数据混合在一起，来训练、提高、检验、评估无人系统中所使用的感知融合、场景理解、规划决策、控制执行等算法。特别是对于开发成本、运行复杂度高的群体无人系统而言，模拟仿真平台的作用更是无可替代。真实世界采集的数据与模拟仿真数据需要具有高度的一致性，因此仿真平台不仅需要充分运用各种物理模型来模拟真实世界与工程系统，还需要大量使用增强学习、生产对抗网络以及迁移学习框架来不断完善、丰富模拟仿真数据。

（3）在智能无人系统的测试、评估、改进的过程中，再完美的模拟仿真平台都不能替代真实的物理实验。这需要研究、开发数字与物理高度一体化平台。每一个物理单元、部件、功能都要拥有相应的数字化个体；数字个体可以通过快速迭代来提升物理元件的功能；物理元件的实验性能可以不断反馈来改进数字个体的结构与组成。两者之间拥有大量的前馈与反馈回路，多层次的信息高度耦合，从而实现对人工智能无人系统的快速性能检验与设计迭代。

（4）无人系统拥有大量的高精度传感器，所采集的实验数据大多是高维度的，生成速度非常高，保存时间特别长。因此，需要大力发展各类智能数据降维、压缩的技术来降低对系统存储、通信与计算性能的要求。例如，针对自动驾驶汽车所使用的激光雷达、相机等传感器，需要对获取的传感数据进行关键特征提取以及特定场景下不同种类数据的融合，从而大大降低数据的维度，提高数据计算速率，增强系统的稳定性、灵活性、安全性。可见，未来无人系统的各种传感数据、网联交换数据、云端存储数据都将面临基于结构、特征以及内容的智能压缩；不完整、相互矛盾的数据要尽快修补与调整；过时的数据要及时清理与更新。

（5）由于要应对各类复杂场景，无人系统对相关通信与计算的实时性要求非常高。虽然各类并行计算芯片的运算速度日新月异，并特别针对神经网络计算进行性能优化，但是由于深度学习相关的计算复杂度非常高，因此在智能无人系统广泛运用深度学习技术仍然有很大的挑战性，对研究新型的压缩计算技术的需求十分紧迫。如何对深度学习的计算模型进行高度简化但并不牺牲太多的性能，如何巧妙地运用先验知识设计相对简单的深度学习模型，都将成为发展智能无人系统的关键问题。此外，如何通过先进的通信技术，充分利用无人系统内、地基、云端的各类分布式计算资源实现多计算任务的实时调度与资源管理，也将成为研究的重点。

（6）无人系统的智能水平无论如何发展，都不能完全替代人类的智能，因此大力开发人机交互技术、实现混合智能系统将是未来无人系统发展的一个重要趋势：通过双方的协同、交互来共同完成更为复杂的任务和实现更高的工作效率。人机交互技术的核心是用户信息感知、用户意图理解与可视化界面技术，要求无人系统能够准确地捕捉用户表达的信息与意图，并将处理过程、疑点难题与执行结果高效、及时地反馈给用户，使得用户能够有效参与规划与决策过程。同时人类用户通过注意力引导、浸入式的交互方式，协助无人系统对错综复杂的形势进行准确的判断、对不正常情况进行及时的关注。

（7）无论是大量准确标注数据集，还是具有高度真实感的模拟仿真平台都不能让无人系统完全地学习到真实世界的各种场景与复杂环境。一个真正具有人工智能的无人系统需要在一个开放环境中进行学习，通过非监督学习、增强学习与迁移学习，针对众多新生事物、复杂场景、异常目标进行数据收集与知识总结。同时，利用知识网络对其他智能体的知识体系进行知识转移，在与人类用户中的协同工作中不断提高智能水平。这一个过程应该不局限于机器学习中的训练过程，应该是贯穿智能无人系统的整个生命周期。开放学习、终身学习技术是对机器学习技术的自然延伸，也是人工智能无人系统发展的终极目标。

人工智能对经济金融等社会科学现象预测的拓展

向 巨

摘　要： 本文从经济金融对象的特点，说明社会科学领域预测的复杂性。结合人工智能在该领域预测的尝试及已有成果，进一步说明人工智能相比传统分析和研究方法的优势，阐述了人工智能可以成为金融经济等社会科学预测的突破性工具。分析了从数据建立人工智能模型得到结果，进而检验和提升模型的预测效果，以及人工智能提炼因子从而帮助形成理论的全过程。并且对深度网络、集成学习、迁移学习、自动学习等主要发展方向进行了初步探讨。

关键词： 人工智能　社会科学　预测　深度网络　集成学习

《科学》（Science）杂志在其2017年2月的"预测及其限制"（Prediction and its limits）特刊中探讨了人工智能对科学可预测性的促进。[①] 该特刊中大多数内容谈及的是运用机器学习方法对战争冲突等政治、社会事件，乃至人类行为和文明发展等社会科学课题的预测及取得的显著成果。经济金融本身作为重要的社会现象，以及作为其他社会现象的重要驱动因素，几乎无时无刻影响着人类社会的各个方面，对它们的预测具有特殊意义。

然而，到目前为止学界对于经济金融现象的预测，总体而言还难以令人满意。2008年金融危机后，英国女王伊丽莎白二世质问经济学家为什么没预测到此次危机。总体而言，经济金融系统很难通过控

---

① 包括科学各领域未来发展趋势的可预测性。

制住一些变量,来研究另外一些变量间的关系,或者通过简单拆分影响因子的传统分析方法来进行。因为这些变量之间的关系是错综复杂的,并且很难简单的归结为若干独立的因子。英国国家学术院士 Tim Besley 和 Peter Hennessy,在回复女王疑问的信中也表达了类似观点。①

本文从经济金融预测对象的特点,该领域已有的人工智能尝试,以及与传统预测方法对比的优势等方面阐述人工智能是金融经济预测的突破性工具。同时讨论人工智能提升社会科学领域预测效果的未来发展方向。

一、经济金融等社会复杂系统的特点

(一)社会复杂系统的特点

在经济金融等社会复杂系统中,有两个关键要素:博弈和反馈。前者是个体和个体之间的相互作用(往往目标不完全一致),后者是系统与外部环境和资源之间的相互作用(正或负反馈)。这些复杂模式通常很难预测,原因可以归结为几方面:

1. 高维性:构成现实生活的系统往往被大量可以独立变化的变量决定。比如经济金融的核心载体——市场由无数的交易者组成,不同交易者可能有不同的交易目的和习惯。如果套用物理的描述方法来预测,就是极高维度空间的运动问题。

2. 非线性:高维度系统的维度之间具有复杂的相互作用。集体行为的非线性(总体不等于个体之和),导致我们不能把系统分解为单一维度然后做加法的分析方法(Analysis)进行研究。非线性的相互作用,进而形成具备无数层级的复杂组织。笔者认为,更好的研究方法应该是以组织为对象的综合分析(Synthesis)。

3. 反馈性:最典型的反馈是记忆效应,使得系统产生路径依赖,

---

① 他们在信中写道"很多原因导致了没有人预测出危机的发生时间、程度及严重性,没能避免危机的发生,但最主要的原因是未能从国内外诸多智者身上集思广益,从整体上来理解系统的风险"。

此刻现实与历史深刻关联。反身性是一种由预测产生的特殊反馈：预测股市的价格时，会引起交易策略的变化从而影响预测。社会集体的同向预测更是产生泡沫和狂热的根源。

4.随机性：复杂系统往往包含有规律以外的随机噪声，导致很难区分发现的模式是噪声导致还是由于系统成员之间的相互作用。

（二）经济金融理论的发展

随着认识的深入，经济金融学术界也逐渐从传统的古典均衡理论向博弈论，以及非传统非理性假设的行为经济、金融学过渡。举例来说，在资产定价领域，最初很多学者提出了各种基于"理性预期"的理论来解释金融中风险资产的"异常"回报现象，但是这些理论依然受到了实证研究的挑战。Daniel 和 Titman（2012）认为，这些基于"理性预期"的风险定价模型之所以能够与实证数据相吻合，主要是由于其极低的统计功效（low statistical power），当控制了市值和估值变量以后，传统的风险定价模型无法通过统计检验。

另一些学者则提出了与传统的"理性预期"截然不同的理论模型。他们从行为金融学的角度出发，认为市场的参与者本身是非理性的。2017 年诺贝尔经济学奖得主 Thaler（1985）提出过一个经典的心理账户模型。当投资者买入一只股票时，会在心中为此开设一个单独的账户，对股票的收益进行单独核算。这样投资者往往会偏好于卖出上涨的股票，保留亏损的股票，而不是基于理性做出决策。另外，套利的有限性使得风险资产的价格存在着被低估或者高估的可能性（mispricing）。Barberis 和 Thaler（2003）指出，风险资产的"异常"回报现象源于参与者的非理性行为。一方面，由于认知的有限性，非理性的投资者广泛存在于资本市场当中；另一方面，即便市场上存在理性的投资者（通常为专业的投资机构），他们也无法通过无风险套利促使资产被正确的定价。

传统的有效市场理论认为，当市场上的金融资产被低估（高估）时，理性的投资人将会发现这一机会，立即进行无风险套利，进行做多（空），从而使得股价迅速回归其内在价值。然而，在现实世界中，"无风险"套利是存在高昂的成本的。可想而知，基于此类理论衍生的各种传统多因子量化模型在预测能力方面也缺乏可靠性。而先抛开繁杂理论假设的约束，以预测效果为导向，以数据模型结果为依据的人工智能模型则为经济金融的预测开辟了一条崭新的道路。

二、人工智能在经济金融领域的运用

如上文所述，传统的理论模型和计量经济学等实证方法对于推进对经济金融现象的理解起了巨大作用，但是它们有自身缺陷，并且预测效果较弱。比如在经济决策方面，我们有效用－偏好理论、激励－强化理论、博弈论、行为经济学等诸多分散的理论，各自从不同角度进行分析。各个理论都有一定的解释作用，但是预测的效果都不太好（Fletcher，2011a）。这种各自为战，"公说公有理、婆说婆有理"的现象反映了经济金融关系的复杂性，也使得个别经济学家甚至消极地认为"经济学不是拿来作预测的"。本节从分析解释和预测两个方面介绍人工智能在经济金融领域的卓有成效的运用。

（一）分析和解释

一些经济金融学家也尝试运用以机器学习为代表的人工智能方法，来分析和理解相关现象。Campbell，Lo 和 Mackinlay 在他们的经典教科书《金融市场计量经济学》(*The Econometrics of Financial Markets*，1996）中，除了总结已有的各种计量方法及实证结果外，还介绍了非参数估计包括人工神经网络（Artificial Neural Network，即 ANN）。比如 Hutchinson，Lo 和 Poggio（1994）用 ANN 来评估 Black-Scholes 理论期权定价模型的研究，并且表明这类带参数的学习网络在其他参数模型失效时，可以起到很好的作用。

当时由于条件所限，ANN 这些方法在他们的书中只是作为对传统金融计量方法的一个补充，仅仅在全书的最后一章加以介绍。过去二十多年，随着梯度下降学习（Gradient Descent. Qian，1999）和反向传播（Backward Propagation. Rumelhart, Hinton 和 Williams，1986）算法在机器学习理论和实际中的发展，以及以摩尔法则为基础的单机计算能力成千上万倍的增加和 GPU、并行计算等工具的广泛应用，人工智能取得了飞速发展。

2017 年初，哈佛大学教授 Sendhil Mullainathan 在全世界最顶级的金融学术会议美国金融学年会（American Finance Association，即 AFA）上专门作了机器学习在经济金融预测上运用的专题报告，展现了机器学习相对于传统的经济计量方法的优势。Chalfin（2016）等改变了传统经济模型生产函数中的劳动者具有同质生产效率的假设，通过机器学习来预测劳动者的不同生产效率。他的方法运用到警察和教师的雇用上，极大地提高了劳动政策的效率和社会福利。

Kleinberg（2015）和 Glaeser（2016）等学者在经济研究中的重要领域资源分配上，运用监督学习取得了明显的成果。他们优化了健康政策领域的资源分配问题，比如健康监测点的位置选择和监测能力分配。Naik（2016）等人运用街景图结合计算机视觉算法来度量十九个美国城市中人们的安全感受。他们发现平均的安全感受度与人口密度和家庭收入有强烈的正相关关系，并且该感受度的变化与收入的不平等性也强烈正相关。

（二）预测

有效预测比仅仅分析解释难度更大，在经济金融领域尤其如此。深度学习、卷积神经网络、循环神经网络等人工智能模型在经济金融预测上也被有效运用。

与传统的算法不同，深度神经网络预先并不设定任何特定的模型和规则，而是通过训练数据提供足够多的案例来"学习"完成相应的任务。比如，传统的多因子选股模型通常是依据简单的线性回归挑选出对超额收益有显著影响的因子，进而根据因子排序筛选，构建多空组合。深度学习模型则与之不同，事先并不主观的选定特定的因子进行排序组合。深度学习模型先根据历史收益率数据，标记出一定时间周期内相对强势（弱势）的股票。接下来，选择一系列可能对股票收益造成影响的因子（几十到上百个不等），作为输入数据构成输入层的若干个节点。输出层则为股票的标记信息，可采用虚拟变量表示。若股票为强势股，则可将其标记为1，反之，则标记为0。构建好模型的输入层和输出层以后，下一步是设计隐含层的数量、隐层的节点个数、模型采用的激活函数、惩罚系数等一系列参数，之后根据模型训练的结果对样本外数据进行预测打分，选取得分最高的若干股票构建组合，进行策略回测。

在卷积神经网络模型中，每个卷积神经元仅处理其对应的局部接受域，提取该局部的特征。但是整个网络在对输入数据进行卷积处理后，会继续通过池化层对数据进行进一步的降维处理。具体地说，池化层将卷积层的多维输入数据进一步压缩为一个值进行输出。Ding（2015）等人运用卷积神经网络开发了一个基于新闻事件驱动的股票预测模型。他们首先从新闻文本出提取机构化的事件向量，再通过卷积神经网络网络对股票的短期和长期走势进行预测。研究结果表面，与传统的深度神经网络（DNN）相比，采用卷积神经网络模型的预测准确率提升了6个百分点。

与传统的时间序列方法类似，Hochreite 和 Schmidhuber（1997）提出了长短期记忆模型（long short-term memory，即 LSTM），通过模型的搭建，数据中的"短期记忆"（short-term memory）也能够在模型中保持较长的一段时间。由于以 LSTM 为代表的循环神经网络（Recurrent Neural Network，即 RNN）在处理序列数据上的优异表现，RNN 被广泛应用于自然语言处理领域。相似地，金融市场的量价信息本身就属于时间序列数据，因此，非常适合运用循环神经网络模型。

Nelson（2017）等人采用历史 K 线图数据（开盘价、收盘价、最高价、最低价）和相应的技术指标（均线、MACD、KRJ 等），实证对比了传统机器学习模型和长短期记忆模型对股票收益率预测的能力。他们发现，LSTM模型的预测准确率为55.9%，显著高于多层感知器和随机森林等机器学习模型。此外，基于循环神经网络在文本处理领域的优势，传统的基于文本挖掘和情感分析的股票价格预测系统未来也将更多地运用深度学习的算法不断改进。

这些使用结果表明，人工智能能够帮助经济金融学术界摆脱"经济学不是拿来作预测的"的认识误区，以及经济学家在社会大众心目中的"事后诸葛亮"尴尬形象。

三、人工智能与传统预测方法的比较

在上面机器学习等人工智能研究现状的描述中，同时提到了一些二者在经济金融建模上的区别。它们之间的更多区别在于以下各方面。

（一）模型假设和检验

人工智能更多运用训练测试验证（train-test-validate）来避免过度拟合，采用交叉验证（cross validation）、自举（bootstrapping）等数据方法和非线性模型。因此对于大数据（Big data）包括文本分析等也很有效。传统计量方法试图找出数据间的因果关系，着眼于解释变量的参数和统计推断（Statistical Inference），运用的技巧包括自然实验（natural experiments）、工具变量（instrumental variables）、双重差法（difference-in-difference）、反事实设定（counterfactual thinking）、实验经济学等。而人工智能不作因果假设，只作相关性假设，并且更加强调模型的整体预测性。二者共用了简单回归、逻辑回归、主成分分析等方法。

经济金融系统很难通过控制一些变量来研究另外一些变量间的特定关系。也很难通过通常的所谓拆开分析（analysis）来进行研究，因为各个变量之间的关系很难被真正完全分开。虽然运用实验经济学，可以再造实验和反复验证，用实验数据代替历史数据用来克服以往经验检验的不可重复性，但是它的主要运用局限于微观经济方面。对于宏观经济现象是没有条件控制一些主要宏观变量不变，同时让另外一些宏观变量变化来构造的可重复实验的。

（二）数据使用

传统统计和计量方法需要更多的对数据的基本假设，比如一阶二阶的平稳性。因此传统的金融研究的对象，主要是一阶差分后的收益率和基于二阶差分构造的波动率，但是在取得收益率（尤其是对数收益率）和隐含波动率的过程中，往往损失了很多有用的信息。由此建立的模型很难回到需要预测的初始变量比如价格上，这是导致预测效果不好的一个重要原因。

深度神经网络在学习过程中可以自动提取特征（类似于传统分析方法中的因子）。比如在人脸识别过程中，深度卷积网络逐步从浅层的原始像素，组合为简单的几何图形，再到深层中形成眼耳口鼻等器官，最后确定恰当位置形成人脸。不需要像传统人脸识别方法中人为定义形状和器官，以及相互位置等判别因素。

人工智能方法能够对数据进行更全面的使用，而不是局限于既有的观念和模型确定的因素。我们可以直接对观察到的原始数据，比如说价格进行建模和预测。这是传统金融研究难以涉及的方面。很多金融投资公司也逐渐把人工智能方法作为量化投资的一个重要扩展应用到分析框架中，并取得了不错的预测和投资结果。

（三）扩展潜力

人工智能最核心的是学习功能。这更为其不断进化和海纳百川提供了坚实的模型和框架。另外，人脑和传统方法对于多维数据的处理，尤其是如何得出综合性的结论有很大的局限性。人工智能中的集成学习更是可以整合人工智能和传统方法的不同模型，综合得出更好结论的有力方法（Kuncheva 和 Whitaker，2003；Brown，Wyatt，Harris 和 Yao，2005；Polikar，2006；Rokach，2010；Hamed 和 Fazli，2016）。集成学习中的各种具体方法可以弥补各种传统理论和研究方法盲人摸象、"公说公有理、婆说婆有理"的局限性，把各种分散的优势综合概括起来，形成统一的有效结论。

经济金融等社会现象中的信息不对称（Information Asymmetry）以及非完美信息（Imperfect Information），用其他方法是很难作出好的模型进行研究和预测，尤其在多方参与者的多期决策过程中。《科学》（*Science*）杂志 2017 年 2 月的 "预测及其限制" 特刊中专门指出预测人类行为成为下一个前沿的研究课题（Science，2017）。与此相关，关于人类行为的博弈论（Game Theory），在经济金融研究中取得了非常显著的理论性成果（Shapiro，1989；Myerson，1991）。

然而，这方面的理论结果和实际情况还是有差异。即使在最简单的试验中，人们也只是在百分之六七十的情况下，按照博弈论的理论预测进行操作。一个很重要的原因就是，人们在博弈过程中，对其他参与方的最终目的不是很明确或者怀疑其他参与方是否还有其他目的。而结合博弈论的强化学习方法在，德州扑克游戏中已经能够完全战胜人类顶尖的职业牌手（Brown 和 Sandholm，2017；Moravčík 等，2017）。其中运用了基于人类常识（Heuristics）的启发式的神经网络学习，并取得了很好的简化运算和综合预测的效果。

四、未来方向与思考

在相关学科的预测方面，未来主要可能的发展方向包括双向迁移学习（不只是人工智能方法和模型间的迁移，更包括将人类已有的分析结果比如说分析师的研报与人工智能之间的双向迁移和互动），深度集成学习等方法进一步用以解决多维及综合分析（Synthesis）等，以及自动机器学习（Auto Machine Learning，即 AutoML）用以促进非人工智能专业领域的人才来更好结合人工智能。2017 年，Google 提出的自动学习框架训练出了比专业数据分析师得到的更好的图像识别模型。

许多学者和业界人士认为非监督学习是未来人工智能发展的方向。在涉及社会科学的应用中，对监督学习和非监督学习二者之间的比较会更加复杂，因为人工智能的结果和应用最终往往受到别人和社会的评判。2017年"一石激起千层浪"的同性恋识别算法和结果即为典型例证。那么在这种情况下，即使由非监督学习算法产生的结果，还能被简单地认为是传统意义上的非监督吗？那么另一方面，我们又是否需要把人和社会的评判，提前加入到学习的过程中作为预期呢？人工智能对博弈的处理已经加入一些类似预期。是否有更好的融入方法呢？这些方面也是重要的研究方向。

带给人类的改变是最需要探讨的。比如现在很多人工智能学家往往把人工智能和人类来进行简单的比较来得出一些结论。而笔者认为，在未来人工智能会造成人的分化，导致人类这个概念没有以前那么强烈。或者说很难再把人类作为一个整体和人工智能来比较。人工智能在专业技能上（比如现在的外语翻译、图像识别、自动驾驶等方面）极可能超过大多数人。由此带来的经济和社会结构的变化，值得更多探讨。

参考文献：

1. Barberis N., Thaler R., "A survey of behavioral finance", *Handbook of the Economics of Finance* 1（2003），pp. 1053-1128.
2. Brown N., Sandholm T., "Safe and Nested Endgame Solving for Imperfect-Information Games", *Proceedings of the AAAI workshop on Computer Poker and Imperfect Information Games*, 2017.
3. Brown G., Wyatt J., Harris R., Yao X., "Diversity creation methods: a survey and categorisation", *Information Fusion*, 2005, 6（1），pp.5-20.
4. Campbell, J. Y., Lo, A. W., Mackinlay A. C., "The Econometrics of Financial Markets", *Princeton University Press*, 1996.
5. Chalfin A., Danieli O., Hillis A., Jelveh Z., Luca M., Ludwig J., Mullainathan S., "Productivity and Selection of Human Capital with Machine Learning", *American

Economic Review, 2016, Papers and Proceedings 106, no. 5, pp. 124-127.

6. Daniel K., Titman S., "Testing factor-model explanations of market anomalies", *Critical Finance Review*, 2012, 1（1）, pp. 103-139.

7. Ding X., Zhang Y., Liu T., et al., "Deep learning for event-driven stock prediction", 2015 *International Joint Conferences on Artificial Intelligence*, 2015, pp. 2327-2333.

8. Fletcher, T., "Machine Learning for Financial Market Prediction", *University College London*, 2011, pp. 17-33.

9. Glaeser E. L., Hillis A., Kominers S. D., Luca M., "Predictive Cities Crowdsourcing City Government: Using Tournaments to Improve Inspection Accuracy", *American Economic Review*, 2016, 106, pp.114-118.

10. Hochreiter S., Schmidhuber J., "Long short-term memory", *Neural computation*, 1997, 9（8）, pp. 1735-1780.

11. Hutchinson J., Lo A., Poggio T., "A Nonparametric Approach to the Pricing and Hedging of Derivative Securities Via Learning Networks", *Journal of Finance*, 1994, 49, pp. 851-889.

12. Jasny B. R., Stone R., "Prediction and its limits", *Science*, 2017, vol. 355, issue 6324, pp. 468-469.

13. Kleinberg J., Ludwig J., Mullainathan S., Obermeyer Z. ,"Prediction Policy Problems", *American Economic Review*, 2015, 105, pp.491-495.

14. Kuncheva L., Whitaker C., "Measures of diversity in classifier ensembles", *Machine Learning*, 2003, 51, pp. 181-207.

15. Moravčík M., Schmid M., Burch N., Lisý V., Morrill D., Bard N., Davis T., Waugh K., Johanson M., Bowling M., "Deep Stack: Expert-level artificial intelligence in heads-up no-limit poker", *Science*, 2017, 356（6337）, p.508.

16. Myerson R. B.,"Game Theory: Analysis of Conflict", *Harvard University Press*, 1991, p. 1.Chapter-preview links, pp. vii-xi.

17. Naik N., Raskar R., Hidalgo, C. A., "Cities Are Physical Too: Using Computer Vision

to Measure the Quality and Impact of Urban Appearance", *American Economic Review*, 2016, 106, pp. 128-132.

18. Nelson D.M.Q., Pereira A.C.M., de Oliveira R.A., "Stock market's price movement prediction with LSTM neural networks", Neural Networks (IJCNN), *2017 International Joint Conference on IEEE*, 2017, pp. 1419-1426.

19. Thaler R., "Mental accounting and consumer choice", *Marketing science*, 1985, 4 (3), pp. 199-214.

20. Polikar R., "Ensemble based systems in decision making", *IEEE Circuits and Systems Magazine*, 2006, 6 (3), pp. 21-45.

21. Qian N., "On the momentum term in gradient descent learning algorithms", *Neural Networks*, 1999, 12 (1), pp.145-151.

22. Rokach L., "Ensemble-based classifiers", *Artificial Intelligence Review*, 2010, 33 (1-2), pp.1-39.

23. Rumelhart D.E., Hinton G. E., Williams R. J., "Learning representations by back-propagating errors", *Nature*, 1986, 323 (6088), pp.533-536.

24. Shapiro C., "The Theory of Business Strategy", *RAND Journal of Economics*, 1989, 20 (1), pp. 125-137, JSTOR 2555656.

希腊-世界的"中国"之殇

张 沛

摘 要：根据修昔底德的记载，所谓"全希腊的学校""其他城邦模仿的范例"或者说作为世界之"中国"的雅典根本就是一个"帝国"——一个对内施行民主（共和或自由政体）、对外通过暴力（伯里克利所谓"僭主政治"）维持的海洋帝国。雅典自诩"中国"不过是一种修辞，即以"中国"（ἀρετή）为名推行帝国统治（ἀρχή）之实，而斯巴达则从一开始就将反对雅典帝国霸权、解放希腊、恢复自由作为自己的战争口号，由此赢得了人心并最终战胜了对手。然而，斯巴达"王者归来"后，"中国"并未随之重返希腊。这不仅是雅典和斯巴达"帝国"的悲剧，也是希腊世界"中国"理想的沦亡。更可悲的是，雅典-斯巴达的"中国-帝国"悲剧此后不断重演，而以之为原型和起点（ἀρχή）西方世界陷入了历史的恶性循环。

关键词：希腊 雅典 "中国" 世界

传说古希腊米利都哲人阿纳克西曼德（Anaximander，前610—前546）绘制了人类历史上的第一张世界地图。这张地图标识了当时希腊人所认知的人类世界：它以爱琴海希腊（很可能就是米利都）为中心，四周被大洋（Ὠκεανός）环绕，并被黑海和地中海一分为三，其中黑海-地中海以北为欧罗巴，东方为亚细亚，南方为利比亚，欧罗巴与亚细亚以黑海-帕西斯河（Phasis）为界，亚细亚与利比亚以尼罗河为界，欧罗巴与利比亚以地中海为界。

一百多年后，同样来自小亚细亚的古希腊历史学家希罗多德（Herodotus，前484—前425）为我们呈现了一幅更加广阔也更加具体的世界图景。在希罗多德的世界中，欧罗巴向西、向北拓展，利比亚之外复有埃及（这构成了世界的第四极）、埃塞俄比亚，而亚细亚则包括了巴比伦、阿拉伯、印度和波斯等地区。与之相应，这个世界的原点和重心也发生了位移：过去，德尔菲（Delphi）被认为是天地之中（所谓"大地之脐"〔ὀμφαλός〕①）；现在，雅典成了希腊世界——因此也是人类世界——的中心。

这不仅是地理意义上的位移，更是心理和价值（黑格尔则会说是"世界精神"）的位移，而这一切都和公元前5世纪在希腊本土发生的两场"国际战争"大有关系。

第一场战争是希波战争。公元前499年，波斯王大流士派兵攻打希腊纳克索斯岛（Naxos），希波战争由是正式拉开帷幕。公元前490年，波斯军队跨海（爱琴海）入侵希腊本土，雅典将军米提亚德（Miltiades）率兵在马拉松平原成功狙击来敌。十年后，波斯王薛西斯亲率百万雄师②跨海入侵希腊本土，斯巴达、雅典率领希腊联军奋起反抗，分别在温泉关和萨拉米斯战胜来敌，薛西斯狼狈败走；次年（公元前479年）希腊联军在普拉提亚战胜波斯人，希腊特别是雅典从此取得爱琴海－黑海的海上霸权。正是在与强大的"东方"他者——波斯的对峙过程中，希腊世界的中心认同发生了位移。

在战前，宗教圣地德尔菲被认为是希腊乃至人类世界的中心。它是希腊各邦的咨询与决策中心，也是全体希腊人的公共金库和精神首都。公元前7—前6世纪，善政（εὐνομία）和平等法制（ἰσονομία）、

---

① Plato, *Republic*, 427c. 参见〔古罗马〕斯特拉博：《地理学》第9卷第3章，李铁匠译，上海：上海三联书店，2015年，第621页。〔古罗马〕普鲁塔克：《道德论集》（*Moralia*）第4卷"神谕为何不再出现"（Why the Oracles Cease to Give Answers）章第1—2节。

② 这是一支史无前例的大军：根据希罗多德的估算（参见《历史》第7卷第60—99节、184—187节），它包括1207艘战舰、海军将士517610人，步兵1700000人，骑兵80000人，阿拉伯骆驼骑兵和利比亚车战兵20000人，共计2317610人；如果欧罗巴各族战士与后勤人员也计算在内，人数则将超过500万（希罗多德给出的数字是5283200）。

僭主制度和人民统治（δημοκρατία）先后兴起①，德尔菲的传统权威开始受到挑战。挑战首先来自斯巴达。公元前7世纪，斯巴达人率先建成"善政"②——在后代的叙述中，"善政"几乎就是"斯巴达政制"的同义词——而成为希腊城邦政治的领袖楷模，即如罗马帝政时代的希腊历史学家普鲁塔克（Plutarch，46—120）所说：当时的斯巴达被视为全希腊的"老师和教练"（παιδαγωγὸν ἢ διδάσκαλον）③。不过更大的挑战来自后来居上的雅典，而后者在希腊世界的崛起正得益于希腊人和波斯人的世纪之战。

斯巴达本为希腊盟主，但在波斯人入侵希腊本土时逡巡观望，而雅典则因首当其冲，不得不背水一战。公元前490年，雅典军队在马拉松平原迎战波斯人并取得了历史性的胜利——如希罗多德所说：过去希腊人一见"米底人"（即波斯人）就心生畏惧转身逃跑，而雅典人是"第一支看到波斯的服装却面无惧色"并"奔跑着冲向敌人"的希腊人④。十年之后，雅典人又在萨拉米斯海湾击退了大举来犯的波斯海军。这是一次具有世界历史意义的胜利：雅典从此成为与斯巴达并驾齐驱的希腊"第一城邦"（πόλις πρώτη τῶν ἐν τῇ Ἑλλάδι）⑤，甚至是和波斯-亚细亚-东方分庭抗礼的希腊-欧罗巴-西方世界代表。换言之，通过对抗并击败东方的"蛮夷"（βάρβαροι）——波斯人（包括被波斯征服的米底人），雅典俨然成为希腊世界的"中国"。

在中国，"中国"一词初见于西周何尊铭文，所谓"余其宅兹中国，自兹乂民"，意指当时"天下之中"的成周京师洛邑。（《诗·大雅·民劳》：

---

① 参见〔英〕齐默恩：《希腊共和国》第8—10章，龚萍、傅洁莹、阚怀未译，上海：格致出版社，2011年，第97—99、103—107、117—133、138—141页。另见〔英〕奥斯温·默里：《早期希腊》第15章，晏绍祥译，上海：上海人民出版社，2008年，第269—270页。

② 参见〔古希腊〕希罗多德：《历史》，第1卷，第65—66节。

③ Plutarch, *Life of Lycurgus*, XXX, 5。

④ 〔古希腊〕希罗多德：《历史》第6卷第112节，徐松岩译，上海：上海三联书店，2007年，第338页。参见本书第9卷第27节中"雅典人"的说法："在全体希腊人当中，是我们单独抗击波斯人；不仅如此，在如此危险的一场恶战中，我们击败了敌人，战胜了四十六个民族。"（中译本第479页）

⑤ Herodotus, *The Histories*, VI, 109.

"惠此中国，以绥四方；惠此京师，以绥四国。"《汉书·地理志下》："昔周公营雒邑，以为在于土中，诸侯蕃屏四方，故立京师。"又杜甫《有感》其三："洛下舟车入，天中贡赋均。"）"中国"或京畿之外的"王土"（《诗·小雅·谷风之什·北山》"溥天之下，莫非王土"）则依次区分为"五服"，所谓"邦内甸服，邦外侯服，侯卫宾服（按：亦称绥服），夷蛮要服，戎狄荒服"（《国语·周语上》），另一方面，"中国"也是界定文明与野蛮（"严华夷之辨"、"内诸夏而外夷狄"）的人文政治概念，如《战国策》中赵公子成所说：

> 中国者，聪明睿知之所居也，万物财用之所聚也，贤圣之所教也，仁义之所施也，诗书礼乐之所用也，异敏技艺之所试也，远方之所观赴也，蛮夷之所义行也。

就此而言，"中国"不仅是"中于天地"（《法言·问道》）的地域实体（中国之地），更是古人所谓"皇极"或"大中"（《尚书·洪范》："皇极：皇建其有极。"孔安国传："大中之道，大立其有中。"蔡沈注："极：犹北极之极，至极之名，标准之名，中立而四方之所取正焉者也。"）的政治理念（中国之道）。

后一种意义上的"中国"，即"皇极"或"大中之道"，与古希腊人说的"ἀρχή"（始基－本原－元首；权力－统治－帝国）异曲同工，在特定语境下几可等量齐观。古希腊人认为希腊地处人类世界的中心，而雅典又是希腊世界的中心。雅典人（如伯里克利、色诺芬①）自不待言，甚至外邦人也这样认为，如来自希腊小亚细亚地区多利安人城邦哈利卡那索斯（Halicarnassus）的希罗多德在他著述的《历史》中开篇不久就告诉我们：多利安人的斯巴达和爱奥尼亚人的雅典是希腊最强大的两个城邦；前者从外而来（如希罗多德所说，他们经过四次迁徙

---

① 参见〔古希腊〕色诺芬：《雅典的收入》，张伯健、陆大年译，北京：商务印书馆，2014年，第74页。

才来到伯罗奔尼撒），而后者为原住民（吊诡的是，他们却非希腊人）的后代（第 1 卷第 56 节）①。雅典人在希波战争中的卓越表现（ἀρετή）为他们赢得了更大的尊重和权力愿景，并使他们以希腊-世界的"中国"自居②。

希罗多德本人为我们提供了权威的证词。他在《历史》第 7 卷中讲到薛西斯大举进攻希腊时加入了一段自己的评论（第 138—139 节）：

> 波斯国王此次出征，虽然名义上是直接进攻雅典，但实际上意在整个希腊。希腊人早就知道这一点了，但是他们对此事的看法并不一致。
>
> 在这里，我不得不发表一个意见，虽然大多数人是不喜欢这个意见的。但是，只要我觉得是真知灼见，我决不会避而不谈。假如雅典人被迫在眉睫的危险所吓倒，从而离弃他们自己的国家，或者他们虽不离开，却留下来向薛西斯投降，那么就肯定没有人企图在海上抗击波斯人了；而如果没有人在海上抗击波斯人，那么我以为在陆地上就会发生这样的事情。……以上两种情况无论发生哪一种，希腊都将为波斯人所征服。……既然如此，如果说雅典人是希腊的救星，那就的确是一个真知灼见了。雅典人所处的是举足轻重的地位，哪一方得到他们的支持，哪一方就会得胜。

---

① 参见本书第 7 卷第 161 节中"雅典使节"的说法："我们雅典人是希腊人当中最古老的民族，又是希腊人当中唯一一支从来没有改变过居住地的民族"（中译本第 398 页）。又伊索克拉底也在《泛希腊集会辞》中强调（*Panegyricus*, 24—25）："自有史以来，我们就一直占据着这个生育我们的地方，我们是土生土长的能够用称呼最亲近的人的名义来称呼我们的城邦，因为在希腊人当中唯有我们有权利称呼我们的城邦为妈妈（τροφὸν）、祖国和母亲。"（《古希腊演说辞全集·伊索克拉底卷》，李永斌译注，长春：吉林出版集团有限公司，2015 年，第 81—82 页）

② 参见柏拉图《厄庇诺米斯》（*Epinomis*, 987d）中"雅典人"的说法："我们全体希腊人都应该记得的是，我们所拥有的地方在整个希腊人中，对于［培养］德性（ἀρετήν）来说几乎是最好的地方。"（程志敏、崔嵬编译，北京：华夏出版社，2013 年，第 23 页）对此，他的两名同伴——克里特人克莱尼阿斯（Κλεινίας）和斯巴达人麦吉卢斯（Μέγιλλος）——并无异议。

雅典人所抉择的是希腊应当保持自由；也正是他们，激励尚未归降波斯人的那些希腊人，而且正是这些人，在诸神的庇佑下，击退了入侵者。即使那来自德尔菲的使他们感到心惊胆战的神谕，也未能使他们动摇而离开希腊。他们依然坚守着自己的故土，鼓起勇气迎接着来犯之敌。①

希罗多德在此强调：关键时刻，正是雅典——既非传统的城邦盟主斯巴达，亦非古老的神道中心德尔菲——挺身而出领导希腊文化共同体② 反抗波斯帝国并取得了伟大的胜利。这一胜利具有双重意义：首先，这是希腊对波斯的胜利，确切说是雅典代表的希腊城邦–共和（πολιτεία）战胜了波斯代表的东方暴君专制，或者说"中国"战胜了"蛮夷"——希罗多德的《历史》即是对这一世界历史事件的全景再现。其次，这是雅典对希腊的胜利，确切说是"新中国"雅典战胜了"旧中国"德尔菲以及"另一个中国"斯巴达。当日波斯"蛮族"大兵压境，雅典政府紧急遣使至德尔菲请示神谕，而神（确切说是阿波罗神庙的女祭司）的答复是：

> 不幸的人，你们为何坐在这里？快逃吧，逃到地角天涯，
> 逃离你们的家园，离开你们那围以城墙的高高的卫城，
> 躯体和头颅，实际上都同样不能保全，
> 双手和双脚，以及中间的一切也都变得僵硬无力。

---

① 徐岩松译本第387—388页。
② 关于当时希腊人对希腊文化共同体的认同，参见〔古希腊〕希罗多德：《历史》，第8卷，第144节"雅典人"的说辞："全体希腊人在血缘上有亲属关系，我们有共同的语言，都参拜共同的神坛，施行共同的牺牲仪式，我们还具有相同的品性"（中译本第468页）。事实上，希腊正是在与东方他者——从传说中的特洛伊到现实中的波斯——的对抗或者说敌我关系中获得了自我意识和身份认同。参见第7卷第145节（中译本第391—392页）："现在（按：即公元前480年），全体愿意保卫希腊的希腊人，就都聚集在一起开会，相互商议并立誓结盟……他们希望，如果可能的话，把全体具有希腊血统的人团结起来，同心协力，共同参与保卫希腊的战斗，因为迫在眉睫的危险正威胁着所有希腊人。"

> 这一切都将毁灭。①

使者闻言大惊。经本地高人指点，他们再次以求援者的身份进入圣域求告神灵，又得到了第二个神谕：

> 富有远见的宙斯终会给雅典娜神的这些祈求者
> 一座木墙，作为保全你们以及你们子孙的屏障。
> ……
> 神圣的萨拉米斯啊！在人们播种或收获的时候，
> 你会把妇女们所生的孩子全部毁灭。②

这个神谕也让雅典人惊疑不定。根据地米斯托克利（Themistocles）的机智解说，所谓"木墙"原来指的是雅典的战舰，而"妇女们所生的孩子"指的是波斯人。质言之，神灵指示雅典人将在海上击败来犯之敌——他们后来果然也做到了。就这样，雅典人改写（事实上是反抗）了德尔菲的神谕，也改写了自己和全体希腊人的命运（即"自作元命"）。从此，雅典人不再为城邦政治事务专门请示神谕③：他们成了自身政治生活的主人。与之相应，整个希腊世界——现在雅典是它的中心——的城邦政治也正式启动了世俗化（即去神权化，这是人类政治走向民主的第一步）和现代化的进程④。

雅典与斯巴达的关系则更加微妙，相互竞争也更加激烈。公元前7世纪，斯巴达以其善政政治实践（同时也是一种政治理念或意识形态）称雄希腊世界；在下一个世纪（确切说是公元前510年之后⑤），雅典

---

① 〔古希腊〕希罗多德：《历史》，第7卷第140节，中译本第389页。
② 同上。
③ 参见〔英〕普莱斯：《古希腊人的宗教生活》，邢颖译，北京：北京大学出版社，2015年，第87页。
④ 参见〔英〕齐默恩：《希腊共和国》，第149页。
⑤ 是年雅典人驱逐了庇西特拉图（Peisistratus）之子希庇阿斯（Hippias），从而结束了他们父子两代长达36年的僭主统治。参见希罗多德《历史》第1卷第59—64节、第5卷第55—78节。

始以平等法制（ἰσονομία）——亦称"平等自由"（ἰσηγορία）——领跑希腊城邦政治①。两极（ἀρχαί）并立互不相能，于是有"中国"领袖（ἀρχή）之争，史称"伯罗奔尼撒战争"。此为古代西方世界一大转折-变局（catastrophe），即如修昔底德——他不仅亲历了这一变局，而且也是讲述这场变局的第一人②——在《伯罗奔尼撒战争史》一书中开宗明义所说（第1卷第1章）：

> 大敌当前，拉栖代梦（按：即斯巴达）人执掌希腊联军的指挥权，因为他们的势力最强大③。（略）共同的联盟把异邦人击退。但是不久之后，希腊人的联盟分裂为两个集团：一个集团以雅典为领袖，一个集团以拉栖代梦为盟主。在希腊，一个在海上称霸，一个在陆地上称雄。在一个短时期内，联盟还继续维持着；随后拉栖代梦人和雅典人争端即起，双方及各自的同盟者彼此以兵戎相见，而所有希腊城邦或迟或早地加入一方或另一方，虽然他们起初是保持中立的。（第18节）
>
> 这是迄今为止历史上——不仅是希腊人历史上，而且是大部分异族人历史上，甚至可以说是全人类历史上最大的一次骚动。（第1节）④

事实上，这不仅是一场关于希腊世界帝国霸权的海陆-武力对决，也

---

① 参见〔古希腊〕希罗多德：《历史》，第5卷，第66节、第78节。
② 参见〔古希腊〕修昔底德：《伯罗奔尼撒战争史》第5卷第16章第26节："我经历了战争的全过程，我的年龄使我足以理解发生在身边的事件，为了探求事实真相，我密切关注事态发展。我在指挥安菲波里斯的战事以后，曾被放逐而离开本国二十年。我目睹战争双方的一切行动，特别是伯罗奔尼撒人的军事行动，因为我流亡在外，使我有空闲时间更加深入地探究战争的进程。"（徐松岩译，桂林：广西师范大学出版社，2004年，第282页）
③ 不过后来（公元前477年，即萨拉米斯战役胜利后第三年）雅典人借口斯巴达统帅专横跋扈而取消了斯巴达的领导权（参见希罗多德：《历史》第8卷第3节，〔古希腊〕修昔底德：《伯罗奔尼撒战争史》第1卷第4章第94—96节）。
④ 中译本第3页、第12页。

是一场关于"中国道路"或人类理想政制的观念 – 话语之争。对此，雅典城邦的"第一人"和实际统治者里利克利[①]有充分的自觉。如他在战争爆发当年岁末即公元前 431 年冬为阵亡将士举行的国葬典礼中致辞晓喻雅典人民（《伯罗奔尼撒战争史》第 2 卷第 6 章）：

> 我们的宪法（πολιτεία）没有照搬任何毗邻城邦的法律，相反地，我们的宪法却成为其他城邦模仿的范例（παράδειγμα）。我们的制度之所以成为民主制，是因为城邦是由大多数人而不是由极少数人加以管理的。（略）法律在解决私人争端的时候，为所有的人都提供了平等的公正；在公共生活中，优先承担公职所考虑的是一个人的才能，而不是他的社会地位，他属于哪个阶级；任何人，只要他对城邦有所贡献，绝对不会因为贫穷而湮没无闻。我们在政治生活中享有自由，我们的日常生活也是如此。（第 37 节）
>
> 一言以蔽之，我们的城邦是全希腊的学校（παίδευσιν）。我认为世界上没有人像雅典人这样，在个人生活的许多方面如此独立自主，温文尔雅而又多才多艺。（略）我们勇敢无畏地攻入每一片海洋，进入每一块陆地；我们在各地所造成的不幸，或所布施的恩德，都为后世留下了不朽的纪念。（第 41 节）[②]

战争第二年，一场史无前例的恐怖瘟疫袭击了雅典。为此承受了巨大压力的伯里克利被迫再次向城邦喊话（《伯罗奔尼撒战争史》第 2 卷第 7 章）：

> 目前整个世界可分为两部分：陆地和海洋。其中整个一部分

---

① 〔古希腊〕修昔底德：《伯罗奔尼撒战争史》第 2 卷第 7 章第 65 节（中译本第 114 页）："雅典虽名义上是民主制，但事实上权力掌握在第一公民手中。"（"ἐγίγνετό τε λόγῳ μὲν δημοκρατία, ἔργῳ δὲ ὑπὸ τοῦ πρώτου ἀνδρὸς ἀρχή."）

② 中译本第 98—99 页、第 101 页。

几乎完全处于你们的控制之下——不仅包括你们现在所利用的海域，还包括更大范围的海域。（略）如果通过你们的努力保全自由的话，我们所失去的将轻而易举地得到补偿；一旦屈从于别人，那你们现在所拥有的东西也将化为乌有。（第62节）

对你们而言，拒绝承担帝国的责任，同时又企图享受其荣誉，这是不可能的。（略）假如在危难时刻你们当中确实有人曾认为放弃帝国是一种正直的事，那么放弃这个帝国已经是不可能的了。坦率地说，因为你们的帝国已经成为一种僭主政治（τυραννίδα）；过去取得这个帝国也许是不公正的，然而放弃这个帝国是不可能安全的。（第63节）①

时至今日，伯里克利终于不得不承认：所谓"全希腊的学校""其他城邦模仿的范例"或者说作为世界之"中国"的雅典根本是一个"帝国"——一个对内施行民主（共和或自由政体）、对外通过暴力（伯里克利所谓"僭主政治"）维持的海洋帝国。

在此，我们大有理由怀疑雅典自诩"中国"不过是一种修辞，即以"中国"（ἀρετή）为名推行帝国统治（ἀρχή）之实。战争第四年，即公元前427年，伯里克利的继任者、当时最得人心的民主政客克里昂（Cleon）向雅典城邦发表演说鼓吹严惩起义反抗暴政的米提林（Mytilene）——杀死全体成年男性，全体妇孺发放为奴——时即公然叫嚣（《伯罗奔尼撒战争史》第3卷第9章）：

你们完全忘记了，你们的帝国是一种对臣民的专制统治（τυραννίδα），你们的臣民都是些心怀不满的谋反者；他们服从你的基础，不是你们自杀性的让步，也不是他们对你们的忠顺，而是你们靠武力取得的优越势力。（第37节）

---

① 中译本第111—112页。

> 对于一个帝国,最为致命的弱点有三个,它们是:有同情心、感情用事、宽大为怀。(略)如果你们不论是非正误,坚决要维持你们的统治的话,那么你们就必须贯彻你们的原则,按照你们的利益,来惩罚这些米提林人。(第40节)①

虽然他的提议最终被否决——如其反对者狄奥多图斯(Diodotus)所说,帝国的安全取决于正义的统治而非严刑峻法,正是这一点打动了雅典人民②——但是雅典-伯利克里的帝国计划③已经启动,并将按照自身的逻辑和意志无情地运转和开展下去。

战争第十六年,即公元前416年,雅典远征米洛斯(Milos)——米洛斯人为斯巴达后裔,起初保持中立,后因不满雅典暴力统治而奋起反抗——并悍然宣称(《伯罗奔尼撒战争史》第5卷第17章):

> 当今世界通行的规则是,公正的基础是双方实力均衡;同时我们也知道,强者可以做他们能够做的一切,而弱者只能忍受他们必须忍受的一切。(第89节)
>
> 我们对神灵的信仰、对人们的认识使我们相信,自然界的必然法则就是将其统治扩展到任何可能的地方。这个法则并不是我们的首创,也不是我们首先将它付诸行动;我们发现它由来已久,并将与世长存。我们现在的所作所为只是运用了这个法则,你们及其他任何人如果有了我们现在的实力,也会做我们现在所做的

---

① 中译本第154页、第156—157页。
② 《伯罗奔尼撒战争史》第3卷第9章第46—49节。
③ 后来(公元前415年)伯里克利的义子,也是他的事业继承人亚西比德(Alcibiades,一译阿尔基比亚德、阿尔基比阿得斯)投敌斯巴达时将此计划和盘托出:"我们乘船前往西西里,如果可能就首先征服西西里的希腊人,然后再征服意大利的希腊人,最后进攻迦太基帝国和迦太基城。如果这些计划全部或大部分取得成功,我们将带着在那些地区所获得的所有希腊军队,并雇用大量的土著军队来进攻伯罗奔尼撒……然后我们将统治整个希腊世界。"(《伯罗奔尼撒战争史》第6卷第20章第90节,中译本第370页。)

事情。(第 105 节)①

雅典人占领米洛斯后,将其男丁尽数屠杀,妇女儿童全体贩卖为奴②。此时的雅典外强中干,已然从标榜"立中区之教""以德服人"的"中国"彻底蜕变为信奉"以力服人""强权即公理"的帝国主义国家——从伯利克里、克里昂、亚西比德到柏拉图笔下的卡利克勒斯(Callicles)、特拉叙马库斯(Thrasymachus)③等人,即为其前仆后继、一脉相承的精神代言和人格化身。

事实上,雅典的"帝国计划"在希腊世界早已是公开的秘密。如修昔底德所说:战争初起时"人们普遍对雅典义愤填膺,不论是那些希望脱离其帝国的人们,还是那些担心被雅典帝国吞并的人们,其心情都是如此"④;而斯巴达则从一开始就将反对雅典帝国霸权、解放希腊、恢复自由作为自己的战争口号⑤,由此赢得了人心(据说当时大众舆论"明显地倾向于拉栖代梦人","希腊各邦和个人都在以言辞和行动来尽量援助他们"⑥)并最终战胜对手,取代雅典成为(确切说是重新成为)希腊世界的"中国"——至少时人有这样的期待。

然而这只是一种幻觉。事实上,斯巴达"王者归来"后,"中国"并未随之重返希腊。即如色诺芬笔下的雅典城邦使节奥托克利斯(Autocles)在公元前 371 年向斯巴达人呼吁和平时所说(《希腊史》

---

① 中译本第 313 页、第 316 页。
② 欧里庇得斯的悲剧《特洛伊妇女》(公元前 415 年上演于雅典)即是对此历史事实的同情再现,可见公道自在人心。
③ Cf. Plato, *Gorgias,* 483b–484c & 490a; *Republic,* 338c–339a.
④ 《伯罗奔尼撒战争史》第 2 卷第 6 章第 8 节,中译本第 85 页。参见第 7 卷第 23 章第 66 节中斯巴达将领吉利浦斯(Gylippus)在叙拉古与雅典人决战(公元前 413 年)前的演说:"雅典人来到这个地方的首要目的,是想征服西西里;如果取得成功,随后他们就要征服伯罗奔尼撒和希腊其他地区。"(中译本第 414 页)
⑤ 即如斯巴达名将伯拉西达(Brasidas)后来(公元前 424 年)劝降雅典盟邦阿堪苏斯(Acanthus)时所说:"我们并不企求建立帝国,我们要努力去推翻帝国","我们将和雅典人作战,以解放希腊"(《伯罗奔尼撒战争史》第 4 卷第 14 章第 87 节、第 85 页,中译本第 238、240 页)。
⑥ 《伯罗奔尼撒战争史》第 2 卷第 6 章第 8 节,中译本第 84—85 页。

第6卷第3章）：

> 现在你们总是在说"城邦必须独立自主（αὐτονόμους）"，然而你们自己才是城邦独立自主之路上的最大障碍。因为你们与盟邦订立契约的首要条件是无论你们走到哪里，他们都要跟向哪里。这难道符合独立自主的原则吗？（第7节）
>
> 而且，你们在这里建立一个十人政府，在那里建立一个三十寡头政府——世界上再也没有比这个更悖逆于独立自主精神的事情了；而你们所支持的这些统治者，并非依照法律，而是凭借赤裸裸的武力掌控他们城邦的内外事务。因此，这显然表明你们是乐于建立僭主暴政而非自由民主政府（πολιτείαις）。（第8节）①

奥托克利斯的话正好印证了同时代另一位雅典人、演说家伊索克拉底（Isocrates）的观察。后者在《泛希腊集会辞》（c.380 BC）中抨击二十四年前（404 BC）斯巴达人在雅典的暴虐统治时指出：

> 他们是如此的无耻，破坏乱自己国家的法律，反而还谴责我们城邦的不公正……然而他们在三个月里未经审判所杀死的人比我们城邦在整个帝国时期所杀害的人还要多。（第113节）②

三十多年后，他又在《致腓力辞》（346 BC）中别有用心并不无快意地提到斯巴达的帝国末日：

> 不久以前，拉西第梦人还是希腊人在海上和陆上的领导者，

---

① 色诺芬：《希腊史》，徐松岩译，上海：上海三联书店，2013年，第249页。
② 《古希腊演说辞全集·伊索克拉底卷》中译本第99—100页。在其晚年最后完成的《泛雅典娜节演说辞》（339 BC）中，伊索克拉底甚至不无夸张地指控说："斯巴达人未经审判所杀死的希腊人，比我们定居于此以来通过审判处以死刑的人的总和好要多。"（第66节，同书第290页）

但是经过留克特拉（Leuctra）的惨败后，他们就失去了在希腊世界的领导权。（第47节）

他们现在被迫与邻邦作战，所有的伯罗奔尼撒人都不信任他们，大部分的希腊人也憎恨他们，而他们自己的奴隶也在夜以继日地困扰着他们。（第49节）①

在伊索克拉底看来，正是人性的狂妄导致了帝国——无论是雅典帝国还是斯巴达帝国——的最终失败：

> 我们因为对未来的焦虑以及对自身事务的充分关注而成为了最杰出的城邦。但是，当我们想象着自己的力量是战无不胜之时，就很难能够逃脱被奴役的命运了。拉西第梦人也一样，因为生活节制且执行严格的军事管理制度，由一个在远古时期名不见经传的卑微城邦脱颖而出，使他们自己成为了伯罗奔尼撒半岛的主人。可当他们变得过于傲慢，在陆地和上海到处扩张之时，就和我们一样陷入了危机之中。（《战神山议事会辞》第6—7节）②

如其所说，这不仅是雅典和斯巴达"帝国"的悲剧，也是希腊世界"中国"理想的沦亡。更可悲的是，雅典-斯巴达的"中国-帝国"悲剧此后不断重演，整个希腊世界——作为西方文明乃至现代文明的一个原型和起点（ἀρχή）——陷入了历史的恶性循环：

---

① 《古希腊演说辞全集·伊索克拉底卷》中译本第128—129页。
② 《古希腊演说辞全集·伊索克拉底卷》中译本第179—180页，另见《论和平》第95—103节、《泛雅典娜节演说辞》第97节（同书第218—219页、第297页）。关于雅典人的狂妄，参见修昔底德在《伯罗奔尼撒战争史》4卷13章65节最后一段的冷峻评论："雅典当时的繁盛使雅典人以为他们什么事都能做到，可能的事和不切实际的事，他们都能够做到，不论他们的势力强大也好，不足也好。他们各方面的意外成功，使他们产生这种心态，认为凡是他们能够想到的，就一定能够做到。"（中译本第229页）在伊索克拉底看来，这些都是"没有文化"的一种表现。（《泛雅典娜节演说辞》第32节，并见第196节）

公元前 404 年，斯巴达战胜雅典，伯罗奔尼撒战争结束，雅典帝国解体；

公元前 394 年，雅典与底比斯建立反斯巴达同盟，同年雅典将军科农（Conon of Samos）率波斯舰队在克尼多斯（Cnidus）大败斯巴达海军，斯巴达失去制海权；

公元前 386 年，希腊接受波斯的"大王和平敕令"（King's Peace）①；

公元前 378 年，雅典建立第二次海上同盟，两年后重获爱琴海制海权；

公元前 371 年，留克特拉战役，底比斯战胜斯巴达，底比斯帝国崛起②；

公元前 362 年，曼丁尼亚（Mantinea）战役，底比斯与斯巴达两败俱伤，希腊世界愈趋混乱③；

公元前 338 年，喀罗尼亚（Chaeronea）战役，马其顿国王腓力大败雅典和底比斯率领的希腊联军，入主中原；同年成立科林斯同盟，腓力当选为泛希腊波斯远征军领袖。

---

① 又称"安塔基达斯和约"（The Peace of Antalcidas）。斯巴达、雅典和底比斯先后以此号令希腊世界，希腊实际上沦为波斯附庸。参见色诺芬《希腊史》第 5 卷第 1 章 30—36 节、第 6 卷第 5 章 1—3 节、第 7 卷第 1 章 39—40 节（中译本第 194—196、264、291 页）即如伊索克拉底后来所说，"波斯国王通过斯巴达人和一些雅典人的力量，把我们置于最危险的境地"，现在"希腊大地再也没有任何地方能够完全免于兵燹之灾，也不能免于派系斗争、屠杀以及其他数不胜数的灾难"。（《泛雅典娜节演说辞》第 158 节、《致阿基达摩斯》第 8 节，《古希腊演说辞全集·伊索克拉底卷》中译本第 309 页、第 519 页。）
② 如伊索克拉底后来所说：底比斯人取得"辉煌的胜利"后忘乎所以而变得穷兵黩武，结果步了雅典和斯巴达帝国的后尘。（《致腓力》第 53—55 节，《古希腊演说辞全集·伊索克拉底卷》中译本第 130—131 页。）
③ 色诺芬在《希腊史》最后结尾处（第 7 卷第 5 章 27 节）苦涩地告诉读者："尽管双方都宣称本方获胜，但是任何一方的局势都没有丝毫好转，与战前相比，双方的版图、城市和影响力也没有一点增加，而战后的希腊却比战前愈加混乱和无序了。"（中译本第 325 页）

这时,希腊实际上已经沦为蛮族政权①的附庸,也就是说"中国而为夷狄"了。四年之后,即公元前334年,亚历山大大帝率兵远征波斯,希腊的精神随之出走东方(史称"希腊化时代"),而"中国"从此永别希腊——直到一百六十六年后,它"乘愿再来"西土,但不是作为希腊,而是作为罗马——多年后也将进入"中国-帝国"生死轮回的人类永恒之城罗马。又许多年后,现代世界的两位立法哲人更将此称为人类历史的重演(recourse)或自然——人之自然,即权力意志——的永恒轮回(eternal recurrence)。

---

① 马其顿王国地处希腊世界和"中国"秩序的外缘,传统上被"中原人"视为蛮夷。如马其顿阿吉德王朝的"爱希腊者"(Φιλέλληνας)亚历山大一世(公元前498—454年间在位)参加公元前504年的奥林匹克运动会(这一赛事只有希腊人可以参加)时即遭拒绝,经特别法庭裁决证明其希腊血统(马其顿王室自称是海格里斯的后裔)后始获参赛资格。〔古希腊〕希罗多德:《历史》第5卷第22节;参见〔英〕保罗·卡特利奇:《亚历山大大帝:寻找新的历史》,曾德华译,上海:上海三联书店,2010年,第27—28页。

自然权利与法
——索福克勒斯《安提戈涅》中的 physis 与 nomos

蔡乐钊

摘　要：索福克勒斯的《安提戈涅》是一部展现 physis（自然）与 nomos（习俗）之间的张力的戏剧。安提戈涅诉诸一种神定的永恒不变的不成文法来对抗克瑞翁的法令，亚里士多德则不无道理地称之为自然法。安提戈涅的自然法实际上是一种古典自然法或高级自然法，有别于伊斯墨涅主张的近代自然法或低级自然法。前者的源头是神并基于爱（philia）的原则，后者的根源是人并建立在人类的理性之上，并与克瑞翁代表的实践理性和技术崇拜合流，构成以霍布斯为代表的近代国家理由学说的滥觞。索福克勒斯站在安提戈涅一边，强调高级法层面的 nomos 与 physis 的和谐，并对当时那种"人是万物尺度"的乐观主义思潮发出警告。

关键词：自然法　自然权利　高级法　理性主义　国家理由

一、安提戈涅的"自然法"

索福克勒斯的悲剧《安提戈涅》的情节已经如此为人所熟知，在此似乎没有复述的必要。有一种颇为流行的看法，即《安提戈涅》反映了自然法和实在法的冲突。[①] 然而初看起来，这种解读似乎得不到文本的支持，因此这种自然法主张未免令人感到困惑。有学者就指出，"严格来说，在反抗克瑞翁之禁葬令时，安提戈涅并没有引证'自然法'

[①] 或者个人良知与国家集权的冲突，不过这两种冲突除去名称上的差别，本质上是一样的。

概念……最早提出自然法思想的是斯多葛派……安提戈涅以自然法抵抗实在法的说法只是后人对这一故事的一种解释和追认"①。即便如此，自然法主张的提出者的权威却使我们不得不慎重考虑这个问题。毕竟，亚里士多德同时是古希腊悲剧和政治理论的权威阐释者。

亚里士多德是在《修辞学》中提出了上述著名主张。在那个地方（1375a25 以下），他正在传授法庭辩论技巧。他写道，如果成文法对我们的案件不利，我们就可以抛弃法律文本，诉诸普遍法和公平原则。"……公平原则是永恒不变的，普遍法也一样是不变的，因为那是自然法，而成文法却经常改变。这就是索福克勒斯《安提戈涅》那几句诗的意思，在那里安提戈涅辩称她埋葬自己的兄弟触犯了克瑞翁的法律，却没有违反不成文法……"② 亚里士多德所指的是如下几句经常被引用的诗：

"因为向我宣布这法令的不是宙斯，那和下界神祇同住的正义之神也没有为凡人制定这样的法令；我不认为一个凡人下一道命令就能废除天神制定的永恒不变的不成文律条，它的存在不限于今日和昨日，而是永久的，也没有人知道它是什么时候出现的。"（《安提戈涅》450—457，罗念生译）

亚里士多德在《修辞学》中把自然法等同于普遍法，与成文法或实在法相对。它具有两个特点，一是它是不成文法，二是它是永不改变的。这两个特点与我们对荷马史诗《奥德赛》中摩吕药草那段文字（X，302—306）中自然（physis）这个概念的考察得出的结论一致：第一，physis 指一种隐藏的、不可见的性质，需要借助神明的帮助才能认识；第二，physis 作为生长的结果，具有一种不变的完善的性质。不可见和不变，恰恰是安提戈涅描述的那种神祇制定的永恒法律的基本特点。在此意义上，虽然安提戈涅没有提到自然法，但是她诉诸的那种不成

---

① 苏力：《自然法、家庭伦理和女权主义？——〈安提戈涅〉重新解读及其方法论意义》，《法制与社会发展》，2005 年第 6 期，第 5—6 页。
② *The Complete Works of Aristotle*, ed., Jonathan Barnes (New Jersey: Princeton University Press, 1991), vol.II, p.48.

文法，恰恰就是亚里士多德意义上的自然法，措词的差异并不妨碍两者含义的一致性。亚里士多德的主张看来是有根据的。

然而我们发现，亚里士多德在《尼各马可伦理学》中却提出一种与《修辞学》里自然法观念不太一样的自然正义观。在《伦理学》中，亚里士多德所界定的自然正义同样表现为对一切人的普遍有效性，它是不以人的意志为转移的。不过，亚里士多德又进一步说，自然正义和约定正义一样都是可变的，只有在神的世界中，正义才是不变的（1134b19—1135a15）。

如何理解自然法的不变和自然正义的可变这两个看似矛盾的命题？最简单的办法当然是把这归咎于亚里士多德本人观点的前后不一致而轻易打发掉。但是我们很难设想，亚里士多德在如此重要的、曾在希腊人之中引发激烈争辩的问题上采取前后两种截然相反的立场而不加解释。没错，亚里士多德要反对是这样一种观点：凡是自然的都是不可变的，这一点在文本中是清楚无疑的。不那么清楚的是亚里士多德本人提出的正面观点的是什么。一个合理的、可以化解上述矛盾的解释是，在反对上述观点的时候，亚里士多德并没有走到另一个极端，竟至于认为凡是自然的都是可变的。实际上，亚里士多德最有可能的看法是：自然的东西既包括可变的，也包括不可变的。因此有可变的与不可变的两种不同的自然正义。而变化的自然中不变的部分，则是由于有神的参与，因而它不再属于有生灭的自然世界，而属于不死的神的世界。唯有如此，亚里士多德才能毫无困难地把变那种不的自然法等同于神法。[①]

在亚里士多德的上述用法中，与自然法和神法意思相仿的一个词是"不成文法"（agrapta nomima）。不成文法区别于成文法的一个显著的外部特点就是前者是不可见的而后者是可见的。在人体五官中，希腊人尤其重视视觉，这是亚里士多德在《形而上学》开篇就言明的。

---

① 可比较柏拉图《理想国》中"自然"一词的用法。

亚里士多德又谓哲学始于对自然的惊异。这种惊异当然源自对自然的凝视与沉思。日月星辰，风霜雨露，这些都是宇宙秩序中可见的自然现象。然而在这背后，还有西蒙尼德所谓的唯有神能洞悉的"自然的秘密"（《形而上学》982b30）。统领万物的神，人的肉眼是看不见的，"理知的眼睛却分明见到了"（《宇宙论》399a32）。① 因此，在《修辞学》中，那种永恒不变的自然法被等同于安提戈涅的不成文法，它们是看不见的，意味着它们具有神圣的起源，是一种神法。正如《宇宙论》所言，辨识这种神法需要"理知的眼睛"，正如奥德修斯辨识摩吕药草的自然本性需要凭借赫尔墨斯神的帮助。这点对于我们理解克瑞翁的盲目十分关键。克瑞翁显然相信自己看到的一切，但那只是他肉眼之所见，他受到蒙蔽的是他的"理知的眼睛"（1261—1269）。这也有助于我们理解俄狄浦斯的悲剧。俄狄浦斯刺瞎了自己的眼睛，因为这对眼睛并没有使他认清那些被神隐藏起来的"自然的秘密"，他终究只是一个"什么也看不见，什么也不知道的父亲"（《俄狄浦斯王》1485），尽管他解开了著名的斯芬克斯之谜。②

《安提戈涅》里的那种不变的自然法与近代以来我们熟知的自然法并不完全一样，倒是更接近中世纪神学家所理解的自然法。③ 它不是植根于人的自然理性，而是源自神的理性。归根结底，它是一种神法。安提戈涅认为埋葬自己的兄弟符合神法和正义，而它们是凌驾于城邦的法律之上。学者从这里辨识出赫拉克利特的影响，这位晦涩哲人

---

① 〔古希腊〕亚里士多德：《天象论·宇宙论》，吴寿彭译，北京：商务印书馆，1999年，第304页。尽管《宇宙论》是托名之作，我们仍不妨引用其中符合亚里士多德思想的观点。
② 海德格尔认为俄狄浦斯失去双眼后反而"多了一只眼睛"，并且这只眼睛具有"乃是一切伟大的可问知的基本条件又是其唯一的形而上学根据"（〔德〕海德格尔：《形而上学导论》，熊伟、王庆节译，北京：商务印书馆，1996年，第108页）。在亚里士多德看来，以肉眼观看自然只是哲学的开端，即自然哲学，而形而上学作为神圣的学术，需要我们运用"理知的眼睛"。
③ 如托马斯·阿奎那阐明的永恒法与自然法之区别，永恒法源自神圣理性，自然法是"理性造物对于永恒法的参与"，"自然之光……无非就是神圣之光留在我们身上的印记"。忽视这种区别则可能会导致"人的理性占据了神圣理性的位置，且其假设为要为宇宙立法"。（吴经熊：《正义之源泉：自然法研究》，张薇薇译，北京：法律出版社，2015年，第24—25页。）

也许是第一个采用"神法"这个表述的人,并说所有人法都得到神法的滋养(残篇114)。在赫拉克利特看来,神法具有牢固性和对一切事物的普遍适用性,是城邦法律的源头。很可能,他和索福克勒斯抱着同样的意图,即以此统一的、不变的高级法来对抗世俗的法律相对主义。值得注意的是,赫拉克利特的神法可能不仅是人法的基础,也构成自然法的基础,规定着自然界的运行。①

安提戈涅的不成文法或自然法本质上正是这样一种神法,但是这种神法并不纯粹。这里所谓的"纯粹",是它与后来犹太教和基督教理论发展出来的神法相比较而言。对于后者来说,法律纯粹是上帝意志的体现,自然在其中是毫无地位可言的。对于前者来说,诸神,即使是最高主神宙斯的意志,仍要服从于某种神秘的法则,这是一种命运(moirai)或必然性(ananke)的力量,时常表现为一种自然力量:它自发生长,不受控制——它是一种笼罩天地万物的自然秩序或普遍法则。《安提戈涅》多处提到命运主宰的作用。作为传达教训的一个重要工具,歌队通过叙述达娜厄的故事告诉观众"命运的可怖力量"是无可逃脱的(951—953),克瑞翁在听了先知忒瑞西阿斯的预言后也意识到抵抗必然的事物是徒劳的。在全剧临近尾声的地方,歌队再次说出这个教训:"我们命中注定的东西,有死的凡人啊,是逃不掉的。"正如在剧中著名的"人颂"段落中,无论人类逃脱了什么,最终却逃脱不掉死亡——一个人的自然终点。但是更令人惊奇的是,在希腊人的多神教神话体系中,命运不仅主宰人,也主宰神。表面上似乎是神在干预自然,最后我们发现,实际上是神也逃脱不了自然律的支配,神和人一样无法预见和改变自己的必然命运。

作为一个最典型的希腊贵族和保守主义者,索福克勒斯坦然接受了传承自荷马的奥林波斯秩序,包括其中的不确定性。在这个神话体系中,诸神往往与某种自然力量对应,甚至有时就是自然力的直接化身,

---

① 《赫拉克利特著作残篇》,T. M. 罗宾森英译/评注,楚荷中译,桂林:广西师范大学出版社,2007年,第237页。

譬如"人颂"中的大地母亲。自然的进程确实常常体现了诸神的意志，但是，"有些事情发生在荷马的宇宙中全凭机遇，随便任意，没有特定的理由"。宙斯的恒定秩序与命运的无常秩序并存，① 也反映到那个时代含混的自然法思想中，自然法与神法有时指同一种东西，有时看似神在主导自然的进程，有时反过来，神自身也受到自然法则的支配，这样一种混乱颠倒是犹太－基督教的自然法思想所不敢想象的。不过，恰恰因为自然占据了如此重要的地位，自然法也许是古希腊神法的一个更合适的名称，亚里士多德采用这个表述也就不足为奇了。

二、克瑞翁：理性主义的僭妄

克瑞翁的确是顽固的，但我们很难把他称为一个暴君。作为一个新登基的、地位并不十分稳固的统治者，他很自然地感到有必要巩固自己的统治，不允许别人随意挑战自己的权威。在《安提戈涅》中，他首要的身份就是国家统治者（"克瑞翁"这个名字意即"统治者"），这个公共身份几乎取消了他的私人身份。"国家理由"（reason of state，又译"国家理性"）成为他行动的最高原则，城邦的利益是他一切思考的出发点和归宿。这种对城邦的几乎无条件的忠诚，对于习惯于个体权利和自由的现代人而言，已经显得陌生甚至怪异了，然而对于希腊人却不是这样。

对于希腊人而言，作为公民联合体的城邦对个体公民具有无可置疑的优越地位，为城邦牺牲的概念植根于悠久的人文（主要是宗教）传统，近乎一种道德义务。作为一名公民，个人为城邦牺牲，为城邦尽义务，在他们看来就是最光荣的事。有许多生动的事例都说明这一点。当梭伦来到克洛伊索斯的宫廷，后者问他天下最幸福的人是谁，梭伦说是雅典人泰洛斯。因为首先他的城邦繁荣，孩子出色；其次他生活

---

① 〔美〕欧文：《古典思想》，覃方明译，辽宁教育出版社、牛津大学出版社，1998年，第16—23页。

安乐，为捍卫城邦而牺牲。雅典人如此，斯巴达何尝不是（尽管他们恰好是希腊城邦中的两个极端）？温泉关的战斗足以说明这点。雅典陪审法庭里庞大的陪审团很容易使我们误以为希腊的公民拥有许多政治自由。而实际上，如巴克指出的，"在希腊的政治思想中，个人概念并不突出，权利概念则似乎几近于从未形成过。"因为"既然确信自己的社会价值，他就不必费心去想他独特的'自身'……个人与国家在道德目的上是如此一致，以致人们预期国家而国家也确实能够发挥很大的影响力。"①库朗热亦断言，在古希腊，国家至上，古代没有个人自由，"法律、公正、道德，以及所有的一切在国家利益面前都必须让步……拥有政治权利、投票、选择官员、当选执政官等等——这些是自由的，但人却受制于国家。""古人既无私人生活的自由，无教育的自由，也无宗教的自由。"②韦纳甚至断言："古代公民并无人权和公民权，亦无自由权，甚至没有行动自由。他只有义务。"③作为现代法律制度的基础概念之一的"权利"，是能保证每个公民拥有独立于国家和社会的自己责任和自由空间的权利，而在希腊不存在这样的公民权，公民整个无条件地属于城邦。

然而希腊人却感到自己是自由的，并且认为外国人都是些奴隶。因为城邦与公民已经融为一体，不分彼此了。而他们借以维系这种密不可分的关系的，就是法律。希罗多德笔下的德玛拉图斯（Demaratus）自豪地对波斯国王薛西斯宣称，希腊人虽然是自由人，但是他们服从一个主人，这就是法律。他们对法律的畏惧甚于波斯臣民对其国王的畏惧（《历史》104）。

个人与城邦的这种和谐关系也反映在伯里克利著名的葬礼演说词中："说到公共事务，我们对法律深怀敬畏，害怕违反它。任何时候，我们都服从那些执政者和法律，尤其是那些为帮助蒙受不义的人而制

---

① 〔英〕巴克：《希腊政治理论》，卢华萍译，长春：吉林人民出版社，2003年，第9页。
② 〔法〕库朗热：《古代城邦》，谭立铸译，上海：华东师范大学出版社，2006年，第211、214页。
③ 〔法〕韦纳：《民主是希腊人创造的吗？》，金日译，《第欧根尼》，1986年第1期。

定的法律，还有那些**不成文法**，凭着全体一致的同意给违反它们的人带来羞耻。"（《伯罗奔尼撒战争史》2.37）

值得注意的是，在伯里克利的演说词中，成文法和不成文法并不存在冲突。对法律的服从意味着既服从成文法也服从不成文法。事实上，克瑞翁也秉持这样一种信念。他从未说过成文法应该凌驾于不成文法之上。和安提戈涅一样，他也呼请神明作为自己的见证者，自信自己的行为符合神明的要求，而他的反对者是以犯罪行为在玷污神律。他的错误仅仅在于他由于自负而未能看到自己新近颁布的法令与古老的不成文法之间的不协调。

信使报告尸体被人掩埋后，歌队向克瑞翁透露了自己的担忧：这可能是神明之所为。歌队已经隐然感觉到，古老的不成文法和克瑞翁新近颁布的成文法之间存在着冲突。这也是城邦里开始蔓延开来的一种普遍情绪。然而克瑞翁却以十分自负的语气拒绝了这种怀疑：

"你这话叫我难以容忍，说什么天神照应这尸首；是不是天神把他［波吕涅刻斯］当作恩人，特别看重他，把他掩盖起来？他本是回来烧毁他们的有石柱环绕的神殿、祭器和他们的土地的，他本是回来破坏法律的。你几时看见过天神重视坏人？没有那回事。这城里早就有人对我口出怨言，不能忍受这禁令，偷偷地摇头，不肯老老实实引颈受轭，服从我的权力。"（《安提戈涅》280—292，罗念生译）

克瑞翁的行为的出发点是敌友划分。歌队也承认作为城邦统治者他有划分敌友的权力。波吕涅刻斯对城邦发动战争，是城邦的敌人和叛徒，因此他的尸首无论如何不可得到埋葬，应该任由它成为"野狗和各种飞禽的肉食"。克瑞翁是如此地自信，以致他认为天神不可能有不同的看法。正是在这里，从克瑞翁对神意的一意孤行的揣度中，我们看到了一种野心勃勃的理性主义的僭妄（hybris）。他开始裁断宙斯，意欲自己充当自己的立法者。[①] 他的理由只有一个：他这样做符合

---

① Martha C. Nussbaum, *The Fragility of Goodness*（New York: Cambridge University Press, 2001）, p.58, p.65.

城邦的利益。我们在后世形形色色的马基雅维利主义、霍布斯主义或黑格尔主义中看到了这种思想的再现。国家理由要求把国家奉为神明，尽管它只是一个伪神，一个人造人，一只巨兽利维坦。

克瑞翁的权威起初只是受到安提戈涅一个人的挑战。伊斯墨涅和歌队都承认克瑞翁的最高权力和他颁布的法律的合法性。这使安提戈涅的行为看起来近乎疯狂。既然克瑞翁是城邦的保护人，一个理所当然的预设就是公民——那些被保护者——会拥戴他这个符合城邦整体利益的决定。但是这里背后的逻辑是，统治者权力的正当性来自人民的认可。随着情节的发展，克瑞翁的合法性逐渐受到质疑，这和他本人立场的转变有关。"难道要城邦告诉我该颁布什么命令？"（734）"难道城邦不是属于它的统治者吗？"（738）起初，统治者是为城邦而存在的，而今关系颠倒了，统治者具有优先地位，城邦要做的只是服从统治者的命令。海蒙和克瑞西阿斯的出场在某种程度上说就是为了宣示被克瑞翁遗忘的民意，而歌队很快就意识到自己之前犯下的错误，只有克瑞翁仍在固执地坚持，直到儿子和妻子的死亡才使他幡然醒悟。克瑞翁最终不得不承认，他的行为是在颠覆"已经确立的法律"（1113—1114），这些祖传的礼法（nomaia patria）比他新近颁布的法令具有更大的权威。

在固执程度上，安提戈涅与克瑞翁相比毫不逊色，甚至可以说有过之而无不及。但是与克瑞翁冷静得近乎冷酷的理性相比，她处于另一个极端，她身上带有一种或许可以称为"神圣的疯狂"的气质。她说她是在取悦那些她最该取悦的人时，伊斯墨涅说她是在追求不可能的事情。这时安提戈涅僭取了原本属于城邦统治者的权力，宣布伊斯墨涅为"敌人"。她说，作出这个判决的不是城邦的统治者，而是死者。安提戈涅宁可与城邦为敌，也不愿与死者为敌。死者的存在意味着灵魂的不朽，这个领域已经不再是人为法支配的领域，而是人为法必须服从神法的领域。安提戈涅就这样以一种神圣的疯狂来对抗克瑞翁的国家理性。如果说克瑞翁的理由是"政治的"，那么安提戈涅的诉求

自然权利与法　　185

却是"前政治的",因而也是自然的。同时,克瑞翁依据的法律是新的,而安提戈涅依据的法律却是古老的。因此我们也可以说克瑞翁代表的是"进步"的势力,而安提戈涅是一股"保守"的势力。实际上,由于对安提戈涅的同情,我们很容易忘记克瑞翁才是时代精神的象征,克瑞翁会令人想起索福克勒斯的同时代人、雅典著名政治家伯里克利。[①] 作为希腊传统的守护者,索福克勒斯对克瑞翁的批评,或许也是他对那个所谓雅典黄金时代出现的"人是万物尺度"的乐观主义的一个含蓄的警告,对人类理性局限性的一个深刻反思。

三、"人颂"里的技术崇拜与"大地法"

作为安提戈涅的对立面,克瑞翁所代表的人类对理性和技术的这种近乎盲目的崇拜,最为集中地体现于"人颂"(《安提戈涅》332—375)几节诗中。

歌队以"奇异的事物虽然多,却没有一件比人更奇异"开始这首辉煌灿烂的人类颂歌,描绘了一幅人类征服自然界的图景,他用航船征服了海洋,用犁头征服了大地,用各种发明和技巧驯服各类鸟兽虫鱼,"什么事他都有办法,对未来的事也样样有办法,甚至难以医治的疾病他都能设法避免"。奇异、可怕(deinos)的人俨然成为万物的主宰,或如普罗塔戈拉所说的,"人是万物的尺度"。

如果不是还有一件事情人办不到,那么人与神就没什么区别了。这就是第二曲首节末尾提到的无法避免的死亡。人,无论技术多么高超,多么有能耐,毕竟只是"有死的凡人",他们与"不死的诸神"之间横亘着不可逾越的鸿沟。

安提戈涅从未忘记这点。她一再诉诸冥界诸神:哈得斯、普路托和赫卡特,并自称是冥河之神的妻子。她甚至特别强调,正义与下界

[①] Ehrenberg 就坚信克瑞翁反映了伯里克利性格的主要特征,参见 Victor Ehrenberg, *From Solon to Socrates* (New York: Routledge, 2001), p.190。

的神祇同住，而不是像传统那样，突出宙斯与正义的联系。安提戈涅对死者的这种深沉的敬畏和爱对于理性主义者克瑞翁是无法理解的。对于克瑞翁来说，成为城邦的敌人就是最大的罪过，而安提戈涅却警告妹妹伊斯墨涅，不埋葬死者会被死者判处为敌人。在安提戈涅看来，一个人能获得的最大的荣耀并不是——如梭伦所言——为城邦而牺牲。亲手埋葬自己死去的兄弟才配得上最大的荣耀。死亡的法则凌驾于城邦的法律，因为如"人颂"表明的，这个领域恰恰是人类无能为力的地方。一切人为法应该在死亡面前终止。

一般而言，克瑞翁或梭伦的这种城邦至上的观点并不会引起争议，那的确是传统的、主流的观点。然而安提戈涅却很有信心地宣称，大家都会赞同她的做法，只是由于畏惧克瑞翁的权力才噤若寒蝉。事实也的确如此。不仅歌队的立场渐渐偏向安提戈涅，克瑞翁之子海蒙更是直截了当地告诉克瑞翁，城里的人私下都称安提戈涅是无辜的，她只是做了一件最光荣的事情。我们发现，以城邦守护者自居的克瑞翁逐渐失去了民心，而看似疯狂的安提戈涅却越来越得到人民的认可。

克瑞翁起先未能看到，而安提戈涅却看得很清楚的，是城邦立法的二元结构。第一层是一些可见的人为法，也就是克瑞翁所依据的法律。但是其权力仅限于第一层法律的克瑞翁却不知不觉把自己的统治权延伸到第二层法律，也就是不可见的神法，即安提戈涅所遵循的法律。我们不妨称前者为上层结构，后者为下层结构。但是下层结构的法律在效力等级上却高于上层结构的法律。实际上，伯里克利的葬礼演说已经提示了这种二元结构，即成文法与不成文法。但是如我们前面所说的，由于两者之间被假定或呈现为和谐而不是冲突，使之看起来更像是浑然的一元结构，而它们之间的效力等级问题也就被忽略了。

安提戈涅诉诸的这种地下神祇的正义，在"人颂"中亦有体现。用技术征服自然的人虽然很厉害（deinos），却要因为违反"大地法"

（nomous chthonos）①而遭到惩罚：城邦的兴衰取决于人类是否服从大地法。大地是"最古老的神祇"，尽管一再受到人类的侵扰，她却是"不死"和"不倦"的。她代表着一种对于克瑞翁全然陌生、而安提戈涅则全力拥抱的原则，即爱（philia）的权利。因此安提戈涅与克瑞翁的斗争，也体现为爱的权利对政治权力的制约。这种爱的权利甚至使安提戈涅获得了一种更高的、超越城邦的公民身份（hypsipolis）。②

把一个人界定为敌人则是依据一种完全相反的原则——恨的原则。正如词源所显示的，爱（philia）意味着帮助朋友（philos），恨意味着伤害敌人。这是希腊人中间流传甚广的一种观念。在柏拉图的《理想国》中，玻勒马科斯就提出过这种扶友损敌的正义论，并认为在从事战争和缔结联盟时最能实现这种正义。对于克瑞翁，波吕涅刻斯恰恰就是战争中的敌人。

不过，克瑞翁与安提戈涅的冲突却发生在一个特殊的阶段。那时候造反者对城邦发动的战争刚结束，城邦处于战时状态与平时状态之间的过渡期。这一时期在适用法律上总是具有暧昧性。作为城邦的主权者，克瑞翁给出自己的决断，坚持对死去的波吕涅刻斯适用战争法，因为死亡并不能抹去死者的敌人身份（522）。安提戈涅却不这么看。城邦已经结束了其非常状态，进入日常政治的轨道。主宰城邦的不再是区分敌友的战争法，而是基于爱（philia）的对所有人一视同仁的平时法。波吕涅刻斯的敌人的身份对于她并不存在，他仅仅是她的兄弟。对于克瑞翁的强硬措辞："我的敌人依然是我的敌人，哪怕他已经死去。"安提戈涅答道："我的天性是站到爱（philia）的一边，而不是恨。"（523）

如果说克瑞翁的眼光一直停留在他统治的忒拜城，那么安提戈涅

---

① 笔者这里没有采用罗念生的译法（"地方的法令"），而是倾向于 David Grene（*laws of earth*）、荷尔德林（*Gesetze...der Erde*）或海德格尔（*Satzung der Erde*）的译法。Baeumler 认为，这是指"古代诸神和地下事物（*Unterirdischen*）的法律，一种永恒的法律，一直隐藏起来不为人所知……与国家颁布的法律相对立"。转引自 Charles R. Bambach, *Heidegger's Roots: Nietzsche, National Socialism, and the Greeks*（New York: Cornell University Press, 2005）, p.296。
② Joan V. O'Brien, *Guide to Sophocles' Antigone*（Illinois: Southern Illinois University Press, 1978）, pp.48-49.

的视野已经不再局限于区区的人类城邦,而是扩大到斯多亚派所谓的宇宙城邦或世界国家。关于一个宇宙城邦的预设,恰恰是斯多亚派自然法存在的前提条件。这种自然法并不是建立在人类彼此之间的仇恨之上,而是建立在他们彼此之间的天然友爱之上。如塞涅卡所言:

"你所见的一切——其中囊括了神事和人事——都是一个整体;我们是一个巨大的身体的一部分。自然从相同的源泉、为了相同的目的而生下我们,我们一生下来就相互联系;她使我们彼此相爱,倾向于合作。"①

从根本上说,维系一个社会的纽带,不是统治者颁布的人为法,而是自然教给人们的爱的法则。这又再次证明,早在斯多亚派之前,《安提戈涅》中已经存在一种与之十分类似的"自然法"观念,如亚里士多德所准确揭示出来的。因此,安提戈涅的诉求,可以恰当地称为自然权利的伸张。

不过,我们还须注意到,与安提戈涅的这种自然法相对,剧中还存在另一种"自然法",其代言人就是安提戈涅的妹妹伊斯墨涅。这两种不同的自然法恰好对应于亚里士多德的两种不同的自然正义。伊斯墨涅劝安提戈涅不要反抗克瑞翁的法律,同样是基于两个自然理由。首先是女性的 physis,即女性天生弱于男性,不宜与男性斗争;其次是统治者比被统治者更强大,作为臣民应该服从主权者的权威(49—64)。这种对 physis 的理解使她更接近智者派的卡里克勒斯(Callicles)和忒拉绪玛霍斯(Thrasymachus)而不是希庇亚斯(Hippias),后者与斯多亚派一样,认为依据 physis 所有人都是亲人和同胞。如果说安提戈涅的自然法是一种高级自然法,那么伊斯墨涅的自然法却是一种低级自然法,后者不是永恒不变的,因为它没有神的参与,更像是一种动物界的丛林法则:正义就是强者的利益。低级自然法不仅排除了神灵的参与,也排除了 philia 的加入。因此对于伊斯墨涅而言,对强

---

① Seneca, *Ad Lucilium Epistulae Morales*, vol. Ⅲ, XCV, 52(Cambridge, Massachusetts: Hauard University Press, 1925), p.90.

者的恐惧胜过对亲人的爱。在近代，霍布斯所阐述的那种自然法，事实上就是这样一种低级自然法。我们知道，霍布斯的自然法非但没有取消法律实证主义，反而证成了法律实证主义和国家理性，正如伊斯墨涅的 physis 证成了克瑞翁的律令。就此而言，我们也不妨称安提戈涅的自然法为古典自然法，伊斯墨涅的自然法为近代自然法，前者的源头是神并基于一种普遍的爱的原则，后者的根源是人并建立在人类的理性之上。

安提戈涅所援引的法律，不管我们称之为自然法、神法、永恒法还是大地法，都是一种高级法（higher law），而绝不是人为法。事实上，历代著家们提到这类法律时，常把它们称为镌刻在人心的不成文法，与载录成文的法律条文相对。"在写在石版上的摩西律法出现之前，就有一种不成文法，族长们自然而然地理解它，并谨遵不渝。""人们若要治理好一个国家……就应该把正义的箴规刻在公民的心上。"① 它们提醒人们，人类的理性与技术并不是万能的，不管人多么厉害（deinos），如果他心生傲慢（hybris），罔顾神明定下的不成文法，必定会遭到神明的报复。

结　　语

在索福克勒斯时代，相对主义的威胁较之以往只会有增无已。希罗多德的"探究"无疑使人们认识到法律和习俗的多样性，大大颠覆了传统希腊的礼法观。自然与人为的张力已然凸显出来，而索福克勒斯则是用悲剧这一体裁表达这一张力的最早也是最有深度的尝试之一。② 如果我们把克瑞翁当成习俗（nomos）的代表，而安把提戈涅视

---

① Hugo Grotius, *The Rights of War and Peace*, Book I, ed. Richard Tuck（Richard Tuck, Indianapolis: Liberty Fund, 2005），p.172, 注释 23，引 St. Chrysostom, Tertullian, Isocrates 等人的话，格劳秀斯把这种法律理解为自然法。

② Joan V. O'Brien, *Guide to Sophocles' Antigone*, p.64.

为自然（physis）的代表，那么这部剧确实展示了变化的习俗与不变的自然之间的冲突。但是索福克勒斯或许有更深一层的含义。作为人为法，nomos 与 physis 确实不可避免地存在冲突，但是还有一种更高级的法律，就是赫拉克利特所谓的神法，这种意义上的 nomos 与 physis 不可能存在冲突。这也正是安提戈涅的理解，因此对于她而言，神法就是自然法。克瑞翁尽管并非完全没有意识到一种更高的神法的存在，但是他由于过分的狂妄自大（hybris），把自己颁布的人为法当作神法的体现，而最后才发现，那不过是他个人意志的体现。① 安提戈涅起初几乎是一个人在战斗，她斩断了和死去的兄长之外的一切人的联系，脱离了——也可以说超越了——城邦的共同体，变成"最孤独、最孤立、最古老的个人主义的"代言人，② 最后却摇身一变成为普遍民意的代言人。克瑞翁刚出场时以城邦利益的代表自诩，临近剧终时却被自己的亲人、臣民和众神遗弃，显得孤立无援。克瑞翁直到这时才意识到，自己才是真正的盲人，而批评他的盲人先知克瑞西阿斯所看到的才是真正的正义。因此索福克勒斯所要批评的，是克瑞翁作为人在神面前的放纵和傲慢，而并不是 nomos 本身，在索福克勒斯这样虔敬的人眼中，nomos 与 physis 在高级法层面始终是和谐的，它们的冲突只是源自人类自身的局限性和缺点。

---

① 索福克勒斯类似的思想，参见《俄狄浦斯王》第 865 行以下。
② 萨尔赞尼：《〈安提戈涅〉与共同体问题》，刘小枫选编：《古典诗文绎读·西学卷·古代编》（上），北京：华夏出版社，2008 年，第 118 页。

阅读荷马：西方古典与中国

陈戎女

摘　要：阅读荷马，与我们如何理解西方古典学有关。20世纪末，中国学术界终于意识到现代性话语并非我们学习西方的唯一话语，反思现代性，应该从了解广博深远的古典传统开始。西方古典学在西方的衰落和衰落叙述，不足以成为我们漠视古典传统的理据。荷马史诗丰富、涵容且完整，是孕育西方文明的"父亲"，而任何一种解读都没有排他性地穷尽荷马史诗本身。只有反复阅读史诗本身，才能走进源头，并辨识形形色色的解读的倾向性。

关键词：荷马史诗　西方古典学　衰落

晚近二十多年，西方的古典学研究处于下滑和衰落之势。对此颓势，一些古典学者（玛丽·比尔德）提出，古典学一直处在衰落的叙述之中，却从未真正的衰竭，因为古典学总是在衰落，哪怕我们以为复兴古典的"文艺复兴时期"，他们也不过是尽力在使古代世界脆弱易逝的古籍和痕迹免于湮灭而已。而未来一百年之后，人们依旧会哀悼古典学的衰落，甚至可能视我们这个时代是古典研究的黄金时代。

西方古典学的衰落也许是一个事实，也许是一种"衰落叙述"的主题，这一现象揭示出我们应该在一个从古至今的长线上理解西方古典学的现代困境。这背后的问题，是古典学在现代，该怎么办？西方古典学的发展已经积累很多对此类问题的回答，如果不走极端的话，古典作品和现代学问之间、旧传统和新理论之间，仍可以和平共处。比如，20世纪初米尔曼·帕里（Milman Parry）的《荷马诗句的构成》（*The Making of Homeric Verse*）一书用开拓性的——或几乎是对传统荷马研究颠覆性的、毁灭性的——口头程式理论回答了"荷马问题",然而,荷马的古典语文学传统研究并未中断,仍在赓续。人们从古至今或倾听或阅读的荷马史诗文本至今也还是好端端的,毫发无损。那么对古典学衰落的回答,其实很简单,就是今人仍在继续阅读和研究古典作品,仍在与古典作品、与古典研究对话。

学习西方古典学的现代中国人,除了古今问题,还有中西问题。中国人在晚清民初引入西学时,更热心引进现代西学。以文学为例,启蒙后的现代西方文学被大量引进以疗救贫弱的国家,现实主义文学、革命文学成为主流。古典文学离现实诉求太远,所以是非主流。当时真正接触到西方古典学问并有心将其引入到中国的人,凤毛麟角,只有罗念生、周作人等二三素心人。而中国学界意识到现代性问题,有规模地引进西方古典学是晚近二三十年的事情。我们终于意识到,现代性话语并非我们学习西方的唯一话语,反思现代性,应该从了解广博深远的古典传统开始。而巧合的是,西方古典学的衰落,时间上恰恰与中国晚近这一波大力引入古典学基本同时,不得不说,这是一个意味深长的历史事件,不期然形成了一种西方衰落和中国崛起的局面。然而,这并不足以成为不理会甚至贬低古典学传统的理据。有识之士提醒我们,中国人一定要带着中国问题意识去关注西方古典学,否则就是跟在西方身后亦步亦趋的影子。而培养问题意识的前提,是我们要真正走进去,阅读古典学文本。

回到荷马。

荷马是孕育西方文明的"父亲",阅读荷马史诗,是一次次理解西方文明源头的努力。我说一次次,是因为仅读一次,理解不了如此复杂的作品,进入源头更无从谈起。

荷马史诗丰富、涵容且整全,对如此古典作品,理解和阐释的路向何其多矣,每一种阐释,都是走近荷马的一种尝试。是否有最佳的阐释路向,闻此道则无需旁涉其他?据我的粗浅理解,荷马史诗几乎可以涵容任何一种阐释视角,这是文学经典的标志:从古典语文学的、寓意解经的、(政治)哲学的、思想史的、历史考据的,到心理分析的、原型神话批评的、科学实证的、女性主义的、后殖民的,荷马不拒绝任何一种古今的视角,但没有任何一种阐释具有唯一排他的正确性。当然,阅读古典作品的目的是理解古典智慧,维护古典心性,而进入古典的路径却千殊万类,乃至千回百转才到中途,目的地仍遥遥在望。欲速则不达,且法无定法。柏拉图笔下的苏格拉底最为关切的是城邦共同体中的人如何美好且正义地生活,色诺芬最为关注哪一种政体是最为持久、不易崩塌的贤良政体,经历若干世纪而成的荷马史诗却难以用一种绝对正确的理论涵盖和统领,包括柏拉图对荷马的批评。故而,独具慧眼的古罗马批评家朗吉努斯曾说,柏拉图的全部哲学生涯就是与荷马无休止的争斗。读荷马史诗,你可以像伯纳德特那样通过柏拉图之眼、政治哲学地读出奥德修斯曾在基尔克岛上提前见识过一个猪猡城邦,你可以道德化地读出荷马在《伊利亚特》中提倡一种勇武争胜的战争美德,而所有这些解读,都没有穷尽荷马史诗本身。荷马史诗可以是宗教,可以是政治,可以是伦理,可以是军事,可以是教育(诗教),但是,它们到底本身就是涵容了这一切的史诗文学(epos)。

神明的世界,是荷马史诗最为明显也是颇难理解的背景和前景。这种困难,既源于荷马对错综复杂的希腊神话的独特理解,也与现代逻各斯/理性世界对古代迷索斯/神话世界的误解有关。用基托朴素的语言来说,神明的背景是某种视角,不仅在空间上,而且在意义上,不再把人的个别活动视为孤独的、偶然的、独一无二的事件,而是置入宇宙秩序或哲学框架中,史诗的神圣背景最终意味着个别的活动既是独特的又是普遍的。神明,直接对应的是人。正如超验世界往往呼应的是经验世界,没有人也就无所谓神。神样的人(英雄),和像人的神,是希腊人对神人关系认识的一体两面。

荷马史诗中最擅技艺的神,当然非工匠神和火神赫菲斯托斯莫属。杨风岸的《太人性的神:荷马史诗中的赫菲斯托斯》细致而别具匠心地呈现了赫菲斯托斯作为神的尴尬之处,他的不完美出身、明显的身体缺陷、需动手制作的匠神神职与其他高高在上的奥林波斯神大异其趣，一个有缺陷、不完满的神反而成为带有人性维度的神。而像人的神，作为神人关系的一种反向思维，最切实地落实在这位跛脚神身上。此外，这是一位靠作品说话的神，他的技艺超凡，由他精心制作完成的作品，屡屡在诗中出现（如阿基里斯的盾牌），成为可以与诗作本身相互呼应的创作，这当中何尝不是蕴含了荷马朴素的诗学观念：诗的制作（poesis）凭借诗人歌吟的技艺而成，正如工匠神赫菲斯托斯的精湛制作一般。

王承教《赫尔墨斯的摩吕与伊诺的头巾》令人意外地从《奥德赛》卷十和卷五拈出了看似毫不起眼实则大有神效的一根草、一方头巾。神使赫尔墨斯馈赠奥德修斯的摩吕草，女神伊诺赠予奥德修斯的头巾，这两个礼物都来自神，都是奥德修斯面临困难甚至死亡威胁时神对人的馈赠。论文的论证思路很有特点，王承教列举了两种截然对立的解读方法，其一是借用植物学和药物学知识将摩吕草实证化的解析思路，其二是以哲思（柏拉图思想）将具象的摩吕草抽象为哲学智慧的寓意解经，这两种解读思路固有其理由，但其不足是背离荷马诗歌文本，难以圆融，有过度阐释之嫌。对于漫游四方的奥德修斯，摩吕草与伊诺的头巾是神明与凡人关系的最好见证，一方面解救奥德修斯脱离险境，另一方面让奥德修斯认识到凡人的限度以及神对这种脆弱的保障。对于荷马史诗以及类似神话世界的迷索斯思维而言，神话的叙述和神人的意义世界不是靠科学证明，也不是靠哲学说理，诗人编织出具体可感的事物和生动迷人的故事，以靠近世人生活本相的方式实现诗对意义的追求，对生命苦难的救赎。

太人性的神：荷马史诗中的赫菲斯托斯

杨风岸

摘 要： 在《伊利亚特》和《奥德赛》之中，匠神赫菲斯托斯的形象迥异于其他神祇。他由于天生残疾而命途多舛，地位尴尬，比其他神更多体味"有死的凡人"的苦痛与无奈，成为史诗在神与人之间架设的最为典型的桥梁。作为"神祇中的凡人"，赫菲斯托斯的性格和情感高度复杂，既智计百出、精打细算，又仁厚真诚、勤恳达观，体现了荷马史诗塑造人物的高超技艺；同时，匠神手工技艺所蕴含的超自然力量在某种意义上与凡间诗人的创作能力差相仿佛，也引人思索史诗中渗透的古典诗学创作观念。赫菲斯托斯的存在，折射出荷马史诗世界非凡的包容力量。

关键词： 荷马史诗 赫菲斯托斯 凡人 神祇

荷马史诗"神人同形同性"（Anthropomorphism），奥林波斯诸神由表及里都高度"人化"（humanized），却又全方位地大大强过凡人。一方面，和注定历经苦难、面对死亡的凡人截然不同，诸神"长生不衰老"，能够永享安乐，因此无忧无虑、轻浮任性，在残酷的战争间歇或争执吵闹，或嬉笑宴饮，不断"上演喜剧"①；另一方面，荷马的神祇们"绝不总是缺少尊严和境界"②，他们俊美壮健远胜常人，更有无伦神力，

---

① 〔英〕格里芬（Jasper Griffin）：《荷马史诗中的生与死》，刘淳译，北京：北京大学出版社，2015年，第149页。
② 同上书，第151页。王焕生先生对这一问题的概括如下："神明和人类的区别在于神明长生，比人类强大，生活充裕、快乐，按照自己的好恶介入和干涉人类生活；而人则弱小，会死，生活艰辛。"参王焕生《译者序》，〔古希腊〕荷马：《伊利亚特（第一至六卷）》，罗念生、王焕生译，上海：上海人民出版社，2014年，第3页。本文引用荷马史诗中译文皆基于此本，只注卷数和行数，出版信息不再一一注明。

能以旁观者和操纵者的身份俯视众生,其无上地位令"见者为之震撼"。纵观两部史诗,只有一位神祇——工匠之神赫菲斯托斯(Hephaestus/Ἥφαιστος),似乎与以上论断都格格不入;历来关乎史诗神祇形象的讨论,也大多有意无意地忽略这位跛足匠神不甚和谐的身影。然而,大神赫菲斯托斯的"特立独行",却使史诗的神祇主题变得格外耐人寻味。

一、神祇中的凡人

在《伊利亚特》和《奥德赛》两部史诗中,赫菲斯托斯的出场屈指可数①,但他异于常神的外表却极具辨识度。神祇大都"美丽而魁伟"(《伊利亚特》18.518),远为凡人所不及②;然而,赫菲斯托斯身为火神与工匠之神,大神宙斯和神后赫拉之子,却丝毫没有堪与高贵出身相匹的姿仪③,而是形貌粗陋,天生残疾④,劳作时"从砧座上站起

---

① 赫菲斯托斯在荷马史诗中只有三次言谈:《伊利亚特》第一卷调解赫拉和宙斯的口角(《伊利亚特》1.570—600)、第十八卷答应为阿基里斯铸造武装(《伊利亚特》18.372—480,接下来的480—615描绘他铸造阿基里斯之盾上的图案)和《奥德赛》第八卷巧设罗网捉奸(《奥德赛》8.271—359),此外,他还在《伊利亚特》第二十一卷参与救援阿基里斯时"客串出场"了一回(《伊利亚特》21.342—355),虽未发言,却展示了巨大的神力。其他场景中偶尔提到这位匠神,多是介绍他所打造的器物,如赫拉卧室的门闩(《伊利亚特》14.167—168)、墨涅拉奥斯的调缸(《奥德赛》4.615—618)等。
② 荷马史诗并不刻画形貌非人的神祇(如潘神等),相反却一再强调神明的形体之美,绝大部分史诗神明的容貌远胜常人,若非刻意掩饰,几乎一望便知。海伦辨识阿佛洛狄忒(《伊利亚特》3.396—397),阿基里斯辨识雅典娜(《伊利亚特》1.200)都是凭借了神的出众容仪。卡吕普索是地位较低的女神,但在挽留奥德修斯之时,也曾明言没有凡人可以在容貌体格方面胜过不死的神明(《奥德赛》5.211—213)。赫菲斯托斯应是唯一例外。
③ 在史诗中,神祇的位阶高低与和宙斯的血统远近有较大的正相关性。阿波罗恐吓埃涅阿斯迎战阿基里斯之时,便称埃涅阿斯之母阿弗洛狄忒是宙斯之女,故而身份比阿基里斯之母海洋女神忒提斯更为高贵(《伊利亚特》20.104—109)。然而埃涅阿斯依然非阿基里斯之敌,除却"个人素质"的差异,也部分是因为阿基里斯的父亲佩琉斯虽为凡人,却亦有宙斯血统之故(《伊利亚特》21.186—191)。赫西俄德《神谱》称赫菲斯托斯是赫拉为惩罚宙斯不忠独自所生,相形之下,荷马史诗中赫菲斯托斯"父母双全"身世显赫的反讽意味更强。参见〔古希腊〕赫西俄德:《工作与时日神谱》,张竹明、蒋平译,北京:商务印书馆,2006年,第53页。
④ 赫菲斯托斯的残疾在古希腊文献中的描述并不统一,一说为宙斯抛掷所伤而留下的后遗症,参见 Pseudo-Apollodorus, Bibliotheca 1. 19,中译本〔古希腊〕阿波罗多洛斯:《希腊神话》,周作人译,北京:中国对外翻译出版公司,1999年,第25页。荷马认为是天生如此。在史诗中,"捷足"(ποδώκεος)作为一种个人素质极为重要,阿基里斯健美无畴,勇冠三军的突出表现之一就是腿脚明显地快过其他英雄。

来迅速挪动跛瘸的细腿"（《伊利亚特》18.411），参战时"把两条细腿迅速挪动一拐一瘸"（《伊利亚特》20.37）。他造得出精美绝伦，世间绝无仅有的阿基里斯之盾，自己却在铸盾时"怪物似的浑身冒着火星"（《伊利亚特》18.410）。不必说其他的神祇（连赫尔墨斯这位偷东西的神都以捷足、俊秀和伶俐著名），这般悲惨的描写甚至不多见于"有死的凡人"，须知阿基琉斯等人都拥有"神样的"（当然，是指其他神）美貌，外表稍逊如奥德修斯者也称得上雄武健美。只有因"舌头不羁"（《伊利亚特》2.212），对阿伽门农出言不逊而遭奥德修斯痛殴的特尔西特斯那副尊容①，或可与这位匠神同日而语，还未必落于下风。就容仪而言，赫菲斯托斯显然连凡人中的英雄都比不上，反倒像个误入奥林波斯山的，彻头彻尾的普通匠人。

赫菲斯托斯犹在凡人之下的天生"孱弱"（ἠπεδανὸς,《奥德赛》8.310），给他带来了绵延的苦难和琐碎的磨折。他的每一次集中出场，都是对某种不幸遭际的回忆：在《伊利亚特》第一卷中，他在筵席上劝解赫拉和宙斯的口角，忆及自己曾得罪父亲宙斯，被后者抓住两只脚"抛出天门"，让他"整天脑袋朝下地坠落"，"直到日落时"，"只剩下一点性命"（《伊利亚特》1.592—593）；而在第十八卷答应为忒提斯铸造阿基里斯之盾时，他又追忆起当年"狠心的母亲"（《伊利亚特》18.395）赫拉嫌弃他有损天后的颜面，"想掩盖"他的残疾而将他扔出天庭，多亏忒提斯等女神相救才侥幸得以脱险，并在海洋女神"宽敞的洞府"度过了漫长的九年光阴（《伊利亚特》18.396—495）。到了《奥德赛》中，根据歌人得摩多科斯唱诵的往事，他之前

---

① 此君据说之后咎由自取，因奚落阿基琉斯而为其失手所杀，事见程志敏：《荷马史诗导读》，上海：华东师大出版社，2007年，第338—339页。特尔西特斯是史诗中为数不多的高度写实的人物，堪称"凡人中的凡人"。有意思的是，荷马通常不着意描摹人物外貌的细节，多运用饰词一言以蔽之，唯貌寝者有此待遇，赫菲斯托斯和特尔西特斯（或许还有《伊利亚特》中贪生怕死的探子多隆）可谓是同病相怜。

的妻子是美貌绝伦但水性杨花的爱情女神阿佛洛狄忒①,她曾经和战神阿瑞斯一起欺骗和背叛了他,令他备受屈辱,愤愤不平。

颇有意思的是,史诗中神祇们的回忆,尤其是痛苦的回忆,似乎都注定和"有死的凡人"息息相关:阿瑞斯曾为凡人所拘囚、赫拉和哈得斯都曾被凡人刺伤(《伊利亚特》5.381—415),波塞冬和阿波罗曾遭遇凡人的背信弃义(《伊利亚特》21.442—460),卡吕普索也追忆过女神们为恋慕凡人而付出的哀痛代价(《奥德赛》5.121—128)。所不同的是,其他神祇追忆的都是因凡人而吃过的"不少苦头",只有赫菲斯托斯吃的是真正"凡人般的苦头"。有论者曾指出,他回忆中的"跌落凡尘"(καταπίπτω)非常不像一位神明的做派:他落到地面竟花了整整一天时间,完全无法控制自己在空中的下坠;而其他的神在奥林波斯山和人间的往返都迅若鹰隼(《伊利亚特》15.168—172)或流星(《伊利亚特》4.73—79),随时随地来去自如②。或许这可以看作一个隐喻:赫菲斯托斯和其他神祇的"时间",或曰生命体验的形式大相径庭,他跌入人世之空间的同时,也在某种程度上进入了凡人对时间的切身之感——其他不死的神明们恢复"光荣得意"只需片刻之功,转瞬即逝的苦痛对永恒的光阴而言,不过是日后偶尔提及的微末谈资;赫菲斯托斯和他的辛酸历史却如影随形,竟似一位历经磨难的凡人笼罩于过往的阴霾之下,而且势将永远如此。

凡人般的赫菲斯托斯虽已重返奥林波斯山的永生乐园,但在众神间的地位依然显得尴尬。神明中只有他投身于艰苦的劳作,荷马描绘了他"大汗淋淋(ἱδρώοντα)在风箱边忙碌"(《伊利亚特》18.372)

---

① 在《伊利亚特》里,赫菲斯托斯有个贤淑温良的妻子"带着闪亮头巾的美丽的卡里斯"(《伊利亚特》18.382—383),卡里斯是陪伴阿佛洛狄忒的美惠女神的统称,赫拉为蒙骗宙斯而求援于睡眠神时,曾许诺将一位美貌的卡里斯许配给睡眠神为妻(《伊利亚特》14.269)。故赫菲斯托斯为阿基里斯铸盾一事,似应发生在他罗网捉奸之后。赫菲斯托斯"讨还聘礼",与阿佛洛狄忒分道扬镳后,方与地位更低的女神卡里斯结合。Yoav Rinon, "Tragic Hephaestus: The Humanized God in the 'Iliad' and the 'Odyssey'", *Phoenix*, vol. 60, no. 1/2 (Spring-Summer), 2006, p.16.

② Yoav Rinon, "Tragic Hephaestus: The Humanized God in the 'Iliad' and the 'Odyssey'", p.6.

的形象。在史诗之中,"流汗"(ἱδρώς)这种昭示肉体力量局限的描写,同样极少见于其他的神祇,而奋战疆场的英雄们却时常如此,赫菲斯托斯对凡间人生艰辛和痛楚的体味,由此亦可见一斑①。赫菲斯托斯的另一项任务是在宴饮时为众神斟酒传杯,这同样是可以由凡人担任的工作②。其他的神祇仗恃自己的健美敏捷,对他付出的辛苦实在难称尊重,平时见他"在宫廷忙忙碌碌,个个大笑不停"(《伊利亚特》1.600),甚至在他擒获偷情的妻子和情敌之时依然调侃嬉笑不已(《奥德赛》8.326,343),简直是将他当作插科打诨的丑角看待了。可见,赫菲斯托斯不太可能像阿基琉斯所言那样"给可怜的人分配命运,使他们一生悲伤,自己却无忧无虑"(《伊利亚特》24.524—525),他谦卑得有些屈辱的地位,还有日复一日承受的操劳,都更像是一位凡间微末之人所承受的苦难。

在琐碎的磨折中永生的赫菲斯托斯,通过他铸就的阿基里斯之盾,和注定寿促的英雄阿基里斯关联了起来,形成了意味深长的对比。凡人阿基琉斯俊美、勇武、战功赫赫,却注定要带着全部的美过早地走入"黑暗的死亡";神祇赫菲斯托斯丑陋、残疾、黯淡无光,却要和他所有的凡庸,以及它们带来的苦恼一起永恒不灭。阿基里斯壮丽的死亡出自他自己的抉择,赫菲斯托斯却无可抉择。阿基里斯的荣光在于同生命的短暂作战,赫菲斯托斯却不得不与生命的漫长周旋③。他永

---

① 《伊利亚特》中唯有赫拉曾讽刺宙斯偏袒特洛伊人,令她自己"白白地劳累流汗"(ἱδρῶ θ' ὂνἱδρωσαμόγῳ,《伊利亚特》4.27);然而这只是女神的夸张形容而已,她显然并未如此辛劳。倒是战争中的英雄们时而陷入汗流浃背的困境,赫克托尔受伤倒地时便喘息流汗(ἄσθμα καὶ ἱδρὼς,《伊利亚特》15.241),负伤而疲惫的狄奥墨得斯也曾为"汗水不断流淌"而感到烦恼(ἱδρὼςμινέτειρεν,《伊利亚特》5.796)。
② 赫菲斯托斯的"同行",另一位斟酒人是极为俊美的少年伽倪墨得斯(凡人特罗斯之子,众神赏其容貌,将之掳入奥林波斯山为大神宙斯司酒,见《伊利亚特》20.232—235),两相对比,更凸显匠神尚且难以赢过凡人的困顿尴尬。
③ 在古希腊神话的语境中,永生之苦其实是一个颇常见的主题。曙光女神为自己的凡人丈夫乞得了永生,却忘记了凡人是会衰老的,结果她的丈夫在数百年岁月中一点点老朽萎缩,最后变成了一只可怜的蝉。可见,古希腊人在"嗟人生之短期,孰长年之能执"之外,对生命时间尚有更为辩证的认识。事见〔古希腊〕阿波罗多洛斯:《希腊神话》,第233页。

恒的生命，也因此从神界的无上荣光变得有点像是一种不堪忍受的负担。赫菲斯托斯身为一位（非典型的）神祇，却成了对其他不死者（the immortals）的滑稽模仿，也是关于"有死的凡人"之无尽苦难的深刻寓言。有论者甚至称赫菲斯托斯为史诗中独一无二的"悲剧之神"（Tragic God）[①]，他的存在，在有死的凡人和不朽的神明之间，建起了一座特别的桥梁。也正因如此，赫菲斯托斯摆脱了荷马史诗中绝大多数神明"远胜凡人"的单一向度，步履蹒跚地走进了更为复杂、更为具体、更为细腻入微的境界。

二、诡计多端的善良

> 神明并不把各种美质赐给每个人，
> 或不赐身材，或不赐智慧，或不赐词令。
> 从而有的人看起来形容较他人丑陋，
> 但神明却使他言词优美，富有力量。
>
> ——《奥德赛》8.167—170

英雄奥德修斯的上述言论，似乎也可以印证于赫菲斯托斯这位特别的神祇。他其貌不扬、谦卑低调，但无论从神还是人的维度去看，都绝非庸碌颟顸之辈。赫菲斯托斯和凡人中的"智囊"奥德修斯同样接受"足智多谋"或曰"诡计多端"（πολύμητις）的修饰，堪称古希腊人所重视的"智谋"（mētis/μητις，英文通常译作 cunning intelligence）之化身——有论者曾独具只眼地指出，赫菲斯托斯的跛行

[①] Yoav Rinon, "Tragic Hephaestus: The Humanized God in the 'Iliad' and the 'Odyssey'", pp.18-19. 该观点与"奥林波斯山上不存在悲剧"的传统看法相映成趣，后者见 Christopher G. Brown, "Ares, Aphrodite, and the Laughter of the Gods", *Phoenix*, vol. 43, no. 4（Winter, 1989）, p. 293.

正可以看作mētis之"不循常路、旁逸斜出"的隐喻①。在古希腊人眼中，mētis为神人所共有，其内涵包罗万象，通常表示随机应变、独具匠心的智慧机巧②；在史诗中，mētis一般表现为人物的辞令和技艺③。

奥德修斯巧舌如簧，"言词像冬日的雪花纷纷飘下"（《伊利亚特》3.222），赫菲斯托斯的出众口才亦是如此。《伊利亚特》第一卷末（《伊利亚特》1.560—600），赫拉因宙斯应允忒提斯帮助阿开奥斯人而与之产生矛盾，争执如箭在弦上，一触即发。此际赫菲斯托斯及时发言，先点醒两位神祇，他们的争执是"一件有害的事"，而且是"为了凡人的缘故"，十分不值。他又求他们不要"使众神吵吵嚷嚷"，提醒他们，所有神祇都在场，当着他们吵架不光丧失颜面，还可能引发更大的纷争。然后，他把宙斯大神雷霆之怒的可能后果轻描淡写为"不能享受一顿美味的饮食"，顿时缓和了紧张的气氛。紧接着，他又"奉劝母亲讨父亲高兴"，"心平气和，与他攀谈"，"尽管他很小心谨慎"，遣词温和婉转，既不得罪母亲赫拉，又在宙斯面前开脱了赫拉的行为，消解了他对赫拉的怒气。接下来他奉承宙斯"最强大"，不称他为父亲，而称他为"奥林波斯的闪电神"、"奥林波斯大神"，强调了宙斯的地位和权力，令后者听来十分入耳。而"不要惹奥林波斯的闪电神想把我们全都从座位上推下去"一语，更是在极言宙斯强大不可违抗的同时，拉上了在场的所有神祇作为同盟。最后，他用一句"使奥林波斯大神对我们宽厚和善"补充说明宙斯不光神力绝伦，而且恩威并重，可谓是奉承得十分细腻周到，同时也点明了对宙斯的期许，使后者不便再翻脸恼怒。在说完这些话后，他又借讲述自己被宙斯惩罚的惨痛经验，重申了宙斯的绝对权威，一边斟酒传杯忙碌不停，令众神哄然

---

① Marcel Detienne and Jean-Pierre Vernant, *Cunning Intelligence in Greek Culture and Society* (Chicago: University of Chicago Press, 1991）, pp.12—23. 书中指出赫菲斯托斯的跛足形象如同螃蟹（crab），后者斜行的姿态足以象征mētis的"独辟蹊径"。

② Jay Dolmage,"'Breathe upon Us an Even Flame': Hephaestus, History, and the Body of Rhetoric", *Rhetoric Review*, vol. 25, no.2. 2006, pp. 120-122.

③ 陈戎女：《荷马的世界》，北京：中华书局，2009年，第101—107页。

大笑，成功地缓和了全场的气氛。这样一来，本来可能爆发的一场天界纷争，便被跛足之神的三言两语化为乌有，可见这位匠神利用修辞（rhetoric）技巧解围脱困的能力不输于雄辩家奥德修斯，足以成为他在天庭长久立足的资本。

在《奥德赛》中，赫菲斯托斯的智谋集中展现在"罗网捉奸"一节。得知阿佛洛狄忒和阿瑞斯私通的消息，赫菲斯托斯的灵感和怒火一同爆发，设下巧夺天工的无形罗网，成功捉拿不贞的妻子和放肆的情敌，这也可以看作是他在《伊利亚特》中卓超智计的再现和发展：

> （赫菲斯托斯）把巨大的锻砧搬上底座，锻造一张
> 扯不破挣不开的罗网，好当场捉住他们。
> 他作成这件活计，心中怨恨阿瑞斯，
> 走进卧室，那里摆放着亲切的卧床。
> 他凭借床柱在床的四周布上网，
> 无数网丝自上面的房梁密密地垂下，
> 有如细密的蛛网，谁也看不见它们，
> 即使是常乐的神明，制作手工太精妙。
> ——《奥德赛》8.274—281

赫菲斯托斯寓巧计于精妙手工，这和奥德修斯凭借自己当年制造的婚床机关考验妻子佩涅罗佩不无异曲同工之处，匠神设下的机关有如"细密的蛛网"，也与奥德修斯父子为家中不忠女仆所布下的夺命"罗网"（《奥德赛》22.469）遥相呼应[①]。

和奥德修斯一样，赫菲斯托斯也擅长精明的盘算：捉拿妻子和情敌之后，他虽愤怒莫名，头脑仍然清醒，不惜颜面尽失也要立即引众神前来，目的是让"她父亲把我的聘礼全部退还"（《奥德赛》8.318），

---

① Rick M. Newton, "Odysseus and Hephaestus in the 'Odyssey'", *The Classical Journal*, vol. 83, no. 1 (Oct.-Nov.), 1987, pp.16-18. 另参陈戎女：《荷马的世界》，第 106 页。

并要求阿瑞斯"当着不死的众神明交出应给的偿付"(《奥德赛》8.348);面对波塞冬的求情,他坚决不肯放走尴尬的阿瑞斯,反而审慎地以退为进,讨价还价,直到波塞冬甘愿为阿瑞斯做担保,即使后者逃走依然能交付赎金,方才罢休(《奥德赛》8.344—356)。且不谈此处出众的喜剧效果,匠神的这些言行无一不像凡人奥德修斯的作风,尽显二者同样精打细算、世俗务实的个性①。

然而,赫菲斯托斯和奥德修斯的心性也有明显的区别。他们都一样擅长忍耐苦痛,然则奥德修斯一旦得以发作,便表现出惊人的冷酷无情,而同样机巧灵活的赫菲斯托斯却另具一重平和、温厚而宽宏的性情。在两部史诗中,荷马写出了赫菲斯托斯所遭受的痛苦,却未尝写明他憎恨埋怨自己的平凡和残缺,或者嫉妒加害其他的神明和凡人(其他神祇往往如此,如阿波罗兄妹之于尼奥柏,《伊利亚特》24.602—612)。史诗中的神祇多半喜好争斗,相互口角不断甚至大打出手,而赫菲斯托斯这位曾在与河神克珊托斯的战斗中显露过惊人神力(河神求饶时甚至喊道"没有哪位神敌得过你")的大神(《伊利亚特》21.356),却乐于息事宁人,除了听命于母亲赫拉,为救援阿基里斯而放了克珊托斯一把大火之外,从未参与过天庭众神的争执和吵闹。他对凡人也是如此,在特洛伊战争中虽跟从赫拉支持阿开奥斯人,却从未像雅典娜、阿波罗等神祇那样,一旦宙斯撒手不管,便忙于在战斗双方当中挑拨离间、大开杀戒,或幸灾乐祸地作壁上观;相反,

---

① 伯纳德特对赫菲斯托斯罗网捉奸这"纯粹悲剧背景中的一幕喜剧"有过独特的分析。他认为,阿佛洛狄忒的出轨可以与海伦相提并论,而"赫菲斯托斯就丈夫权利所进行的辩护,丝毫不亚于墨涅拉奥斯对自己权利的要求和讹诈"(虽则众神对这一权利实际上持无谓态度)。赫菲斯托斯本人也认为阿瑞斯和阿佛洛狄忒更为般配,因此他对阿瑞斯的胜利,可以看成是"法律权利对自然权利的胜利",而墨涅拉奥斯对帕里斯也正是如此。由此,《奥德赛》中的这一幕插曲,就"权利"这一主题而言,可以看成是《伊利亚特》的"象征";奥德修斯勇猛时如阿瑞斯,智计百出又如赫菲斯托斯,也暗示着《伊利亚特》中的这种权利紧张将得到一次性的(也是"血淋淋"的)解决——奥德修斯以勇力与智谋的统一歼灭了求婚人,捍卫了自己的双重权利——从而在两部史诗之间建立了独特的联系。〔美〕伯纳德特(Seth Benardete):《弓弦与竖琴——从柏拉图解读〈奥德赛〉》,程志敏译,北京:华夏出版社,2003年,第71—72页。

他怜悯自己的特洛伊老祭司达瑞斯暮年丧子,在其另一子伊代奥斯遭遇勇猛的阿开奥斯英雄狄奥墨德斯时"把他笼罩在黑暗中,救他一命","使他的年高的父亲"尚存指望,"不至于悲伤到极点"(《伊利亚特》5.23—24),其仁慈可见一斑。

奥德修斯绝大部分的行动皆出自理性算计,为求万无一失,不惜经常诈伪,甚至面对离别多年的妻子也能忍心编造谎言,并"狡狯地把泪水藏住"(《奥德赛》19.208—212);赫菲斯托斯却始终坦率真挚地流露对他人(神)的同情和支持。他对忒提斯知恩图报,对赫拉不计前嫌,都有真诚动人的言行表现。忒提斯和河流女神对他有救危脱困之恩,还将他被扔出天庭一事作为秘密严加保守,他心中清楚记得,不光"九年间给她们制造铜质饰物"(《伊利亚特》18.400)作为答谢,更在关键时刻爽快地答应了忒提斯为儿子阿基里斯"锻造精美的铠甲,让世间凡人见到它们赞叹不已"(《伊利亚特》18.466—467)的请求,并且好言劝慰哀伤绝望的女神,希望自己的慷慨相助能令阿基琉斯延长生命,可说是一片温厚心肠[①]。重返天庭后,他依然对抛弃过自己的母亲赫拉敬爱有加,言听计从,不仅为她建起了辉煌的宫殿和精美的卧室(《伊利亚特》14.166—168),还在赫拉与宙斯口角时明确表达了对她的支持,"把一只双重的杯子放在他的母亲手里",令她"心中高兴"(《伊利亚特》

---

① 卡里斯和赫菲斯托斯先后接待忒提斯时都满怀热忱和感激,二人所说的话完全一样("穿长袍的忒提斯,无限尊敬的客人,今天怎么驾临我们家?你可是稀客。""τίπτε, Θέτιτανύπεπλε, ἱκάνειςἡμέτερονδῶ/αἰδοίητεφίλητε; πάροςγεμὲνοὔτι θαμίζεις。"《伊利亚特》18.385—386,424—425),接下来还分别表达了有幸招待的喜悦和有求必应的决心。这些话语应是荷马惯用的程式(formula,《奥德赛》第五卷中卡吕普索对赫尔墨斯所说的话与之大同小异,《奥德赛》5.87—90),但用在此处,恰足以表现赫菲斯托斯对女神恩情的念念不忘,以及与妻子之间的同声相应。赫菲斯托斯执手聆听女神含泪诉苦(妻子卡里斯在旁准备饮食),并诚挚地予以安慰的情节,可能是整部《伊利亚特》之中,除了阿基里斯和普里阿摩斯的互相劝慰之外,最具人情温暖的场景。其扑面而来的生活气息,更令人几乎忘却这一场景发生在神祇的领域,足以与其他神祇(包括宙斯与赫拉这对同床异梦的夫妇)之间日常的"争吵与不和"、欺骗与对立形成强烈的对比。

1.584）①。如此以德报怨，连曾经嫌厌他的赫拉，也在神明纷纷参战之际仰赖于他，称他为"我的光辉的儿子赫菲斯托斯"（《伊利亚特》21.379）。由此看来，赫菲斯托斯寓于巧智之中的和善与真诚，未尝不比精致的计谋更为高明。

赫菲斯托斯心性平易，对待自己的手艺也如敬业的凡人一般认真勤谨。其他神祇宴饮口角无所事事，赫菲斯托斯这位沉默的实干家却一手打造了整个天庭，大至"星光闪烁，永不毁朽"（《伊利亚特》18.370）的宫阙，小至女神的"纽扣、螺旋形卡针、手镯和项链"（《伊利亚特》18.401）等饰品。他对竟日的辛劳毫无怨言，反而引以为豪（比如向忒提斯自夸他打造的武装之美，《伊利亚特》18.466—467），足见他颇为热爱自己的活计。赫菲斯托斯卑微的永生和凡人们"江月年年只相似"的乏味历史一样漫长无尽，成为了悲剧性的"无可解决的事物"（尤奈斯库语），但现代人（如《尤利西斯》的主人公）往往用命运普遍的荒诞和人类普遍的平庸作为借口，安于蝇营狗苟或随波逐流；匠神的精妙手艺，却在天界和人间放射出永恒的光辉。

赫菲斯托斯的足智多谋与真诚仁厚，在一定程度上超越了生命自身所带来的不公和苦闷；颇堪玩味的是，比起史诗中的其他神与凡人来，赫菲斯托斯的自我认知也具有某种超越意味。在整部史诗中，他称得上是最擅长自嘲和解嘲的一位神（人）：他可以主动而坦率地向其他神祇谈说自身的缺陷与父母的不公，也可以自行呼召众神，直陈

---

① 赫菲斯托斯施巧计（打造会困住人的座椅机关）报复赫拉的故事在公元前6至7世纪颇为流行，荷马在世时也有可能听说过，参见 Yoav Rinon, "Tragic Hephaestus: The Humanized God in the 'Iliad' and the 'Odyssey'", p.7. 的考证。然而，这一故事并未为荷马所用。有趣的是，有关赫菲斯托斯非理性一面的神话传说也均不见于荷马史诗，如强行追求雅典娜，为狄奥尼索斯所灌醉等，见 Jay Dolmage, "'Breathe upon Us an Even Flame': Hephaestus, History, and the Body of Rhetoric", pp. 127-130. 荷马似乎（有意地）不愿着墨于赫菲斯托斯的非理性和报复心。

妻子不贞的家丑。他的回忆和控诉都饱含痛楚①，但因地制宜的自陈苦痛，本身也成为了一种有力的工具——这些言谈出其不意地为某种特定的场合带来了欢愉（如为赫拉解围）、温暖（如安慰忒提斯）甚或谐谑（如鼓动众神嘲讽谴责阿瑞斯）的气氛②。赫菲斯托斯的自嘲固然是生存策略的一部分，让他稍稍牺牲自己的尊严便能成功解围，或达致其他目的；更为重要的是，这种刻意为之的自嘲，也以一种反讽的方式，体现了对天生缺陷的自我认知和宽宥，正如他在跟随其他神祇前往战场时，虽依然一瘸一拐，但无妨"自以为力大"（σθένεϊ βλεμεαίνων，《伊利亚特》20.36）③。赫菲斯托斯这般坦然的达观和强韧的容忍，确实更像是一介平庸之人被自身的限制所压榨出来的美德：神明纷纷计较毫厘之微的冒犯，英雄大都执念于有生之年的荣誉，能如此举重若轻地同生命的尴尬和解的，放眼荷马史诗，再无第二人，亦再无第二神④。

① 学人多强调赫菲斯托斯的苦痛屈辱，见 Yoav Rinon, "Tragic Hephaestus: The Humanized God in the 'Iliad' and the 'Odyssey'", pp.17—18。伯纳德特也认为"虽然赫菲斯托斯用计让诸神笑了两次，但赫菲斯托斯认为那并非好笑的事情……为捍卫权利打漂亮仗，也无法掩饰赫菲斯托斯痛不欲生的心境，因为他假如有兄弟阿瑞斯那样俊美，他也就不会为权利而争胜……不会有筹划这些妙计的必要。"〔美〕伯纳德特：《弓弦与竖琴——从柏拉图解读〈奥德赛〉》，第72页。赫菲斯托斯的痛苦固然真实而强烈；然而，从这段插曲的戏剧性效果来看，他并未沉湎于伤感和控诉本身，同时不介意以自己的"痛苦揪心"作为索要赔偿的一部分理由。

② 赫菲斯托斯在言说中穿插往事以增强感染力和说服力，这是古希腊人所推重的修辞技巧，展现了高超的语言驾驭艺术，可见这位神祇将自身体验和情绪客观化的杰出能力。阿基里斯舌战劝说团时的精彩说辞也是如此，后世哲人如柏拉图亦精擅此道。参见陈中梅：《荷马的启示：从命运观到认识论》，北京：北京大学出版社，2009年，第249页。

③ σθένεϊ βλεμεαίνων 这一词组亦译作"自恃勇力"和"对自己的力量很得意"（据罗念生、王焕生译），在《伊利亚特》中也用于描述勇猛突围的野兽（《伊利亚特》12.42，明喻赫克托尔）和冲杀正酣的赫克托尔本人的心态（《伊利亚特》8.337, 9.237—238），而"把两条细腿迅速挪动一拐一瘸"（《伊利亚特》20.37）的赫菲斯托斯亦作如是想，相形之下，不惟令人发噱，也颇能说明匠神的性情。

④ 需要指出的是，本文无意夸张赫菲斯托斯的思想境界。他虽然对自己的局限，对自己和其他神祇的关系都有清醒的认知，并且能据此审时度势，顾全大局，但毕竟不能像阿基里斯一样，自觉地将自我反思和对命运的审视提升到存在论的高度，从而产生深刻的悲剧意识。赫菲斯托斯洞察世事，举重若轻的机巧，毋宁说更接近于奥德修斯在生存论意义上的谋略，唯求适应（adjust）环境而已，虽然他由于自己永生的神祇身份，可以不必肩负奥德修斯那些沉重的伦理责任（必得在有生之年夺回妻子、财产和地位等等）。阿基里斯的诗性气质和奥德修斯的凡俗智谋向来是一组著名的对照，而在奥德修斯的性格未得充分展示的《伊利亚特》中，将赫菲斯托斯这位"永生版奥德修斯"（可怜他外貌尚且比不过奥德修斯）视为阿基里斯在智慧类型和命运观念方面的对照，应该也不算离谱。

兼容诸多对立侧面的复杂心智,让出场不多的赫菲斯托斯成为了史诗中最为生动的神祇之一;和其他神祇单纯的欢乐和威严相比,这位匠神并行不悖的足智多谋、精明功利、宽厚善良、积极勤勉和自我解嘲,更能体现荷马塑造层次错综的人物心灵世界的高超功力,也为史诗崇高宏伟的整体风格补充了平易而动人的细节。谈及古希腊文学对凡人生活与心灵的重视,我们多会想到欧里庇得斯;而在他之前,荷马史诗中已经透出了属于平凡者的曙光。

三、关于技艺和创造的诗学

赫菲斯托斯过于"凡人化"的形象定位,令他所拥有的超自然神力,也更像是某种关乎凡人禀赋和技艺的寓言。作为 mētis 的重要体现方式,赫菲斯托斯的种种"技艺"(technē/τέχνη)[1]似乎都与奥德修斯旗鼓相当,充其量只有程度的差异,但他有一样本领却绝非凡人奥德修斯所能企及——后者虽手艺高超,却只能制作没有生命的物品,如精巧的婚床机关和驶离卡吕普索岛屿的坚固木筏(虽则我们也可以从中分析出某些抽象伦理意义上的象征);而赫菲斯托斯却是一位创造者(Creator),能赋予手制的东西以生命[2]。他可以打造(ποιέω)貌若生人,能行动会言语的黄金侍女,而他所铸造的阿基琉斯之盾,更是包蕴着一个活生生的象征世界:盾牌上的场景色彩鲜明,富于动感,欢欣和苦难并存,和平与危机同在,深入到人类社会生活的各个细微角落,也展示出整幅宏阔的世界图景,和荷马史诗本身一样丰富、复杂而不朽。赫菲斯托斯将灵魂和生命注入无知之物的手段,几乎不见于其他神明[3],亦不

---

[1] J.R.Cunliffe, *A Lexicon of the Homeric Dialect*(Oklahoma: University of Oklahoma, 1963), p.270.
[2] Eve Brann, *Homeric Moments*(Philadelphia: Paul Dry Books, 2002), p.81.
[3] 在《奥德赛》中,雅典娜曾经制造(ποιέω)过一个有生命的"幻象"——佩涅罗佩的姐妹伊弗提墨(《奥德赛》4.796—798),足见这位女神和赫菲斯托斯一样拥有高明的创造技艺。然而,雅典娜的这类"创造"无论是深度还是广度,都无法和赫菲斯托斯的阿基里斯之盾——一个完整丰富的艺术世界相比。

同于绝大多数的凡人。

这不禁令人联想到凡间诗人(或曰"歌人")的职责。毕竟,诗人"作诗"和匠神"打造(器物)"是同一个动词(poēsis/ ποιέω),后者也是 mētis 的表现形式之一;而为赫菲斯托斯所拥有的 technē 除却工匠活计,也可以代指诗人的创作行为和遣词造句的技巧①。赫菲斯托斯将神力注入本应是静态的(造型)艺术作品,从而化静为动,成为包罗万有、生机勃勃的"人的世界",这从古典诗学价值标准和创作观念的角度来看,恰好隐喻着诗超越于普通造型艺术的关键之处,也可以象征伟大诗人们彰显生命之流动与变化,描绘人世之驳杂与广阔的高超手段②。

荷马史诗中不乏明确地将赫菲斯托斯和"神圣的"诗人相关联的段落,《奥德赛》第八卷中,赫菲斯托斯的故事便由歌人得摩多科斯所吟唱;不难注意到,眼盲而富于才华的诗人,和跛足却足智多谋的工匠之神(在赫菲斯托斯这里,神和人之间的界限本来就已经淡到若有若无)之间似乎存在着某种相互类比的关系。荷马借欧迈奥斯之口,在《奥德赛》第十七卷中对工匠和诗人之间的关联作了如是表达:

> 谁会自己前来,又约请外乡客人,
> 除非他们是懂得某种技艺的行家(δημιοεργός)③,
> 或是预言者、治病的医生,或是木工(τέκτονα);
> 或是感人的歌人(ἀοιδόν),他能歌唱娱悦人;
> 那些人在世间无际的大地上到处受欢迎,

---

① 海德格尔:《艺术的起源与思想的规定》,〔德〕海德格尔:《依于本源而居》,孙周兴编译,杭州:中国美术学院出版社,2010年,第74页。古希腊语境下 technē 作为艺术创作"技艺"和工匠"技术"的二重属性,是海氏反思和批判彻底从艺术属性中分裂出来,丧失了"去蔽"能力的现代技术的基础。
② 〔德〕莱辛:《拉奥孔》,朱光潜译,北京:人民文学出版社,1982年,第90—106页。另参张辉:《莱辛〈拉奥孔〉中的荷马史诗》,《文艺理论研究》,2012年第1期,第28—35页。
③ δημιοεργός 字面意思为"为民众服务的人",同时包括了下文的预言者、医生、工匠和诗人。参见陈中梅:《荷马史诗研究》,南京:译林出版社,2010年,第365页。

> 谁也不会请一个乞求人给自己添麻烦。
>
> ——《奥德赛》17.382—387

在荷马时代，诗人的社会形象和工匠差相仿佛，他们都属于靠技艺谋生的技工阶层（public worker），往往并无显赫的经济和权力地位，甚至居无定所；但他们却可以为城邦服务，以高超的技艺迎合人们的需要，邀请他们的人通常以提供伙食或住宿的形式赋予报酬，有时还不吝献上由衷的敬爱和赞扬。手艺高超的工匠可以因作品登堂入室而万古流芳，出色的歌人也可以受到"民众的敬仰"，成为社会上不可或缺的人物；他们同样能够在平凡而充满磨难的人生之中赢得成就和尊荣[①]。

因而，有理由认为，荷马在赫菲斯托斯这位"另类"的神祇身上，投射了作为创造者的诗人自身的影子。诗人蒙受神明眷顾，依靠吁请神明凭附来唱诵史诗，具有非凡的"神性"[②]，而匠神生来就是一位神祇，却具有丰富而平易的"人性"；诗人多半目盲，而赫菲斯托斯生来跛足，他们都身负残缺，以不完美的形象迎接生命本身的嘲弄；诗人吟唱诗歌，匠神则从事手工业，二者在古希腊社会中是处于同一层面上的类似职业。至于言辞的巧妙，《奥德赛》中已将之明示为诗人和奥德修斯的共同特征，也是诗人得以同赫菲斯托斯分享的本领（奥德修斯能像歌人一样熟练地讲故事；匠神的自叙虽篇幅不长，却也自有不少动人之处）。匠神虽身在天庭，却能将他对人世的熟稔深深渗透在阿基里斯之盾上面精美写实的图案当中，令人惊叹心折，也让他所刻画的

[①] 荷马在《奥德赛》中称得摩多科斯为"敬爱的歌人"，"所有生长于大地的凡人都对歌人无比敬重，深怀敬意"（《奥德赛》8.479—481），并言明诗人虽遭遇残疾（目盲）的不幸，依然具有"甜美地歌唱"的超自然神赋才华（《奥德赛》8.63—65），这一点与生为神明却仍遭不幸的赫菲斯托斯何其相似。另参〔英〕哈夫洛克：《希腊人的正义观》，邹丽、何为等译，华夏出版社，2016年，第102—103页。

[②] 荷马堪称"神赋论"的鼻祖，参见朱光潜：《柏拉图文艺对话集》，北京：人民文学出版社，1963年，第7—8页。

人世散发出永恒的光辉；诗人也有同样卓异的能力，他深知真实世界中一砖一瓦、一草一木的价值，能凭借它们创造出栩栩如生的新世界，使之进入不朽，然后安详地坐在那里，像黄金侍女们陪伴着的赫菲斯托斯那样，和观众、听众以及读者们一起体味这个世界的美不胜收。荷马把"凡人"神祇赫菲斯托斯的好品质和巧智谋刻画得十分令人关注和喜爱，这同时也是对人间的创作者——诗人的一种含蓄赞美。

换个角度来看，前文所述赫菲斯托斯对自己天生丑陋残疾既感痛苦折磨，又能达观处之的态度，也许同样能代表诗人对自身和世界的理解和接受。创造者未必全能，甚至可能格外困顿于人类固有的凡庸和缺陷（比如自身的不够完善，比如整个世界的种种不尽如人意），也并非时时都能收获应得的珍惜和重视（伊萨卡的歌人费弥奥斯便曾受到求婚人的胁迫和慢待），但无论是诗人还是匠神，都可以拥有他们独特的尊严，这种尊严来自于他们看似平凡的美德和智慧，更依附于他们作为创造者所制成的那些旷世精品，无论是言语、器物还是用言语来塑造的器物。它们同坚不可摧的阿基里斯之盾一样，在后世历经万种磨难而绵延不绝。也许正因如此，当代作家乔伊斯在《尤利西斯》中几乎颠覆了整个现代社会，却单单留下了创作者斯蒂芬[①]在《一个青年艺术家的画像》中独自徘徊，去低吟和回望那个已经溘然长逝却犹有余韵的年代。

结　　语

荷马在极短的篇幅之中，运用天才诗艺，塑造了一位内涵丰赡的神祇形象。赫菲斯托斯所经受过和正在经受的苦难，使他的"人性化"程度远高于众神，游走于神与人的两重维度之间；而这位工匠之神耐人寻味的复杂心性，以及超凡脱俗的艺术创造，又使得他得以超越生

[①] 斯蒂芬的全名为斯蒂芬·代达洛斯（Steven Daidalos），代达洛斯正是古希腊神话中的一位巧匠，堪称是人间的赫菲斯托斯。

命自身的苦闷与局限。赫菲斯托斯的存在丰富了史诗中神祇的群像，也成为唱给凡人的一首颂歌；他带来喜剧的气氛，又具备悲剧的深度；他体现了超越自然的神话想象，又展示了刻画现实的高超功力；他所精心打造的阿基琉斯之盾是史诗内部世界的缩影，而他本人与现实中诗人的关联，又提示了史诗与外部世界的不解之缘，体现了古希腊诗学理念的要旨所在。这位神祇看似着墨不多，却是包罗万有的史诗世界中一块不可或缺的拼图，令史诗漫长画卷的结构更为平衡，更加整全；而他的创作者，现实中的"赫菲斯托斯"——盲诗人荷马，以及世世代代的诗人和艺术家们，之于整个人类的世界和历史，也当作如是观。

赫尔墨斯的摩吕与伊诺的头巾

王承教

摘　要：《奥德赛》中的摩吕草是荷马史诗最受关注的几个诗学意象之一。既有的解释有两个极致，一是将摩吕草实证化，借用植物学和药物学知识，意图找到摩吕草在现实世界的对应物；二是采用寓意解经的方式，援引柏拉图的思想，在象征的意义上，使摩吕草指向哲学智慧。本文认为，过于实证主义的立场无助于理解神话意义上的诗歌意象，反而会破坏该意象的美学效果，而用柏拉图来理解荷马，则可能忽略了荷马史诗自身的时代特征。从摩吕情节的前后文来看，摩吕草可能只是史诗设计的一个意象，未必实有其物，诗人用这个意象作为现世生命的象征与保证。在这个意义上，摩吕草与伊诺在海上风暴时赠予奥德修斯用来保命的头巾作用一致。

关键词：奥德赛　摩吕　荷马史诗

一、关于摩吕的事实及可能的推论

《奥德赛》卷十中，为拯救那些被基尔克（Circe，也有人译为"刻尔克"）变成猪的伙伴，奥德修斯孤身犯险，前往基尔克的宫殿。神使赫尔墨斯半路拦下奥德修斯，警告他此行凶险，不仅救不了伙伴，还极可能会搭上他自己。但赫尔墨斯接着承诺说：

> 不过我可以解救你，让你摆脱这灾难。
> 我给你这奇特的药草，你带着它前往
> 基尔克的宅邸，它能帮助你抵御危难。

> 我详细告诉你基尔克的全部害人手法。
> 她会递给你饮料，在食物里和进魔药。
> 但她不可能把你迷住，因为我给你的
> 这株奇特的药草会生效。
>
> ——《奥德赛》10.285—291[①]

接下来，史诗继续描述说：

> 弑阿尔戈斯的神一面说，一面从地上
> 拔起药草交给我，告诉我它的性质。
> 那药草根呈黑色，花的颜色如奶液，
> 神明们称这种草为摩吕，有死的凡人
> 很难挖到它，因为神明们无所不能。
>
> ——《奥德赛》10.302—306

上述关于摩吕的两段文字涵括以下若干事实及可能成立的相关推论：

表1　摩吕草相关情节与对应的推论

基本事实		可能的推论
"神明们称这种草为摩吕"，但凡人如何称呼，史诗未曾提及。	1	考虑到"有死的凡人很难挖到它"，我们完全有理由怀疑，世人从未见过此草，也就未曾给它命过名。
"弑阿尔戈斯的神一面说，一面从地上拔起药草交给我"。	2	赫尔墨斯交给奥德修斯的那株摩吕草就长在奥德修斯面前的土地上，所以，在凡人活动的区域内确曾有摩吕生长。

---

① 相关情节参见〔古希腊〕荷马：《奥德赛》，王焕生译，北京：人民文学出版社，2003年。后文出自《奥德赛》的引文，将随文标出卷次和诗行数，不再另注。

续表

	基本事实		可能的推论
三	"有死的凡人很难挖到它,因为神明们无所不能。"	3.1	一种可能是,这种草生长的地方不容易挖掘,或者这种草的根系结构复杂,不易挖取。
		3.2	另一种可能是,凡人很难习得关于摩吕的知识,不知道它的"性质"和作用,也就不会去挖它。
		3.3	此处的"挖"未必指向"挖"这个动作,而是"获得"的意思,意指摩吕稀少,世人颇难发现,只有无所不能的神明才容易寻获。
四	基尔克的魔药"不可能把你迷住,因为我给你的这株奇特的药草会生效"。	4.1	这种草可以抵御基尔克的魔药的药力,所以,摩吕可能是一种解毒剂。
		4.2	或者作为一种天神赋予的象征物,摩吕可以像护身符一样起作用,确保凡俗生命的安全。
五	"弑阿尔戈斯的神一面说,一面从地上拔起药草交给我,告诉我它的性质。那药草根呈黑色,花的颜色如奶液。"	5.1	用"弑阿尔戈斯的"来修饰赫尔墨斯,强调的是赫尔墨斯诛杀百眼巨人阿尔戈斯时用到的计谋,赫尔墨斯交给奥德修斯摩吕象征奥德修斯获得了神的智谋。
		5.2	因为"性质(phusis)"即"自然(nature)",告诉奥德修斯关于摩吕的性质,就是告诉他关于自然的知识,也就是哲学的知识,奥德修斯由此获得了哲学的知识。

上表所列的基本事实和可能的推论都不是穷尽性的,尤其是在推论方面,我只列出了我认为最合理的且比较直接的一些推论。但总起来看,长期来关于摩吕情节的注疏大体上都落在这个最基本的框架之内。寓意解释者大多看重第五事实项中的"性质(phusis)"一词。因为"性质"就是"自然(nature)",故将其演绎向哲学知识、神和人的心智谋略等(即推论项5.1和5.2),认为奥德修斯通过接受摩吕草,象征性地从诸神那里接受了哲学知识和无上的智谋。采用这种解释的

代表人物是伯纳德特，[①]国内荷马研究领域与伯纳德特的观点一脉相承的则有黄群等人。[②]

　　持实证主义立场的解释者[③]则比较看重第三和第四事实项，但其解释基础则在于第一和第二事实项。基于第二事实项，我们可以确定世间必有摩吕；基于第一事实项，我们可以确定，"摩吕"只是诸神对这种药草的称呼，人世间则不一定称它为摩吕，[④]因而完全可以是某X花或Y草。如此一来，我们就有了相当的自由：凡符合故事情节所表明的摩吕的那些条件和形态者，都可能被我们认定为摩吕。第三和第四事实项则是关键所在，从这两项事实出发，持实证主义立场的解释者们倾向于导向3.1和4.1两项推论。他们从字面意义上理解"挖"这个动词，将"凡人很难挖到它"理解成：要么是这种草生长的地方不容易挖掘，要么是这种草的根系结构复杂，不易拔出和挖取。因为摩吕起到了保护奥德修斯、使之免于被基尔克的药草迷住的功效，故而从药理学意义上将摩吕理解成一种解毒剂。如此一来，如果某种植物符合以下三个条件：

　　1. 生长地贫瘠硬实，比如多山石；

[①] 〔美〕伯纳德特：《弓弦与竖琴》，程志敏译，黄薇薇、王芳校，北京：华夏出版社，2016年，第128—129页。〔美〕施特劳斯：《政治哲学史》（上）（石家庄：河北教育出版社，2014年，绪论第2页）也将摩吕与哲学相关联，但其目的倒不是要来解释《奥德赛》中的摩吕。

[②] 黄群：《苏格拉底与摩吕草：柏拉图〈普罗塔戈拉〉引荷马史诗考》，《哲学与文化月刊》，2013年第11期。

[③] Jerry Stannard 对摩吕的实证主义解释传统做了详实的总结。参见 Jerry Stannard, "The Plant Called Moly", *Osiris*, vol. 14（1962）, pp. 254-307. 另可参 G. Klimis, "Medicinal Herbs and Plants in Homer", in S. A. Paipetic（Eds.）, *Science and Technology in Homeric Epics*（Berlin: Springer, 2008）, pp.283-291. 实证主义传统多援引植物学和药物学等自然科学方面的知识，有一些关于摩吕的文章甚至发表在医学类杂志上，比如 Plaitakis A, Duvoisin RC., "Homer's moly identified as Galanthus nivalis L.: psiologic antidote to stramonium poisoning", *Clin Neuropharmacol*（1983 Mar）（1）：1-5.

[④] Jenny Clay 就曾撰文说，摩吕草白花黑根，但鉴于人类很难挖起来，所以，人类只知其地面上的白色花朵部分，故作为整个植株的摩吕必不为人类所知。因此，它只有诸神所给予的摩吕之名，人类不曾为其命名。参见 Jenny Clay, "The Planktai and Moly: Divine Naming and Knowing in Homer", *Hermes*（Jan. 1, 1972）（100）, pp.130-131.

2. 根系结构特殊，比如有较大的块茎，因而难以拔出；

3. 传统上可被用来解毒。

且形态上正好长有白色的花和黑色的根茎，又偏巧可以在地中海和爱琴海地区发现，这样的植物就尤其可能成为赫尔墨斯的摩吕所指向的目标，被人们认为是《奥德赛》卷十中的摩吕草。传统上，先后被认作摩吕的植物有包括葱属和蒜属植物、三色堇、紫罗兰、芸香等好几十种，而其中比较著名的则有 Peganum Harmala L（骆驼蓬）和 Withania somnifera Dun（印度人参）等。

到目前为止，关于摩吕的这两类解释[①]仅建基于上表中的少数几项可能的推论之上。除此之外，还有众多的其他推论项存在。而且，较之上述两类常见解释所依据的推论项，那些未曾或较少被采用的推论项的可能性程度未必就较弱。所以，我们完全有理由根据其他的推论项，建立起其他的关于摩吕的合理解释。

二、神话与事实

寓意解释者将摩吕看作哲学知识和心智与谋略的象征物，认为奥德修斯接过摩吕意味着他从天神那里获得了哲学知识，因而知道了应对基尔克魔法的手段，拥有了针对基尔克魔法的心智和谋略。但有两

[①] 这两类解释只是两个"极致"，介于二者之间的解释也有，最典型的是古希腊巫术的研究者们，他们大多会在巫术—哲学（自然科学）线索上考虑问题，John Scarborough 认为，"从荷马时代开始，各种观点——无论那些被描述为巫术的或宗教的还是理性的观点——的混杂就是希腊思想的特征……将关于草药和毒物的理性观点和非理性观点嫁接，其最初形态可在《伊利亚特》和《奥德赛》中找到。"他们对草药在巫术中的运用的研究可支持实证主义的解释，而他们对草药背后关于神圣的自然世界的理性知识的探讨则可支持寓意解释者的观点（当然，在他们看来，可能仍然是非常实证性质的研究）。参见 John Scarborough, "The Pharmacology of Sacred Plants, Herbs, and Roots", in Christopher A. Faraone and Dirk Obbink (Eds.), *Magika Hiera: Ancient Greek Magic & Religion* (Oxford: Oxford University Press, 1991), pp.138-174. 另参 Derek Collins, *Magic in the Ancient Greek World* (Malden, Mass.: Blackwell Publishing, 2008), pp. 27-63.

点值得注意：其一是，赫尔墨斯交给奥德修斯摩吕及其"自然"的同时，也明确教给了奥德修斯对付基尔克的方法：

> 我详细告诉你基尔克的全部害人手法。
> 她会递给你饮料，在食物里和进魔药。
> 但她不可能把你迷住，因为我给你的
> 这株奇特的药草会生效。你再听我说：
> 当基尔克用她那根长魔杖驱赶你时，
> 你便从自己腿侧抽出锋利的佩剑，
> 向基尔克猛扑过去，好像要把她杀死。
> 她会屈服于你的威力，邀请你同寝，
> 这是你千万不要拒绝这神女的床榻，
> 好让她释放同伴，把你也招待一番；
> 但你要让她以常乐的神明起大誓，
> 免得她对你再谋划其他什么灾殃，
> 免得她利用你裸身加害，你无法抗拒。
>
> ——《奥德赛》10.289—301

很显然，并不是因为拥有了摩吕草，奥德修斯才有能力发明针对基尔克魔法的狡猾招数，这些手段都已经由赫尔墨斯提点得明明白白了。其二是，获得摩吕之后的奥德修斯并未比获得摩吕之前的奥德修斯更加聪明和富有谋略。相反，在荷马史诗里，奥德修斯从来都心思缜密。他一直都是一个机智和多变的人。在试探佩涅洛佩及其他故人、用计屠杀求婚人之前，奥德修斯就已经是特洛伊木马的设计者，是夜袭雷索斯营帐的那个狡猾而凶残的战士。奥德修斯的残忍和狡诈是他在特洛伊战争中的表现所确认的，那个时候，赫尔墨斯还没有给过他摩吕草。①

另外，也许最重要的是，把摩吕解释为哲学智慧之象征的解释者们往往都有一个共同的出发点，那就是柏拉图对话。②诚然，柏拉图在其哲学写作中，大量引用了荷马史诗的内容，我们确乎可以通过柏拉图引用荷马诗文的逻辑，来辨明柏拉图对这些诗文的理解，并因此见出希腊人对荷马史诗的可能的解释。但必须注意的是，柏拉图作为哲学家，对荷马史诗的理解未必就是普通希腊人的理解方式。而且，柏拉图毕竟比荷马晚了数百年的时间。此数百年间，希腊文明发生了巨大的变化，基本上是从初始阶段过渡到了希腊文明的黄金时期，宗教和哲学方面的思想变化更是今非昔比。毕达哥拉斯和柏拉图式的分离肉体和灵魂、甚至将灵魂等同于思想、智慧和知识与记忆的作法，在荷马史诗的时代可能并不通行。③因此，柏拉图对荷马史诗的解释极可能不具普遍性。最后，脱离原文逻辑，断章取义式地引用古诗文的做法并非罕有之事，中世纪对维吉尔《埃涅阿斯纪》的解释便是突出的例子，中国春秋战国时期对《诗经》的引用也是此类解释的绝佳案例。倘若说柏拉图的荷马解释可能是在这个逻辑下运作的，也并非完全不可能之事。

故此，否定其与奥德修斯的心智和谋略手段的提升的直接关联、仅将摩吕草的作用限定在针对基尔克混合在酒食里的魔药，可能是

---

① 后世作家，比如维吉尔、塞涅卡等在各自作品中表现奥德修斯的残忍和狡诈时，所用的案例也都是特洛伊战争中的故事。可见，传统上来看，摩吕草并不是奥德修斯确立其"恶名"的起点。
② 伯纳德特《弓弦与竖琴》虽然致力于解读荷马史诗，但其副标题便是"从柏拉图解读《奥德赛》"，而黄群所著论文的目的则主要是解读柏拉图，荷马史诗大约只是一种参照。此类著作还可参 Zdravko Planinc, *Plato Through Homer: Poetry and Philosophy in the Cosmological Dialogues* (Columbia: University of Missouri Press, 2003)。关于基尔克和摩吕情节相关的解释尤可见该书"Dessent"章第50页以下。
③ See Jan N. Bremmer, *The Rise and Fall of the Afterlife* (London/New York: Routledge, 2002), pp.11-40; Christiane Sourvinou-Inwood, *'Reading' Greek Death*; *To the End of the Classical Period* (New York: Clarendon Press-Oxford, 1995), pp.10-106; See also Christiane Sourvinou-Inwood, "To die and enter the house of Hades: Homer, before and after", in Joachim Whaley (eds.), *Mirrors of Mortality: Studies in the Social History of Death* (London: Europa Publications Limited, 1981), pp.15-39.

比较合理和保险的作法。若硬要将摩吕草理解成智慧与谋略,则只能是在一个比较凿空的意义上来讲。但这样一来,摩吕就变成了一个与故事情节远相疏离的提示与象征,仅能为史诗增添些神秘色彩。但一个与整部史诗的故事情节不相关的摩吕情节未必是史诗所意欲追求的东西。

较之象征意义的解释,对摩吕的实证主义解释更加执着于具体而真实的事物。比如针对第二事实项的推论2就是这样:的确,我们有理由相信,赫尔墨斯从奥德修斯面前的地上拔出摩吕草这个情节表明,摩吕为世间所产。但问题在于,在凡人面前出现的东西未必就一定为世间所有,毕竟,拔出摩吕草的赫尔墨斯并不是凡人,而是个天神。所以该情节可能只是神话故事的一个环节。某个神话人物轻而易举地找到了仙草,并不能在实证意义上表明,某地必然产有这种仙草。

接下来的3.1和4.1两项推论同样存在问题。"有死的凡人很难挖到它",实证主义解释者将理解的重点放在"挖"这个动作上,以为"很难挖"说的是摩吕草生长的地方不容易挖掘,或者这种草的根系结构复杂,不易拔出和挖取。但设若有某种价值连城的植物存在,即便它生长在悬崖峭壁之上,即便其根系结构异常复杂,人们也必会想方设法去挖取。倘若根本不可能整株挖取,则人们也就不大可能将植株的完整无缺作为使用它的基本条件。相反,后面紧跟的"因为神明们无所不能"这句话反倒似乎揭示了"很难挖到"的真正含义。或许,这整句话要强调的正是神明们的容易与凡人们的艰难之间的对比。它所强调的是世人不易找到摩吕,而非挖掘这个动作。① 神话传统中的故事向来如此:要寻获仙草不仅需要辛苦的劳作,更重要的则是天神所赋予的各种机缘巧

---

① W. B. Stanford 也持有同样的意见,他提出了另外一种看法,认为之所以难以获取,可能只是不敢获取,并举曼陀罗根为例(据传在古代欧洲,不少人认为,把曼陀罗草从土地中拔出来的时候它会发出像人一样的号叫,或致人发疯死亡)。See W. B. Stanford, *Homer Odyssey I-XII*(London: Bristol Classical Press, 2003), pp.373-374.

合或者某种因果报偿，绝非寻常之人就能达成的寻常之事。①

至于4.1项推论，在现代医学的意义上来理解，确乎可以被看成是毒物与解毒剂之间的关系：摩吕草消除了基尔克掺在酒食中的药草的毒性。实证主义解释者们因此将确认范围圈定在传统上被用作解毒剂的那些植物上，并因而在药物学的意义上探究摩吕情节。进一步的推论甚至还会延伸到摩吕作为解毒剂如何被使用的问题。因为赫尔墨斯曾经指导奥德修斯说，"但你要让她以常乐的神明起大誓……免得她利用你裸身加害，你无法抗拒"，有实证主义者因此认为，既然奥德修斯褪去衣物就可能被基尔克加害，则表明褪去衣物的过程必然也是远离摩吕的过程。所以摩吕必然被奥德修斯带在身上，故宽衣解带之前必要基尔克发誓不会乘他裸身时加害于他。当然，也有人认为，在接下来的情节中，奥德修斯被基尔克的侍女们沐浴时并未提到摩吕，显见摩吕草可能是口服或者是抹擦在身体上的。但无论如何，在神话传说中，某一神秘事物起作用的方式未必一定是现代医学意义上的解毒过程，它完全可以在神话和宗教的逻辑上运行，比如桃符、佛像、十字架等象征之物就可以起到降妖辟邪、确保现世安稳的作用。

综上所述，摩吕完全可以在神话的层面上起作用，它未必一定要在实证的意义上指向某种确切的植物，也未必一定要在象征的意义上指向奥德修斯的智慧和谋略。《奥德赛》中的摩吕可被看作是史诗作者在神话层面上的虚构：它是一种传说中的仙草，凡人很难发现，而天神却很容易就找到；天神将摩吕交给他所青睐的凡人，使他避开凶险，求得现世的安稳。

---

① 比如维吉尔笔下的金枝，伊阿宋需要获取的金羊毛，中国传统神话故事里用来救命的各种仙药（比如灵芝仙草），要获得这些东西都必须得到某些特别的际遇或机运，需要克服无数的困难，这大约是神话故事常用的模式。

三、变形与生死

摩吕草的作用是什么？或者，摩吕草使奥德修斯避免了什么凶险？

关于摩吕草的整个情节包含了很多细节，一直延续到奥德修斯的冥府之行。但其核心情节并不复杂：奥德修斯的伙伴喝下混合了魔药的酒食，被基尔克变成了猪。奥德修斯只身一人前去援救。半路上，赫尔墨斯拦住他，交给他一株摩吕，并教给他对付基尔克的法子。奥德修斯在基尔克的宫殿里饮下混了药物的酒食，但因为摩吕草的原因，并未被迷住。当基尔克挥动魔杖，①要把奥德修斯也变成猪时，奥德修斯拔出剑来佯攻基尔克，基尔克被迫投降，放弃了将奥德修斯变成猪的行动。

虽然还有其他相续的情节，但直接与摩吕草相关联的内容并不多。这其中，最明显的对比就是，奥德修斯的伙伴因为不持有摩吕草被基尔克用变成了猪，但奥德修斯却因为持有摩吕草成功地避免了被基尔克变成猪。所以，摩吕草的关键作用就是可以避免被基尔克变成猪。那么，我们要解决的核心问题就是，被基尔克变成猪意味着什么。史诗说：

> 基尔克领他们进宅坐上便椅和宽椅，
> 为他们把奶酪、面饼和浅黄色的蜂蜜
> 与普拉姆涅酒混合，在食物里掺进
> 害人的药物，使他们迅速把故乡遗忘。
> 待他们饮用了她递给他们的饮料之后，
> 她便用魔杖拍打，把他们驱赶进猪栏。

---

① W. B. Stanford 曾评注说，此处不应该理解为巫术中的魔杖，他认为，从整个文本来看，基尔克的行动完全依赖于她的魔药，而不是如巫师们那样借助魔杖的威力。也就是说，不应该把基尔克将人变成猪的过程看成是巫术。See W. B. Stanford, *Homer Odyssey I-XII*, pp.373-374.

> 他们立即变出了猪头、猪声音、猪毛
> 和猪的形体,但思想仍和先前一样。
> 他们被关闭起来,不断地流泪哭泣,
> 基尔克扔给他们一些橡实和山茱萸。
> 它们都是爬行于地面的猪好吃的食料。
>
> ——《奥德赛》10.233—243

倘若奥德修斯的那些伙伴虽然被变成了猪,拥有猪的形体,"但思想仍和先前一样",我们就得设想这样的可能:由奥德修斯的伙伴变形而来的猪仍然拥有作人时的记忆和情感。如此一来,则整个故事讲述的似乎就是同一个灵魂先后住进不同形体的故事。[①]但传说中的奥德修斯毕竟生活在公元前1000年以前,而《奥德赛》也被认为创作于公元前800年左右,那个时候还没有毕达哥拉斯和柏拉图式的灵魂与肉体二元论的说法,因而也没有可完全独立于肉体且拥有全部记忆和情感的灵魂存在。[②]而且,接下来的诗行很快就带出来了一个新的问题:

> ……基尔克立即走过大厅,
> 手握那根魔杖,打开猪圈的门扇,
> 赶出我那些变成九岁肥猪的同伴。
> 同伴们站在她面前,她走到他们中间,
> 给他们每人逐一涂抹另一种药物,
> 他们身上因神女基尔克原先施用的
> 害人魔药而长出的猪毛随即脱去。
> 同伴们立即变成人,并且比原先更年轻,

---

① 参毕达哥拉斯和柏拉图等人关于灵魂与身体关系的相关叙述。比如,柏拉图《理想国》卷十厄尔神话中灵魂转世投胎的故事即是此类。
② See Jan N. Bremmer, *The Rise and Fall of the Afterlife*, pp.11-40; Christiane Sourvinou-Inwood, *'Reading' Greek Death: To the End of the Classical Period*, pp.10-106.

> 样子更加俊美，也显得更加壮健。
> 他们认出了我，个个把我的手握紧。
> 同伴们难忍悲恸，整座房屋发出
> 巨大的震响，神女本人也不禁动怜悯。
>
> ——《奥德赛》10.388—399

引文表明，只有这些同伴被重新变回人时，他们才认出了奥德修斯。这似乎是说，当他们还是猪的时候，他们失去了关于奥德修斯的记忆，因而认不出奥德修斯。但这样一来，前文所说的"思想还和原先一样"就没法儿落实。事实上，他们已经忘掉了奥德修斯，而忘掉奥德修斯就意味着这些人最密切的人际关系网络、最日常的人类生活场景的记忆都已然失去，思想与原先已然大不相同。面对这一矛盾，我们也许只能推论说，"思想还和原先一样"并不是说，他们仍然具有作为人的那种活跃的记忆和思考能力，而是指基尔克虽然直接地改变了他们的形体，但却并未直接地改变他们的思想。也就是说，基尔克的行动对象仅是肉体而非思想。人的思想突然间被猪的形体所拘禁，宛如一个人突然被强行关进一间令他很不舒服的房子里，他只能在这间房子所给予的有限空间内活动。对被变成猪的这些伙伴们来说，他们的思想只能在猪的肉体所能提供的物理性的空间框架下运作，因此，形体的改变终将造成思想的变化。① 这或许是那些被变成猪的人们的思想感到痛苦，且无法像变形之前那样保持先前的记忆的原因。所以，只有当这些伙伴被重新变回人的时候，他们才能恢复作为人的思想，认出他们的领袖奥德修斯。

因此，从人的肉身变成猪的形体，不仅意味着人的肉身的终结和猪的肉身的新生（即便是直接被变成的是九岁的肥猪的模样，那也不

---

① 在这个意义上，亚里士多德关于灵魂与质料间关系的论述可能更合适，"灵魂的属性和生物的自然质料不能分离，它们的本性即存在于质料之中"。参见〔古希腊〕亚里士多德：《论灵魂》，《亚里士多德全集》卷三，北京：中国人民大学出版社，1990年，第7页。

过是一种奇特的新生而已），还意味着某种程度的人的思想的损害或消亡。因此，如果奥德修斯的肉身被变成了猪的肉身，则不仅意味着奥德修斯肉身的终结，也意味着其记忆和思想的一致性的损害和消亡，因此也就是奥德修斯灵魂的死亡。摩吕的存在避免了奥德修斯的肉身被变成猪的肉身以及由此而来的记忆和思想的消亡，则意味着摩吕避免了奥德修斯绝对的死亡。因此，摩吕避免人的肉身的变形就是避免人的此世生命的死亡。

与被变成猪的那些伙伴一样，《奥德赛》冥府中的魂灵同样是没有记忆的。基尔克将冥府中的魂灵分成两类，一类只包括忒瑞西阿斯一个人的魂灵，另一类则包括所有其他人的魂灵：

> 他（特瑞西阿斯）素有的丰富智慧至今依然如故，
> 佩尔塞福涅让他死后仍保持着智慧，
> 能够思考，其他人则成为飘忽的魂影。
> ——《奥德赛》10.491—495

在冥府中，只有忒瑞西阿斯魂灵保留着智慧，能思考，其他人都只是没有智慧不能思考的飘忽的魂影。因此，当奥德修斯去到冥府时，也只有忒瑞西阿斯一个人魂灵立即认出了奥德修斯，[①] 而其他的魂灵，包括他母亲的魂灵，却只有在靠近牲血之后，才可以认出奥德修斯。史诗似乎生怕读者忽视了这一点，特意让奥德修斯严肃地追问此事，然后再安排忒瑞西阿斯给出权威的解答。他们的对话如下所示：

> 忒瑞西阿斯，定是神明们安排这一切。
> 现在请你告诉我，要说真话不隐瞒。
> 我现在看见我的故去的母亲的魂灵，

---

① "认出"意味着记忆和知识在起作用，记忆和知识在冥府空间的延续表明，此世生命在某种意义上仍然在延续。参见〔古希腊〕荷马：《奥德赛》11.90，王焕生译，第197页。

> 她在那里默然端坐，不举目正视
> 自己的儿子，也不和自己的儿子说话。
> 老人啊，请告诉我，怎样能使他认出我？
> ……
> 这很容易回答，我向你说明原因。
> 不管是哪位故去的死者，你只要让他
> 接近牲血，他都会对你把实话言明。
> 如果你挡住他接近，他便会返身退隐。
>
> ——《奥德赛》11.139—149

魂灵们通过靠近牲血恢复记忆因而认出奥德修斯，被变成猪的伙伴通过重新获得人的肉身恢复记忆因而认出奥德修斯，此二者共同标志出这样一个时刻：因失去记忆无法保证日常生活中的基本人际关联的时刻。魂灵们失去记忆的时刻是死亡的时刻，奥德修斯的伙伴们失去记忆的时刻是被基尔克变成猪的时刻。因为失去记忆这个共同的中介，被基尔克变成猪与死亡二者成了等价物，因而从另一个方面确证：奥德修斯被变成猪就是奥德修斯死亡。而摩吕成功地阻止了奥德修斯被变成猪的可能，也就是避免了奥德修斯肉体的死亡。鉴于肉体死亡必然带来的记忆的消亡，因而摩吕也避免了奥德修斯这个人的死亡。

综上所述，摩吕就是此世生命的保证，或者至少在神话学的意义上，是此世生命的象征物。

四、摩吕与伊诺的头巾

作为一种至关重要的神话性质的象征物，在面对基尔克的危险时刻，摩吕被特别地提了出来，以保全奥德修斯此世的生命。这不仅与摩吕情节所在的《奥德赛》第十卷，也与整部史诗看重此世生命的一贯倾向一致。

在摩吕的保护下，奥德修斯成功地避免了被基尔克变成猪，因而保全了此世的肉体生命。《奥德赛》卷十的其他内容也都特别地指向此世的肉体生命的特征，比如奥德修斯跟基尔克同床共枕；伙伴们被变回人形重获肉体生命后的激动、恸哭和叹息；接下来整整一年里他们每天都"围坐着尽情享用丰盛的肉肴和甜酒"；奥德修斯得知需要前往冥府时的伤心欲绝、震颤心碎等等。这些内容都无不直接与肉体生命相关。而且，不仅卷十，《奥德赛》整部史诗的内容也充分表达了史诗英雄对此世的肉体生命的看重。神样的奥德修斯甚至为了回到妻子佩涅洛佩的身边，恢复平凡的此世生活，不惜拒绝所有可能摆脱凡俗生命的机会。

奥德修斯对凡俗的肉体生命充满了渴望，正是在这个意义上，他的"航行也是生命对死亡的胜利，尤其是对轻易向死亡投降的胜利"。① 奥德修斯有无数死去甚至自杀而死的机会和动机，但他最终都"决定忍耐，继续活在世上"。② 而摩吕草不过是他面临被基尔克变成猪这一危机时，史诗作者给予的一个神话符号，这个符号保证了奥德修斯此世的肉体生命的安稳，是他继续活在这世上的一个保证。在这个意义上，摩吕草的作用与伊诺的头巾一样：当奥德修斯选择此世生活，离开卡吕普索重新驶入大海，却不幸遭遇海上风暴，行将溺毙时，卡德摩斯的女儿伊诺怜悯他受灾受难，对他说：

> 你接住我这方头巾，把它铺在胸下，
> 它具有神力，便不用害怕灾难和死亡。
> 在你的双手终于触及陆地以后，
> 你便把头巾拿开，抛进酒色的海水，

---

① 〔美〕查尔斯·西格尔：《〈奥德赛〉中的歌手、英雄与诸神》，程志敏、杜佳译，语见第三章"费埃克斯人与奥德修斯的归返之二：死亡与新生"之"陆地与海洋"节，译文未刊。
② 详见荷马《奥德赛》10.50—54，原文如下："我立即惊醒，勇敢的心灵反复思索，是纵身离开船只，跃进海里淹死，还是默默地忍耐，继续活在世上。我决定忍耐活下去，掩面躺在船里。"

> 要抛得远离陆地，你自己转身离去。
>
> ——《奥德赛》5.346—350

和摩吕一样，这救命的头巾同样来自神仙，但它显然不会指向与头相关的思想和智慧，倒反而更像是一根救人于水波的稻草。我们也大可不必执着于去求证头巾的质料和形式，以搞清楚它何以竟然能浮起奥德修斯的沉重肉身。但作为史诗的内容，在这艰难的时刻，的确需要某种与超自然力量相关的神秘事物。于是，史诗安排了一个叫作伊诺的仙女，如"一只海鸥飞翔，浮出海面"，送给奥德修斯一方头巾，这头巾"具有神力"，拥有者"不用害怕灾难和死亡"。而摩吕，在某种意义上，恰如这美足的伊诺的头巾，是现世生活安稳的保证与象征，拥有它的人不会被基尔克变成猪，因而也"不用害怕灾难与死亡"，足以牢牢地把握住此世的生活。

伊诺的头巾和赫尔墨斯的摩吕固然是避免死亡的机关，但却不是要鼓励英雄们一味地逃避死亡。荷马笔下的英雄们心里明白，神人迥异，作为凡人，他们终究难免一死。而高贵地接受死亡，也是英雄气概的重要表现。① 但无论如何，我们都很难想象，荷马笔下的英雄会如西塞罗笔下的小斯基皮奥和维吉尔笔下的埃涅阿斯一样，对现世生命的意义本身提出异议：小斯基皮奥追问父亲，为何自己不抛弃此世生活，尽早去往为高贵灵魂准备的月上世界；埃涅阿斯则质疑转世投胎的灵魂，认为他们如此地向往此世生活，简直是愚蠢至极。② 小斯基皮奥和埃涅阿斯之所以提出这样的质疑，正是因为某种"智慧"或"哲学"

---

① 甚至很多英雄确知死亡来临时甚至放弃战斗，消极而平静地接受死亡。加斯帕·格里芬说："赫克托耳的阵亡是此类描述中最有力量的，他意识到'众神已召唤我赴死……而现在命运已攫住了我'，于是决意在战斗中死去。"〔英〕加斯帕·格里芬：《荷马史诗中的生与死》，刘淳译，张巍校，北京：北京大学出版社，2015 年，第 93—94 页。

② 王承教：《艰难的旅程：〈埃涅阿斯纪〉卷六义疏》，《国外文学》，2012 第 3 期，第 68—75 页。另参见王承教：《维吉尔的灵魂转世说及其哲学意义》，《现代哲学》，2013 年第 5 期，第 43—51 页。

的后果。为了解决现世生活的苦难所带来的生命意义的难题，一些聪明的人设计了死后生活的报偿，但却忽略了人们为追求死后的报偿而断然抛弃现世生命的可能。为了补救这种可能，另一些人则不得不在承认死后生活是更本质存在的前提下，费尽心力地去证明此世生活的意义。①

奥德修斯的世界还不懂得这样聪明的设计。在奥德修斯的冥府中，此世生活的惨痛还左右着这些英名远播的伟大英雄们。阿基里斯的奖赏——"威武地统治着众亡灵"——应还不是系统性的设计，更多的倒似乎是一种简单的推演：此世最强有力的英雄即便去到冥府，也当是最强有力的魂灵。尤其是奥德修斯的一番恭维之后，"最好的"希腊人阿基里斯甚至如此回应说：

> 光辉的奥德修斯，请不要安慰我亡故。
> 我宁愿为他人耕种田地，被雇受役使，
> 纵然他无祖传地产，家财微薄度日难，
> 也不想统治即使所有故去者的亡灵。
> ——《奥德赛》11.488—491

原来，对荷马史诗里的英雄来说，世间永恒的英名、冥府的报偿，这所有的一切都不如充满苦难但却真切的此世生命！直面此世的生活，坦然接受此世的生命，似乎才是荷马笔下英雄的基本特征。因此，作为现世生命的神话式的保护装置，赫尔墨斯的摩吕与伊诺的头巾不应该是避世的手段和巧思，它们满满地承载着对此世生活的敬重、希望与勇气。

---

① 王承教：《艰难的旅程：〈埃涅阿斯纪〉卷六义疏》，《国外文学》，2012 第 3 期，第 68—75 页。另参见王承教：《维吉尔的灵魂转世说及其哲学意义》，《现代哲学》，2013 年第 5 期，第 43—51 页。

梁宗岱法译《陶潜诗选》与法国 20 世纪 20 年代东西文化论战

曹冬雪 黄 荭

摘 要：梁宗岱在法国出版的法译《陶潜诗选》是陶渊明诗集的第一个法语译本。在此书出版时，正逢法国文化界的东西文化大讨论，而两位法国文化界的著名人物罗曼·罗兰和保罗·瓦雷里，都与梁宗岱有过交往。这些构成了《陶潜诗选》的翻译、出版和阅读背景。

关键词：东西文化论战 《陶潜诗选》 斯多葛主义

1930 年，游学法国的中国诗人梁宗岱在巴黎勒马日（Editions Lemarget）出版社出版了他的译作《陶潜诗选》（*Les Poèmes de T'ao Ts'ien*）。此前，经过几代法国传教士与汉学家努力，《诗经》唐诗宋词以及更晚近的元明清诗歌已经陆续有所译介。18 世纪是法译中国古典诗歌的初始阶段，只涉及零星的《诗经》选译（1736、1779、1782）。19 世纪译介重点依然是《诗经》，先后出过一个拉丁文译本（Le père Lacharme 1838）和两个法文译本（G. Pauthier 1872; Séraphin Couvreur 1896）。此外，汉学家德理文（le marquis d'Hervey-Saint-Denys）于 1862 年出版了《唐诗》（*Poésies de l'époques des Thang*），他为此译集所撰长序《中国诗歌艺术和韵律学》已成为法国汉学界关于中国古典诗歌研究最重要的文献之一；前法国驻华领事安博 - 于阿尔（Camille-Clément Imbault-Huart）于 1886 年出版了《十四至十九世纪中国诗选》（*La poésie chinoise du XIVe au XIX siècle*），这本译集收录了刘伯温、袁枚、曾国藩等六位诗人的作品。进入 20 世纪，汉学家葛兰言（Marcel Granet）于 1919 年出版了社会民俗学著作《中国古代节日和歌谣》（*Fêtes et chansons anciennes de la Chine*），书中他对《诗经·国风》里的爱情诗进行了详细翻译与注解。1923年，前驻华外交官、汉学家乔治·苏利埃·德莫朗（Georges Soulié de Morant）的《宋词选》（*Florilège de la poésie des Song*）问世，填补了法译宋词领域的空白①。

在这两个世纪的法译中国古典诗歌史中，陶渊明的诗文没有得到译介。梁译《陶潜诗选》是法国第一部陶渊明诗集，当时总印数306册，根据印刷纸张的档次分成4个版本，即使最低版本的定价也要高于市面一般文学作品10倍以上②，显然《陶潜诗选》走的是精品化路线，目标读者群绝非普罗大众，而是法国上流社会和精英知识分子。其中最有名的两位读者，一位是法国20世纪最重要的诗人之一、法兰西学院院士保罗·瓦雷里（Paul Valéry），另一位则是中国人熟知的大文豪罗曼·罗兰。梁宗岱跟二者都有交往：书信往来，会面交谈，并向中国译介他们的作品。两位作家意识形态与文学理念各异，但梁宗岱对二者都很尊重。在两次大战之间的20年代，法国文化界曾有过一场东西文化大讨论，《陶潜诗选》的翻译、出版和阅读正是在这一历史语境中展开的。

一、罗曼·罗兰与东西半脑

梁宗岱1924年赴欧游学，1931年归国，其间大部分时间居留巴黎。若回顾历史，不难发现一个巧合，20世纪20年代，中法两国都有过一场东西文化大讨论。

---

① 参见钱林森：《中国古典诗歌在法国》，《社会科学战线》，1988年第1期，第311—323页；阮洁卿：《中国古典诗歌在法国的传播史》，《法国研究》，2007年第1期，第1—8页。

② 在1930年11月15日《文学、艺术与科学消息报》（*Les Nouvelles littéraires, artistiques et scientifiques*）第八版，我们看到《陶潜诗选》两种较低版本的定价：荷兰格尔德直纹纸，定价300法郎；犊皮纸，180法郎。另两种则更贵。而同期刊登的其他文学作品大多在15法郎上下的价位区间。

中国自明末至辛亥革命，西学东渐历经学习西方科学知识、引进机械制造、模仿政治制度三个历史阶段，然而革命以后虽照搬了西方政治制度，却并没有起到良好效果。于是时人认识到，政治改革仍未触及根本，要从文化上对中国加以改造。《新青年》于此时应运而生，掀起了推翻传统文化的新文化运动。问题在于："西方化对于东方化，是否要连根拔掉[①]？"针对这一问题，1921年10月，梁漱溟出版了《东西文化及其哲学》，提出了他的文化三段论。他认为世界文化的发展分三个阶段，分别对应西方文化、中国文化与印度文化。这三种文化根本取向不同，无法兼容。就中国而言，应先全盘西化，后迎来儒学的复兴。一石激起千层浪，以胡适为代表的自由主义者、宗教界人士、国共两党知识分子纷纷参与争论[②]。

在中国知识分子展开中西文化大讨论的同时，另一场相似的论战也在法国进行。第一次世界大战后由于欧洲自身经济与政治危机，美国、日本的迅速崛起以及亚洲反殖民斗争对帝国主义秩序的挑战，欧洲知识分子对欧洲衰落或至少是潜在的衰落达成共识，一些书名即可说明问题，诸如《欧洲的衰落》（*Le Déclin de l'Europe* 1920），《亚洲之觉醒：英帝国主义与各民族之反抗》（*Le Réveil de l'Asie. L'impérialisme britannique et la révolte des peuples* 1924），《白种民族的黄昏》（*Le Crépuscule des nations blanches* 1925），《保卫西方》（*Défense de l'Occident* 1927）[③]。第一次世界大战以欧洲自我摧毁式的方式结束，人们开始反思以科学、理性、进步为代表的现代价值观在给欧洲带来繁荣与扩张的同时，是否也埋下了毁灭性的种子。一些人号召回归欧洲传统价值，另一些则声称应从古老的东方智慧中获取解药。1925年，《每月手册》（*Les Cahiers du mois*）杂志以东西文化关系为主题，设计了一个问卷，

---

① 梁漱溟：《东西文化及其哲学》，上海：上海人民出版社，2015年，第6页。
② 〔美〕艾恺：《梁漱溟传》，郑大华等译，长沙：湖南出版社，1988年，第129—138页；亦可参阅四川大学罗志田教授关于梁漱溟《东西文化及其哲学》的系列文章。
③ Guillaume Bridet, "L'Inde, une ressource pour penser？Retour vers les années 1920", *Mouvements*, 77（2014），p.120.

邀请东方学家、哲学家、社会学家、作家、艺术家、探险家、旅行家等进行回答，最终用了将近 400 页篇幅将众人答复集结成册，以《来自东方的召唤》（*Les Appels de l'Orient*）为题出版。这本册子可谓就东西文化问题对当时思想界进行了全面盘点。"东方"作为一个语义模糊的概念，受到一些答复者尤其是东方学家的质疑，比如著名汉学家马伯乐（Henri Maspero）就直言所谓"东方"不过是"西方人想象中的产物"，是西方塑造出的一个"可爱而虚假的怪物"，这个怪物的"精神与西方截然不同"①——半个多世纪后萨义德以《东方主义》进行了呼应。他指出所谓东方威胁论是不存在的，事实上，东方为了生存正在全面西化，而西方接受东方影响不过是为了增加闲暇趣味。印度学家西尔万·莱维（Sylvain Lévy）也认为东西方的划分十分荒谬，用简单的二元对立取代了世界的多样性。他指出既应提防欧洲高级论，也应避免不当地贬低欧洲。相对于这些专门研究东方的专家学者，文艺界人士左右立场更加分明。比如罗曼·罗兰，他拒绝对问卷作出回答，理由是："有亨利·马西（Henri Massis）在的地方，就没有我罗曼·罗兰②"。虽然没有给出答复，他的立场却人尽皆知，作为倡导和平主义和国际主义的左派知识分子领袖，罗曼·罗兰一向跟右派急先锋亨利·马西水火不容。

在东方文明中，罗曼·罗兰对印度投以最热忱的关注。之所以是印度，是因为甘地的非暴力抵抗运动提供了一个理想的非西方式发展模型。毕竟，彼时日本的民族工业化，中国的共产主义思潮，其根源都在西方③。1923 年罗曼·罗兰出版了《甘地传》，成为在西方世界正面介绍甘地生平事迹的第一人④，同时他与泰戈尔保持

---

① *Les Appels de l'Orient, Les Cahiers du Mois*, 9/10（1925）, p. 296.

② Ibid., p.322.

③ Guillaume Bridet, "L'Inde, une ressource pour penser？Retour vers les années 1920," *Mouvements*, 77（2014）, p. 127.

④ Stefan Zweig, *Romain Rolland*（Paris: Librairie Générale Française, 2003）, p. 365.

密切交往①。1919年8月26日在致泰戈尔的信中，罗曼·罗兰写道：欧洲与亚洲构成"人类的两个半脑……应努力重建二者的联系，促进各自的健康发展"②。对欧洲深感失望的罗曼·罗兰希望在东方发现一个完全异质于西方的精神世界、人类的另外一个半脑，而以泰戈尔为代表的印度知识分子也积极参与这种二元构建：理性的、物质主义的西方与感性的、精神至上的印度③。

对于东西文化之间的关系，梁宗岱早在1919年读中学时就表明过立场。他在一篇短小精悍的政论中批评世风日下、人心日坏，随后写道："故处今日而欲补救此弊，必于古今中外之道德，参详之，熔化之，用其长以补吾短，以成一种真正适合之道德，而陶铸吾国民臻于纯美之域。"④1931年，在欧洲游学即将结束之时，梁宗岱从德国致信徐志摩，信中写道："我们现代，正当东西文化（这名词有语病，为行文方便，姑且采用）之冲，要把二者尽量吸取，贯通，融化而开辟一个新局面——并非中学为体西学为用，更非明目张胆去模仿西洋——岂是一朝一夕，十年八年底事！"⑤可见从1919到1931年，从赴欧之前到旅欧结束，梁宗岱关于东西文化的立场未曾改变：不偏不倚，取东西文化之精华融会贯通。

回到前述梁宗岱1931年致徐志摩的那封信，他说中西文化"这名词有语病"，却并没有解释为何。要到1942年《非古复古与科学精神》这篇长文，我们才能发现，他之所以对"中西文化"这一名词不满，是因为"历来讨论中西文化的，总好在'物质'和'精神'二词上翻

---

① 1920—1930年期间，泰戈尔5次居留或途径法国，其中有3次跟罗曼·罗兰会面。进入30年代以后，泰戈尔在欧洲逐渐失去影响力，跟罗曼·罗兰的联系也渐趋终止，参见 Guillaume Bridet, "L'Inde, une ressource pour penser ? Retour vers les années 1920", pp. 47–48。

② Ibid., p.53.

③ Ibid., p.126.

④ 梁宗岱：《字义随世风为转移今所谓智古所谓谲今所谓愚古所谓忠试述社会人心之变态并筹补救之方论》，《梁宗岱早期著译》，刘志侠、卢岚主编，上海：华东师范大学出版社，2016年，第4页。

⑤ 梁宗岱：《论诗》，《诗与真》，北京：中央编译出版社，2006年，第48页。

筋斗：一个自诩为精神文化，另一个则歌颂物质文明"①。也即，中西文化已经成了一组精神－物质的二元划分。梁宗岱并不认可这种简单粗暴的划分。他将文化定义为"无数的个人用以应付环境并超越环境的时刻变化的多方面精神努力底总和"②，认为中国文化确实拥有许多克服与超越环境的精神结晶，但与西方人相比，这种精神力量的运用是不够充分的。梁宗岱将《庄子·天下》篇中的惠施与古希腊的芝诺相比较，二者提出的命题存在惊人的相似性，证明无论东方还是西方，人类的精神是共通的，并不存在理性的西方"半脑"和感性的东方"半脑"这一区分。只不过在悠远的历史发展中，芝诺的辩证思想如种子落在肥沃的土地上，不断启发后来人的思考，而惠施却被贴上"诡辩"的标签遭到冷落。

梁宗岱在法译《陶潜诗选》出版后寄了一本给罗曼·罗兰，不久收到来信，罗曼·罗兰称赞这本诗集是一部"杰作"，他感到陶渊明和贺拉斯、维吉尔等拉丁诗人有着相似面目，这既让他觉得是个"奇迹"，同时又为之惋惜："它对于我是已经熟习了的，我到中国的旅行并不引我出我底门庭去。"③罗曼·罗兰的的惊讶与惋惜之情充分体现了他对中国的"他者"想象与期待，但梁宗岱并未选择参与这种"他者"的构建。他在给罗曼·罗兰的回信（1930年11月15日）中写道："在中国占主导地位的精神（esprit）跟拉丁法国的精神确实存在相似性"，并补充道："思想、宗教、甚至科学，如果不是精神与自然的反映又会是什么呢？精神到处都一样，而自然则有各种程度的区别。在一种思想或一部著作里，具有深刻普遍性的东西来自于精神，而表面分歧来自于自然"④，在这封信里他就已经提到惠施与芝诺的相似之处，同时也提到中国古代的几何学成就，并表示关于这个话题有一整本书可写

---

① 梁宗岱：《非古复古与科学精神》，《诗与真续编》，北京：中央编译出版社，2006年，第152页。
② 同上。
③ 梁宗岱：《忆罗曼·罗兰》，《诗与真》，第224页。
④ 梁宗岱：《梁宗岱致罗曼·罗兰书信：一九三零年十一月十五日》，《梁宗岱早期著译》，刘志侠、卢岚主编，第442—443页。

（因此1942年《非古复古与科学精神》一文的写作念头至少可以追溯到1930年）。面对以罗曼·罗兰为代表的法国知识分子对东方异质文化的寻求，梁宗岱的回应是人类精神具有普遍性，而这正是东西方可以互相理解、彼此沟通的基础。

二、瓦雷里与《鸭绿江》

自1926年首次拜访瓦雷里之后，梁宗岱便因对诗歌的酷爱与个人才气逐渐受到瓦雷里认可，两人私交颇密。《陶潜诗选》若非瓦雷里亲自作序，出版不会那么顺利。在序言中，瓦雷里提到自己的诗学观点、对译者梁宗岱的认可、对中国人艺术性的称赞、对古典作家风格的整体看法，指出陶渊明跟欧洲古典作家以及一些法国诗人存在共性[①]。应该说，瓦雷里跟罗曼·罗兰的阅读体验很接近，都从陶诗中读出了熟悉的欧洲古典作品的味道。这两位作家意识形态不同，对东方的态度也相去甚远。两人共同点在于都认为欧洲处于某种文明危机之中，罗曼·罗兰试图在东方寻找可以解救欧洲的异质文化，瓦雷里则不然。他认为从历史眼光来看，文明总是会灭亡的，欧洲文明也不例外[②]，他承认欧洲在文明初期曾受到东方的滋养，但欧洲独特的精神力量、强大的吸收与辐射能力使其远远强于世界其他地区，"一切都已抵达欧洲，一切——或几乎一切——都源自欧洲"[③]。对他而言，东方已经了无新意："我们可以欢迎源自东方的东西，如果东方还能有什么新东西的话——对此我表示怀疑。"[④] 关于中国文化，早在1895年他就曾写下一篇虚构的随笔《鸭绿江》（*Le Yalou*）。1895年中日战争爆发，象征古老亚洲文明的中国败于西方化的日本，此事

---

① 〔法〕瓦雷里：《法译陶潜诗选序》，《梁宗岱早期著译》，第465—471页。
② Paul Valéry,"La crise de l'esprit", in *Œuvres*（Paris: Gallimard, coll.« La Pléiade », 1957），vol. I, p.988.
③ Ibid., p.995.
④ *Les Appels de l'Orient, Les Cahiers du Mois*, 9/10（1925），p.17.

给瓦雷里极大震撼。他在文中设想了一位中国文人和一位西方人之间的谈话，西方人更多是扮演倾听者的角色，他主要通过中国文人之口阐述自己对中国文化的认知。瓦雷里写文章之前显然对中国进行过一番研究：中国人的祖先崇拜、绵延不绝的土地与人口、象形文字、文人政治、追求稳定与持久的发展体制。至于如何看待那些中国人引以为傲的古代发明，在《鸭绿江》中，中国文人对西方人说的最后一句为："你看，不应该鄙视我们，因为，我们发明了火药，为了能够，在夜里，放出烟花来。"① 瓦雷里认为，之所以没有在这些发明的基础上进行持续深入的探索与发展，是因为追求极致、探索进取的精神不符合古老中国的静态发展要求。此外，在为留法学人盛成的著作《我的母亲》（*Ma Mère*，1928）所撰序言中，瓦雷里也再次阐述了他的静态中国观。②

法译《陶潜诗选》所表现出的顺应自然、安贫知命的精神，完全契合瓦雷里笔下的静态中国形象。如果说罗曼·罗兰对陶诗的反应是惊讶与惋惜，瓦雷里则是一种意料之中。然而就译者梁宗岱而言，这两种反应都不是他追求的效果。在《陶潜诗选》简短的《陶潜简介》中，他告诉读者："纵观他的作品，可以看到一种斯多葛式的乐观主义，却又胜于斯多葛主义。因为在所有诗人中，无论艺术和心灵，他最接近自然。"③ 显然，他认为陶渊明对法国读者而言，既非完全异质，又非毫无新意，在中西思想的共性之外陶渊明自有其独特过人之处。

三、陶渊明与斯多葛主义

梁宗岱在国内学界以"纯诗"理论的推手而著称，在抗战时期也

---

① Paul Valéry, "Le Yalu", in *Œuvres* (Paris: Gallimard, coll.« La Pléiade », 1960), vol. II, p.1020.
② Ibid., p.1030.
③ 梁宗岱：《陶潜简介》，《梁宗岱早期著译》，刘志侠、卢岚主编，第 303 页。

致力于真与美的追求,被时人批评不关心国家社稷,但其实他是以自己的方式为国尽力:"诗人不一定要在抗战的时候作战歌才可无愧于国家。"①他以歌德为例,称歌德一生都没有写过爱国诗,但他的诗却成为德国最伟大的文化遗产之一,"单是以诗服务国家而论,谁底收获大呢"②?在法国翻译出版《陶潜诗选》,将中国古典文学瑰宝引进法国文坛,这一举动可谓"以诗服务国家"的典范。

然而,为什么是陶渊明?这一选择既出自梁宗岱自身的性情,也关系到人类精神的普遍性。在传记《青年梁宗岱》中提到,培正中学一九二三年级毕业同学录中记载"吾国之陶潜,王维,尤君之所爱者也"③。梁宗岱在1944年《试论直觉与表现》一文中曾吐露心声,他生命中"最恒定最幽隐的脉搏",他"情感生活底基调"乃是"春之惆怅",④进一步说,是一种不可摆脱的对死的意识。他认为"一切最高的诗都是一曲无尽的挽歌哀悼我们生命之无常,哀悼那妆点或排遣我们这有涯之生的芳华与妩媚种种幻影之飞逝"⑤。他六岁丧母,从那时起,就一直被死亡意识所"窘扰"⑥。而死亡是全人类共同的命运,对死亡的恐惧和忧虑是全人类共同的情感,如何面对死亡是全人类共同的话题。

陶渊明诗文的一大主题便是如何面对死亡以及死亡的"前驱与扈从"——"疾苦和忧虑,衰残和腐朽,难弥的缺陷……"⑦。因此我们并不意外地看到,梁宗岱在法国翻译发表的第一首陶诗为《自祭文》(1929年⑧),一位直面自身死亡的诗人形象跃然纸上。在法译《陶潜诗选》的篇目安排上,第一篇《五柳先生传》作为诗人的自画像出场,紧接着便是《形影神》组诗。若对比一下陶诗的其他版本,会发现这

---

① 梁宗岱:《陶潜简介》,《梁宗岱早期著译》,刘志侠、卢岚主编,第66页。
② 同上书,第67页。
③ 刘志侠、卢岚:《青年梁宗岱》,上海:华东师范大学出版社,2014年,第240页。
④ 梁宗岱:《试论直觉与表现》,《诗与真续编》,第191页。
⑤ 同上书,第193页。
⑥ 同上书,第194页。
⑦ 同上书,第193页。
⑧ 1929年10月发表于《交流》(*Commerce*)杂志第22期,后收入法译《陶潜诗选》。

一安排有其特别之处。根据作家出版社1956年版《陶渊明集》"按时间编排"①的目录可知,法译《陶潜诗选》中的《和郭主簿》其一、《归园田居》其一、《责子》、《移居》其一创作时间都早于《形影神》,可见梁宗岱不是按照年代对这些诗进行编排,同时他也没有按照首字母顺序进行排列,说明《形影神》组诗在梁译《陶潜诗选》中占有非常重要的地位。开篇即点出天地长存而生命易逝这一困局,"形"欲求长生而不得,只能借酒消愁。"影"欲以立善立名来弥补生之短暂。"神"认为这些都无济于事,主张"纵浪大化中,不喜亦不惧",由此为整部诗集奠定斯多葛式的基调:斯多葛主义主张"依照自然而生活",凡命中注定,非人力可以左右之事——如死亡,皆不必为之烦恼忧惧。人能左右的,唯有自己的意见情绪而已,死亡并不可怕,可怕的是人对死亡的看法②。对《形影神》组诗的主旨,陶渊明研究专家袁行霈用"破执"③二字来概括可谓精当。不破不立,只有破除了死亡意识的侵扰,才能安身立命。《形影神》之后的篇目要么描写闲适的田居生活,要么讲述逆境之下如何泰然自处(《责子》《乞食》《咏贫士》)。由此,整部法译《陶潜诗选》形成了一个和谐统一的整体,为读者塑造了一个靠智慧获得内心安宁的智者形象。而陶渊明作品全集呈现的本是一个更为复杂多元的精神世界:光是《饮酒》二十首,除了名篇第五首"采菊东篱下,悠然见南山"之闲适,亦有第十六首"弊庐交悲风,荒草没前庭"之凄凉,第二十首"如何绝世下,六籍无一亲"之愤慨。此外,我们还能领略《咏荆轲》之壮怀激烈,《闲情赋》之绮丽幽婉……

除了篇目选择与顺序安排,梁宗岱在文本翻译中也有意强化陶渊明斯多葛式平静乐观的一面。以《自祭文》为例,原文有两处用到"呜

---

① [东晋]陶渊明:《陶渊明集》,王瑶编注,北京:作家出版社,1956年,第15页。
② Jean Brun, *Le stoïcisme*(Paris: PUF, 1998), pp.105-107.
③ 袁行霈:《陶渊明与魏晋风流》,《当代学者自选文库·袁行霈卷》,合肥:安徽教育出版社,1999年,第348页。

呼哀哉"这一感叹。第一次是在想象亲友思念自己音容而不得之后："候颜已冥,聆音愈漠。呜呼哀哉!"第二次是在文末:"人生实难,死如之何?呜呼哀哉!"对于这两处"呜呼哀哉",梁宗岱都译成"Ah! le beau malheur! le beau malheur!"(啊! 美丽的不幸! 美丽的不幸!)这种译法在一定程度上弱化了原文悲凄的气氛,突出作者之乐观。1930 年 5 月 17 日《文学、艺术与科学消息报》(*Les Nouvelles littéraires, artistiques et scientifiques*)第 7 版刊登了关于陶渊明《自祭文》的简短评论:"死亡被称作'美丽的不幸'。再没有比这更人性、更基督徒式的了。"陶渊明既不相信道家的长生不老之说与养生之术,也不相信佛教的"善恶相报"①,从《形影神》组诗来看,他并不相信一个身后的世界,法国读者竟读出"基督徒式"的意味,可见"不幸"之前的形容词"美丽"在多大程度上改变了原文的悲剧气氛。

如果说《形影神》组诗、《自祭文》等篇目突出了陶渊明与斯多葛主义之共性,《归园田居》其一、《饮酒》其五等相当感性的篇目则表现了陶渊明"胜于斯多葛主义"的一面。正如作家普雷沃(Jean Pévost)的评价:"斯多葛主义到底严酷,害怕纯化感情,因而摒除了人类文化很多东西。"② 以《和郭主簿》其二为例,整首诗可谓感官的盛宴,视觉:"堂前林"、"望白云",触觉:"凯风……开我襟"、"卧起弄书琴",味觉:"园蔬"、"旧谷"、"美酒",听觉:"弱子……学语未成音"。在古希腊,除了斯多葛主义,伊壁鸠鲁主义也将"依照自然而生活"作为座右铭,不同之处在于,伊壁鸠鲁主义将感觉视为自然,视为真实的唯一来源。③ 陶渊明高出斯多葛主义之处正在于其伊壁鸠鲁主义的一面。罗曼·罗兰曾在 1929 年 1 月日记中记载:陶诗的情感"接近我们的忧郁的伊壁鸠鲁主义者"④。因此可以说,陶

---

① 熊治祁:《前言》,《大中华文库·陶渊明集》,汪榕培英译、熊治祁今译,长沙:湖南人民出版社,北京:外语教学与研究出版社,2003 年,第 19—20 页。
② 〔法〕普雷沃:《梁宗岱〈法译陶潜诗选〉》,《梁宗岱早期著译》,刘志侠、卢岚主编,第 473 页。
③ Jean Brun, *L'épicurisme*(Paris: PUF, 2002),pp.31-32.
④ 〔法〕罗曼·罗兰:《罗曼·罗兰日记》(摘译),《梁宗岱早期著译》,刘志侠、卢岚主编,第 450 页。

渊明的"自然"是斯多葛主义与伊壁鸠鲁主义的有机结合,用梁宗岱的话说"他最接近自然"①。

在科学精神方面,梁宗岱毫不犹豫地承认,中国落后于西方。而在如何面对死亡与生命这一问题上,他也毫不犹豫地指出,陶渊明所代表的中国古老智慧有其过人之处。

四、结语

陶渊明在中国文学史上的地位并非一蹴而就,而是经历了漫长的认可与圣化过程,宋人对陶渊明的推崇以及平淡美学的建立在其中起到关键作用②。然而,在 1920 年代末至 1930 年代初,当梁宗岱将陶诗译介到法国时,陶渊明在中国文学史上积累起的崇高声誉并不能同时得到保留与转移。梁宗岱必须在西方文化传统,尤其是思想传统中凸显陶渊明的价值,因为陶渊明在他眼中是一位几乎"十全成功的哲学诗人"③。他选择了斯多葛主义作为参照,通过纯化陶渊明思想的翻译策略,创造了一个兼具斯多葛主义与伊壁鸠鲁主义智慧的田园诗人形象。以罗曼·罗兰与瓦雷里为代表的法国文人,对法译陶诗的阅读体验很大程度受到自身东方视野的影响。在 20 世纪 20 年代的东西文化大讨论中,二者表现出截然不同的立场:前者将东方拟想为绝对的"他者",后者则认为东方已经毫无新意。梁宗岱基于人类精神普遍性的文化立场,以法国精英知识分子作为传播中国文化的目标人群,求同存异,既不妄自尊大,亦不妄自菲薄,努力展现中国古老智慧与美学。他所面临的困难与挑战,他所坚持的态度与立场,在当前中国文化"走出去"的新形势下对我们具有极大的启发意义。

---

① 梁宗岱:《陶潜简介》,《梁宗岱早期著译》,第 303 页。
② 汪全钢:《宋代崇陶现象与平淡美诗学理想的形成》,暨南大学硕士论文,2006 年。
③ 梁宗岱:《谈诗》,《诗与真》,第 108 页。

"话语网络"的元话语
——基特勒论小说《德古拉》

车致新

摘 要：本文详述了德国媒介理论家基特勒对斯托克的小说《德古拉》的媒介阅读，即当基特勒把《德古拉》视为媒介寓言时，我们会发现在19世纪末传统"文学"已经被三大技术媒介所替代，用以给读者提供想象性幻觉的"小说"随着爱迪生与卢米埃尔兄弟的发明也已经不可避免被"电影"这一新兴的文化娱乐－媒介技术形式所取代，而这恰恰是《德古拉》这部小说最后的命运，媒介技术的变迁使得作为传说中的"不死者"的"德古拉"真正地成为了"不死者"。

关键词：话语网络 基特勒 《德古拉》

在基特勒的媒介－谱系学中，存在着如福柯在《词与物》开篇所讨论的委拉斯开兹的《宫娥》——对应于"古典"知识型——那样以其自身反映出（福柯意义上的）"知识型"（épistémè）[1]或（基特勒意义上的）"话语网络"[2]（discourse networks）的总体结构的"元－话语"（meta-discourse）。或者用基特勒的表述，这些话语是一种"关于话语通道状况的话语"（discourse on discourse channel conditions）。如果说"话语网络1800"（传统所谓的"浪漫主义"时期）的元话语、元文本是德国晚期浪漫主义作家霍夫曼的代表作《金罐》（*The Golden Pot*）；

---

[1] épistémè 在国内有"知识型"或"认识型"两种译法，本文参照通行的莫伟民译本（《词与物》，上海：上海三联书店，2016年）将其译为"知识型"。

[2] 德语原文为 aufschreibesysteme，意即"书写系统"或"记录系统"，美国学界在基特勒的同意下最终选择将其转译为 discourse networks，主要是为了突出基特勒与福柯的对话关系。

那么，对于"话语网络1900"（传统所谓的"现代主义"时期）而言，爱尔兰作家布拉姆·斯托克的吸血鬼小说《德古拉》（*Dracula*）则是浓缩着这个全新的技术媒介时代的话语系统的总体寓言[①]（基特勒的研究对象从高雅艺术到通俗文化的"降落"本身也可以视为该历史断裂的一种体现）。

沿着基特勒的阅读线索，让我们把目光从1814年的《金罐》转向1897年的《德古拉》，从基于文字-书写媒介的绝对垄断的"浪漫主义"转向由于三大技术媒介（留声机、电影、打字机）的诞生而造成信息流分化的"现代主义"。与传统文学研究中（尤其是在"文化转向"之后）将《德古拉》这部小说视为东欧与西欧，或大英帝国与殖民地"他者"，抑或贵族阶级与乌合之众之间的对抗斗争的一种寓言截然不同，在基特勒独特的分析视域中，斯托克的《德古拉》虽然也是某种意义上的"寓言"，但它并不是关于殖民主义或文化政治的寓言，而是关于媒介技术的历史变革的寓言，即一种关于在19世纪末出现的完全不同于"浪漫主义"的话语系统的寓言；正如基特勒简洁地指出，斯托克的《德古拉》可以说是一篇"技术媒介最终战胜古老欧洲的嗜血暴君的英雄史诗"[②]。

《德古拉》与媒介技术之间最直接的关联是，在这部小说的叙事中无数次出现了（在当时刚刚投入大规模生产的）"留声机"。小说中的一位主要人物，英国精神病医生苏华德（Seward）的情节线索尤其与留声机紧密相关，因为他有使用留声机来记录自己心理活动的习惯，因此，苏华德通过留声机这一媒介/中介不仅记录下了他对女性精神病患者露西·薇斯特拉（Lucy Westenra）不可言说的爱欲，更记

[①] 基特勒曾在不同语境中，多次讨论了《德古拉》这部小说，可参见 Friedrich Kittler, *Literature, Media, Information Systems: Essays*, edited and introduced by John Johnston（Amsterdam: G+B Arts International, 1997）, pp.50-85；或 Friedrich Kittler, *Gramophone, Film, Typewriter*（California: Stanford University Press,1999）, pp.86-87；以及 Friedrich Kittler, *Discourse Networks 1800 / 1900*（California: Stanford University Press,1992）, pp.353-356。

[②] Friedrich Kittler, *Gramophone, Film, Typewriter*, p.86.

录下了小说剧情中的关键人物，被吸血鬼德古拉"远程"操控的精神分裂症患者兰菲尔（Renfield）的言谈。在小说中，兰菲尔是一位总在胡言乱语的"疯子"，没有人能明白他所说的是什么"意义"，然而，这种不可用"人类"（即小说中的英国人）的"理性"予以解读的"疯狂"（madness）与"废话"（nonsense）正是基特勒对"话语网络1900"分析的起点。正如前文所述，由于技术媒介等因素的介入，"话语网络1900"走向了"浪漫主义"话语系统的对立面，也就是说，话语从由"母亲－自然"这一超验能指所最终予以保证的有意义的、具有普遍可译性的信息传播通道，已经沦为了混乱、无序、无意义的"噪音"。更为有趣的是，苏华德医生或"理性"的人们为了能够破解兰菲尔的疯言疯语背后所隐藏的"秘密"（吸血鬼德古拉即将登陆英国），它们不得不诉诸当时最先进的媒介技术：留声机。然而，与我们的想象有所不同，在小说中苏华德医生不是使用留声机来直接记录病人兰菲尔的胡言乱语，而是使用留声机来记录自己听到兰菲尔的胡言乱语之后所激发出的"自由联想"，换言之，留声机是用来记录医生自己的无意识而不是病人的无意识，苏华德医生寄希望于分析自己的无意识来相应地破解兰菲尔的无意识。因此，在基特勒看来，小说中苏华德医生对兰菲尔所采用的这种"治疗"方法极为精确地预示着在1897年即将诞生的一门标志着技术时代的知识范式的新"科学"，即弗洛伊德在世纪之交建立的"精神分析"学说。简言之，精神分析临床实践中的"谈话疗法"就如同留声机的工作，它是通过记录/倾听精神病患者所发出的那些无意义的噪音，从而在精神分析师的无意识与精神病患者的无意识之间建立某种相互刺激的反馈循环，正如弗洛伊德自己所指出的：

> 精神分析师必须将他自己的无意识变成一种朝向患者的无意识的接收器官。他必须根据病人来调整自己，正如电话的听筒必须根据话筒来调整自己。就像听筒把电子振荡在由声波所构成的

电话线中重新转换为声波一样，医生的无意识将能够，从传递给他的无意识的种种衍生物中，重构那种决定了病人的自由联想的无意识。①

除了留声机以外，打字机 – 女打字员（正如前文所述，这二者总是一同出现）在这部小说中也占据了引人注意的位置，这集中体现在小说中最重要的女性角色米娜·哈克（Mina Harker）身上。在小说中，米娜·哈克的形象不仅被描绘为一位典型的维多利亚时代的"新女性"（New Woman），更重要的是，她掌握着"打字"这项至关重要的新媒介技术（正如前文所述，这两方面是密不可分的）。打字机（机械 – 女性书写）与传统书写所构成的标志着话语网络转型的"二项对立"，在小说中精确地体现为米娜·哈克与她的丈夫乔纳森·哈克这对现代（而非"浪漫主义"）意义上的"夫妻"。作为一名律师，乔纳森·哈克自始至终只用笔来进行书写，因为它还活在上一个（男性 – 书写的）话语网络之中，而正如基特勒所言，米娜·哈克在小说中的位置远比她的丈夫更为重要，因为她相当于"一个巨大的信息网络的中继站"②，换言之，是米娜·哈克及其所使用的打字机串联起了小说《德古拉》（或"话语网络 1900"）中的诸多重要的话语节点。由于篇幅所限，我们只需指出，在小说中的这场对抗来自罗马尼亚的德古拉公爵的"帝国反击战"之所以能够获得胜利，最关键的原因并不在于吸血鬼猎人范海辛或乔纳森·哈克等男性角色，而是在于掌握着打字机的米娜·哈克。首先，正是米娜作为一名打字员／速记员的"职业技能"帮助苏华德医生转写（transcribe）并最终破译出了他记录在留声机里的那些关键的"情报"。换言之，如果没有打字机对留声机的媒介换位，如果没有象征界对实在界的重新"翻译"，苏华德医生在其留声机中对关键信息（即兰菲尔的疯话背后所指涉的"主人"德古拉）的"存储"

---

① Geoffrey Winthrop-Young, *Kittler and the media* (Oxford: Polity Press, 2011), pp. 67–68.
② Friedrich Kittler, *Discourse Networks 1800 / 1900*, p.354.

也只能是无用之功,因为只能通过理性－语言来思考的人类是永远无法"读取"这些噪音－数据的。而在一个关键的情节中,德古拉在苏华德医生的房间发现了他的留声机以及米娜所记录的打字稿,德古拉于是将敌方情报机构的设备与文件都付之一炬——在这之前他已经烧掉了乔纳森·哈克的手稿——但是却没能取得预期的效果,因为米娜早已(根据她的职业习惯)把她的打字稿"复印"了三份,正如基特勒讽刺的评价:"秘书们不仅对信息进行校对与分配,在每个夜晚她们还要把这些中性的、虚无的能指锁入保险柜。"换言之,古老欧洲的"火焰"虽然可以摧毁传统的手稿和使用蜡柱制成的早期留声机,但是却对本雅明所谓的"技术可复制性时代"的机器书写技术(打字机)无能为力。

而在基特勒的分析中,小说中的另外一位主要的女性角色露西·薇斯特拉(德古拉的"受害者"中唯一的英国女性)恰好成为了米娜·哈克的对立面,这两位女性人物的截然对立也正意味着"在1890年的话语－技术条件下,女性拥有两种选择:打字员或吸血鬼"[1]。露西·薇斯特拉的"双重人格"(她的精神病与吸血鬼症状只在夜晚发作,白天则恢复为和米娜相似的使用打字机的正常女性)只是进一步强化而不是取消了这种二项对立。换言之,作为"打字员"的米娜,与作为"吸血鬼"的露西,代表着19世纪末"新女性"的两种可能路径,而这二者又非常准确地呼应着"浪漫主义"时期的旧话语网络中的两极女性形象,正面的一极是"母亲",负面的一极则是"癔症患者"(hysteria)[2]。而这二者都归因于浪漫主义时代的男性书写系统,因为在该系统中,对于任何女性而言,或是服从"浪漫主义"话语生产的反向建构,其结果将是作为不可自我言说的"母亲"被排除在话语网络之外;或是冒险去进行自我言说,其结果将是作为"歇斯底里"的精神病人被排除在话语网络之外。但是,随着打字机技术的历史性介入,浪漫主义

---

[1] Friedrich Kittler, *Literature, Media, Information Systems: Essays*, p.70.
[2] 作为弗洛伊德的精神分析研究的起源的"癔症",在当时只针对女性。

传统中的性别秩序分崩离析,因而在"话语网络1900"中催生出两种相反相成的"新女性":

> 有一些女性,在专制能指的影响下,开始书写并记录她们自己的欲望。总是出现在同一位置的双重咬痕,正如露西·薇斯特拉从德古拉的牙齿或打字机的针头所获得那样,将由她继续传向其他人的脖子。所以,"新女性"证明了,即使在她们死后,欲望(正如《梦的解析》的最后一句话所宣称)是坚不可摧的。
>
> 而另一些女性,由于她们的打字职业,不再把书写托付给男人或作者。中性的机器终结了鹅毛笔与纸、精神(Spirit)与自然母亲之间的情欲神话。米娜·哈克的打字机不复制专制能指的咬痕,而是复制无差别的纸:手写的或打印的,爱的宣言或地政局的条文。速记员们不再有空闲着的手,因此不再能够拿起缝衣针或摇篮,即女性或母亲的象征。①

最后,一个顺理成章的问题是:如果《德古拉》是一则关于"话语网络1900"时代的媒介技术的整体寓言,那么为何在其中没有出现"电影"这一同样重要的技术媒介?实际上,在《德古拉》的整个故事中,不仅包括了具有关键意义的留声机与打字机,也包括了诸如电话和电报等各种19世纪末流行的新媒介技术,但确实始终不见"电影"的踪迹。然而,这个问题自身其实已经包含了它的答案,正如基特勒敏锐地指出,电影媒介的确被斯托克的《德古拉》系统地排除在外,但这并不意味着电影没有其自身的位置。换言之,对于《德古拉》这部小说而言——基特勒又一次进行了"元层面"的独特解读——电影的缺席也同时暗示了电影的存在,更准确地讲,电影的位置就位于"小说的终结"之后,这既是指小说的叙事情节意义上的"终结"(德古拉最终

---

① Friedrich Kittler, *Literature, Media, Information Systems: Essays*, p.71.

被吸血鬼猎人杀死）之后，也是指"小说"这一媒介形式的历史性"终结"之后。因为，正如前文所述，在19世纪末传统"文学"已经被三大技术媒介所替代，而用以给大众/读者提供想象性幻觉的"小说"随着爱迪生与卢米埃尔兄弟的发明也已经不可避免地被"电影"这一新兴的文化娱乐–媒介技术形式所取代，而这恰恰是《德古拉》这部小说最后的命运——众所周知，紧随着斯托克的小说《德古拉》之后的，是贯穿了整个20世纪历史的诸多电影版《德古拉》（以及无数以其为原型的"吸血鬼电影"）；而另一方面，如果回到小说情节内部，有些读者认为小说版《德古拉》的结尾暗示了德古拉并没有被"彻底"杀死，而基特勒对此的回应是，德古拉的确没有死，但这正是因为在之后的无数吸血鬼电影中，德古拉的形象被持续不断地复制再生产（换言之，德古拉将在银幕上一次又一次地被"杀死"）。因此，恰恰是"电影"这种（在原著小说中缺席的）媒介技术使得作为传说中的"不死者"的"德古拉"真正地、永恒地成为了"不死者"。

文化转场:《汉文指南》案例研究

刘 曼

摘 要:法国汉学家儒莲在 1869 年至 1870 年间出版了汉语语言学方面的著作《汉文指南》。儒莲保留了印欧语言中的语法术语用以说明汉语的一些语法现象,这使西方人更容易接受汉语,也使得文化转场成为可能。而在句法的描述过程中,儒莲也通过引入汉语语法术语,并通过文本对照分析等方法尽量按汉语自身特点来还原其本来面貌。

关键词:《汉文指南》 "位置准则" 文化转场

法国汉学家儒莲(Julien, Stanislas, 1799—1873)在 1869—1870 年间出版了汉语语言学方面的著作《汉文指南》(Syntaxe nouvelle de la langue chinoise)两卷。该书如标题所写"fondée sur la position des mots",是以"字词的位置"为基础来分析和归纳汉语语言规则的,作者认为这种"代替语法上屈折变化的'位置准则(les règles de position)'可大大降低对用古文或古老文体风格撰写的中国书籍的理解难度"[①]。儒莲在书中指出马士曼(Marshman, Joshua, 1768—1837)在 1814 年出版的《中国言法》(Elements of Chinese grammar)

---

① Julien, Stanislas, Syntaxe nouvelle de la langue chinoise fondée sur la position des mots, suivie de deux traités sur les particules et les principaux termes de grammaire, d'une table des idiotismes, de fables, de légendes et d'apologues traduits mot à mot, vol. 1(Paris: Librairie de Maisonneuve, 1869), avertissement de l'auteur, p. vii.

中首次提出"汉语语法的全部在于位置"①的观点,但他将过多的笔墨用在了讲述与每段引文相关的历史故事和汉语与梵语、希伯来语的比较上,并没有用充足的例证来阐明这一敏锐的发现。②而儒莲将这一"位置准则"的观点践行在了自己对汉语的研究和教学中。

《汉文指南》共两卷,第一卷共 422 页,第二卷共 438 页。第一卷除去开篇的"题献""读者导读"和"汉语新句法引论"外,正文共分为四个部分:名词和形容词;动词和副词;部分虚词专论;专论增补,书的末尾附有目录和勘误表。其中专论增补部分所占篇幅最长,共 262 页,主要论述了汉语虚词和语法主要术语、古文中构成俗语或特殊表达的虚词目录、由梵文翻译成汉语的 45 条印度寓言及助于理解和翻译古文的逐字解析。第二卷开篇即是目录,除去"题献"、"前言"和中间穿插的"读者导读""增补订正"外,正文也有四个部分:对鲍狄埃(Pauthier, Guillaume, 1801—1873)翻译的有关印度的中文段落的批评研究;小说《玉娇梨》中最精彩短语字典;五幕悲剧《赵氏孤儿》中前三幕对话的逐字翻译;不同学者对《汉文指南》第一卷的评价。书的最后附有儒莲的出版著作列表。参见表格一。

《汉文指南》论述的主要内容是汉语的句法,这一点从此书的法文标题即清晰可见。中文书名是作者效仿一本名为《蒙古指南》的对话集而给出的,③法文书名是 Syntaxe nouvelle de la langue chinoise,直译为《汉语新句法》。从书名可看出儒莲的研究对象是句法,介绍分析基于"位置准则"的汉语语法规则,修辞已不在其研究范围。

---

① 原文为 " The whole of Chinese grammar depends on position ",引自 Julien, Stanislas, *Syntaxe nouvelle de la langue chinoise fondée sur la position des mots, suivie de deux traités sur les particules et les principaux termes de grammaire, d'une table des idiotismes, de fables, de légendes et d'apologues traduits mot à mot*, vol. 1, avertissement de l'auteur, p. viii.
② Ibid.
③ Ibid., p. vii.

表1　《汉文指南》两卷主要内容

第一卷	页数	第二卷	页数
题献、读者导读	5	题献、目录、前言	5
汉语新句法引论	9	对鲍狄埃翻译的有关印度的中文段落的批评研究	132
第一部分：名词和形容词	33	关于 *Exercices pratiques*① 的读者导读	8
第二部分：动词和副词	25	小说《玉娇梨》中最精彩短语字典	268
部分虚词专论	81	五幕悲剧《赵氏孤儿》中前三幕对话的逐字翻译	98
专论增补（汉语虚词和语法主要术语专论、古文中构成俗语或特殊表达的虚词目录、由梵文翻译成汉语的45条印度寓言及助于理解和翻译古文的逐字解析）	262	增补、订正	1
目录	3	不同学者对《汉文指南》第一卷的评价	27
勘误表	6	儒莲的出版著作列表	2

在第一卷的"汉语新句法引论"中，一开头儒莲便明确指出汉字都是单音节的（monosyllabique），无性数格变化（indéclinable），亦无动词变位（inconjugable），但汉语并没有因此而比其他富于屈折变化的语言艰涩难懂。在西方世界所熟知的希腊语和拉丁语中，语言中没有性数格时态的变化几乎是不可能的，而面对这样一种使用人数众多的独特语言，它是靠什么被世代相传使用至今的呢？儒莲分析得出这种表象并不完美的语言之所以能够清晰表达思想，使得中国作家两

---

① 儒莲于1842年发表的另一部关于汉语词法、句法的语法书，此书全名为 *Exercices pratiques d'analyse, de syntaxe et de lexicographie chinoise*。

千多年来可以在不计其数的著作中探讨人类精神的各个科学课题和文学课题，并被几乎半个文明世界使用至今，就在于名词和动词的变化，是他们赋予了古老的语言以精准。正是这种字词的相对位置决定了他们的语法角色，使书面语或者口语清晰达意。[1]儒莲也解释为了更好地展示汉语中由于位置变化和搭配组合的不同而带来的语法意义的变化，他只能借用拉丁语和梵语中的语法术语来描述这些语法规则。

从第一卷的内容篇幅上来看，名词、动词和虚词是其论述的重点。为让西方人通过他们所熟悉的语法体系来了解汉语，儒莲借用了拉丁语法术语对名词和动词进行了描述。他将名词分为四类：第一类，表人或事物的名词，如"人""山""水"；第二类，来源于动词表示动作或想法，如"行""见""愿"；第三类，由通常被用作形容词的词派生而来，如"富""贫"；第四类，由一个主动动词（verbe actif）或中性动词（verbe neutre）与"者"组合而成，如"使者""死者"。并重点举例介绍了名词的主格（nominatif）、属格（génitif）、与格（datif）、宾格（accusatif）、呼格（vocatif）、夺格（ablatif）、位置格（locatif）、工具格（instrumental），其中"主格、属格、与格、宾格、呼格、夺格是借用拉丁语法的概念，位置格、工具格是从梵语的语法概念中引入的。而使用这些术语是效仿了斯蒂芬·恩德里希（Endlicher, Stephan Ladislaus, 1804—1849）和江沙惟（Gonçalves, Joaquim Afonso, 1781—1841）的做法，儒莲认为如果不借用这些约定的语言，就无法探究汉语语法。"[2]在描述动词时，儒莲按照欧洲人的习惯把汉语中的动词分为主动动词（verbe actif）、被动动词（verbe passif）、中性动词（verbe neutre）、施动动词（verbe factif/causatif）和无人称动词（verbe impersonnel），并分析了汉语中

---

[1] Julien, Stanislas, *Syntaxe nouvelle de la langue chinoise fondée sur la position des mots, suivie de deux traités sur les particules et les principaux termes de grammaire, d'une table des idiotismes, de fables, de légendes et d'apologues traduits mot à mot*, vol. 1, avertissement de l'auteur, pp. 1-2.

[2] Ibid., p. 9.

动词的人称、语式和时态（des personnes, des modes et des temps des verbes）。使用拉丁语法术语来描述汉语语法并不止上述学者，马若瑟（Prémare, Joseph-Henri Marie de, 1666—1736）所著《汉语札记》（Notitia Linguae Sinicae）同样也是在拉丁语法的框架下介绍了汉语中的词类，将词类划分为名词、代词、动词、形容词、副词、介词几大类，并举例介绍了汉语中名词的属格、与格、宾格、呼格和夺格，名词的复数，量词，实体名词和形容名词等，动词同样也被分为主动、被动和中性三类。他们虽都借用了印欧语言中的语法术语来描述汉语语法，但也同时强调了基本没有形态变化的汉语自身的独特性，只是借助这些术语用以说明汉语中功能对等的语法现象。例如，在介绍名词的与格时，儒莲指出中国人表示与格的两种方式是位置和介词。如果一个动词表示"给""允诺""对……说"时，表人的名词，作为与格上的间接宾语置于动词之后，而给的东西、承诺的东西、说的话等直接宾语置于间接宾语后面。"于""於""乎"是经常用来表示与格的介词。儒莲还举出清代《古文渊鉴》中的例句"可使同乎龙逢比干矣"来说明与格的标记介词"乎"。同样，位置格和工具格的表达也是通过位置和介词来实现的。而在宾格一节中，儒莲详细介绍了"於""于""乎""以""是"这五个宾格标记。最简单的宾格的位置就是紧随动词之后，第二个位置是直接宾语出现在动词前后，宾格置于"於""于""乎"特别是"以"之后。"於"和"于"作为宾格标记时用法一样，宾格一般都置于其后。而当一个主动动词的直接宾语被由一个或多个词组成的属格将其和"於"隔开时，"於"依然是宾格标记，句中有无"於"都不会影响句子的意义。比如《孟子》中"尽于人心"意思是尽人的心，"心"是"尽"的直接宾语，两者被属格"人"隔开，"人"前面的宾格标记"於"又将"心"和动词"尽"关联在一起用来标明"心"是"尽"的直接宾语。"寡人尽心"中没有用到"於"，意思是我尽我的心。"於"和"于"的情况也完全适用于"乎"，句中有无"乎"

意义都不会改变。① 而儒莲认为最重要也是其最得意的发现就是"以"作为宾格标记的语法意义和功能。他提到这一点在 Basile、Morrison、Gonçalvez 和 Medhurst 的字典中未曾涉及，且在当时出版的汉语语法书中也都未曾提到。卫三畏（Williams, Samuel Wells, 1812—1884）在其 1856 年出版的字典《英华分韵撮要》采录了他的观点，提到"以"和"於、于、乎"一样有宾格标记的属性。② 儒莲还说明了现代汉语中的宾格标记"把"和"将"跟古汉语中的宾格标记"以"其实是对应一致的，比如《孟子》第二章 52 页的"以仁存心"就可以理解为现代汉语中的"把仁存於心"或者"将人存於心"。③ 从以上儒莲的分析可看出，他对汉语中名词"格"的描述主要是围绕"位置"（也就是语序）和介词这两点展开的，而汉语正是通过语序和介词来完成所谓"格"的功能的，语法术语是借用西方所熟知的，但所展示的汉语语法现象和规则都是从汉语自身的特点出发的。在分析动词时，儒莲依然突出各类动词的不同位置特征以及由于位置的变化引起的词类间的转换。例如，儒莲指出施动动词是借助一个名词或是一个中性动词来确定其位置的，"霸"在《孟子》一书中既可以用作名词也可以用作动词，"大则以王，小则以霸"中"霸"就变成了中性动词，"王"通过位置变化成了中性动词，其发音发生了变化，但人们还是通过位置来判断其词性而非音调。④ 对于屈折变化非常明显的印欧语言，这种位置的变化一定会同时产生形态的变化，而作为非屈折语的汉语，动词并没有发生形态变化。儒莲强调单音节汉字都是没有动词变位的，不能第一眼就孤立地将其归为主动动词、中性动词、被动动词或是施动动词，但如果了解其组合方式，便能知晓动词的不同形式。

---

① Julien, Stanislas, *Syntaxe nouvelle de la langue chinoise fondée sur la position des mots, suivie de deux traités sur les particules et les principaux termes de grammaire, d'une table des idiotismes, de fables, de légendes et d'apologues traduits mot à mot*, vol. 1, avertissement de l'auteur, pp. 15-20.

② Ibid., p. 20.

③ Ibid., p. 21.

④ Ibid., pp. 44-45.

关于形容词的位置规则，儒莲特别提出了一些非常重要的例外情况，也是他本人认为在汉语语法上的全新发现。第一，一些单音节修饰语组合词序是固定不变的。比如"多少""高下""好歹""清浊"，中国人是不说"少多""下高""歹好""浊清"的。第二，有一些双音节的修饰语也是同样不能被改变次序的。一般规则下，形容词和所修饰名词的对应关系都像"天地玄黄"①一样，第一个形容词"玄"对应第一个名词"天"，第二个形容词"黄"对应第二个名词"地"，意思是"天是玄的，地是黄的。（le ciel est bleu, la terre est jaune.）"②但也有例外情况，如"阴阳清浊"。第一个修饰语"清"和第二个名词"阳"相关联，第二个修饰语"浊"和第一个名词"阴"相关联。因为对于中国人来说，"阴"是"femelle"，象征着愚笨和不纯洁；而"阳"是"mâle"，象征着精明和纯洁。"清"是纯洁，"浊"是不纯洁，所以"阴"对应"浊"，"阳"对应"清"。但"阴阳"两个名词的顺序和"清浊"这两个修饰语的位置都是不能改变的，因此，我们不能说"阴阳浊清"或是"阳阴清浊"，不能如此表达的原因儒莲解释为"汉语中不存在'阳阴'和'浊清'这样的组合"③。再如《易经》中的"卑高以陈，贵贱位矣"。"卑"意为"下（bas）"，代表"地（la terre）"，"高"意为"上（haut）"，代表"天（le ciel）"。而"贵"意为"高贵的（noble）"，"贱"意为"卑劣的（vil）"。第一个形容词"贵"对应的是第二个字"高"，而第二个形容词"贱"对应的是第一个字"卑"。不写作"卑高贱贵"或者"高卑贵贱"，也是因为汉语中不存在"贱贵"和"高卑"的说法。我们在这里暂且不探究形容词这种位置次序形成的深层次原因，单就一本欧洲人编写的汉语语法书这个层面来看，作者不仅详细总结了普遍的规则，还注意到这

---

① 出自《千字文》。
② Julien, Stanislas, *Simple exposé d'un fait honorable odieusement dénaturé dans un libelle récent de M. Pauthier*（Paris: Benjamin Duprat, 1842）, p. 106, p. 108.
③ Ibid., p. 108.

些例外，而且对汉语语法规则的敏锐捕捉已经透过语言现象本身触及到文化和思想层面。

另一个论述重点即虚词，第一卷共 422 页，关于虚词的部分就占了 223 页。儒莲认为，想要轻松读懂古文，只介绍名词和动词的位置原则是不够的，他注意到在古文中有一些出现频率很高、意义又丰富多变的字给理解带来了很大的困难，因此，他将这些字重要但不太为人熟知的诸多用法通过经典例句、忠实翻译和细致分析在专论中呈现出来。主要论述了"之""以""所""为""者""而""与""诸"八个字的众多用法。① 其中"以"字就列出了 34 类用法和"以"后置（post-position）的情况（包括一个字+"以"，两个字+"以"，三个字+"以"，四个字+"以"，五个字+"以"，六个字+"以"）。而"为"和"与"，还按照声调的不同进行了分类论述。而在"汉语虚词和语法主要术语专论"中，儒莲大量引用了清代王引之的《经传释词》中关于虚词的研究成果，尤其是"比例而知、触类长之"② 的虚词研究方法。《经传释词》是一部出版于 1789 年的古汉语虚词研究专论，全书十卷，共收录 160 个虚字，一字为一条，有些条目不止一个字，实际上共收录有 248 个字。王引之运用"因声求义"、"比例而知"、"依文作解"等方法对被认为"难释"的虚词进行了系统地研究。③ 儒莲从中节选了 47 个虚字（包括"一""不""且""之""乃""也""于""云""亦""伊""以""攸""其""厥""可""台""夷""如""安""宁""已""庸""思""惟""恶""或""所""斯""於""有""洪""焉""然""无""爰""为""犹""独""用""由""当""而""与""若""言""谓""岂"）加入到《汉文指南》中，内容有大幅删减和微小改动，但援

---

① Julien, Stanislas, *Simple exposé d'un fait honorable odieusement dénaturé dans un libelle récent de M. Pauthier*, pp. 73-149.

② 王引之在《经传释词·自序》中云："盖古今异语，别国方言，类多语助之文，凡其散见于经传者，皆可比例而知，触类长之，斯善式古训者也。"

③ 吴礼权：《王引之〈经传释词〉的学术价值》，《古籍整理研究学刊》，1995 年第 4 期，第 45 页。

引例证均照搬自《经传释词》并清楚标明典籍来源，单字和双音节字有注音，其余所引例证没有注音，例句后附法文译文，部分例句还附有满文译文以及理雅各（Legge James，1815—1897）的英文译文和 P. Lacharme（17..–18..）的拉丁译文，此章节没有带有数字编号的字对字翻译。儒莲沿袭了王引之对虚字的训释方法，照搬了《经传释词》中的互文同训法，用虚字来解释虚字，用声音相同或相近的虚字互相解释，如，"由"用作"以""用"，还可写作"犹"或"攸"，都是同义词。① 但内容上只选取了每个虚词较为重要或者难理解的用法逐条阐释，或详或简，而释义的角度还是在突出同一虚词由于所处位置的不同语法意义和功能会产生变化的位置原则。另外，儒莲还引用了一些王引之在书中所用的语法术语。吴礼权② 总结出《经传释词》中为虚词立名目有150次之多，其中包括对前人已立名目的引用。命名的标准较复杂。有与具体事物的，如"别事词""状事之词""比事之词""申事之词""指事之词"等；有从表达的语气出发立名目的，如"应词""愿词""问词""疑词""惊词""急词""叹词"等；有从语词的用途出发的，如"连及之词""更端之词""承上之词""起下之词"等；也有据词序的，如"语已词""语末助词"等。尽管标准不一有混乱交叉之失，然而可以从中窥出王氏关于虚词分类的踪迹和语法思想。③ 儒莲所引用的语法术语，有些有中文和法文两种表达，有些只有法文，有些只有中文。比如："语助/语之助/助语（particule auxiliaire/mot auxiliaire/caractère auxiliaire/signe auxiliaire）""发声/发语词（mot initial）""particule explétive/mot explétif/caractère explétif""particule relative""particule prohibitive""语已词（particule finale）""particule interrogative/finale interrogative/marque d'interrogation/signe d'interrogation"

---

① 《经传释词》卷一原文为：《广雅》曰："由，以，用也。"由、以、用，一声之转，而语词之用亦然。字或作"犹"，或作"攸"，其义一也。
② 吴礼权：《王引之〈经传释词〉的学术价值》，《古籍整理研究学刊》，1995年第4期。
③ 同上书，第42页。

"欢美之词（particule admirative）""terminaison adverbiale""marque du futur""marque du génitif""marque d'impératif""愿词""发端欢词""状物之词""状事之词""比事之词"。这是儒莲在书中第一次用中国文献中的语法术语来解释汉语。值得注意的是，在《经传释词》中这些虚字是以音序排列的，而儒莲是以 214 部首为序排列这些虚词的。同样，在古文中构成俗语或特殊表达的虚词目录中，儒莲也没有按照汉字拉丁字母的注音来排序，而是按照 214 部首的顺序排列，同一部首下的多个例字也是按照笔画的寡多来排序的，此目录共涉及 54 个部首 82 个汉字，儒莲没有写出部首的字形，而是用法语"CLEF[①]+罗马数字"的形式来指代，这种方式或许也是出于教学的目的希望学习者能更容易地检索。笔者加入了各个部首的字形，形成目录表如下：

表 2　古文中构成俗语或特殊表达的虚词目录表[②]

序号	部首	例字	序号	部首	例字
1	CLEF I 一	上	4	CLEF VIII 亠	亡
		下	5	CLEF IX 人	以
		不			何
		且			使
2	CLEF IV 丿	乃	6	CLEF X 儿	先
		久	7	CLEF XII 八	其
		乎	8	CLEF XV 冫	况
3	CLEF VII 二	于	9	CLEF XVI 几	凡
		云	10	CLEF XVII 凵	出
		五	11	CLEF XVIII 刀	前

---

① 法文"部首"的意思。
② 第 40 条"毕"（畢）儒莲原文将其归入了"CLEF CIX"，即"目部"，应属笔误，此字应归为"CLEF CII 田"。

续表

序号	部首	例字	序号	部首	例字
12	CLEF XXX 口	右	27	CLEF LXXII 日	日
		可			明
		唯			是
13	CLEF XXXVII 大	奈	28	CLEF LXXIV 月	时
		奚			有
14	CLEF XXXVIII 女	如	29	CLEF LXXV 木	未
15	CLEF XXXIX 子	孰			末
16	CLEF XL 宀	安	30	CLEF LXXVII 止	此
		宜	31	CLEF LXXVIII 歹	殆
		害	32	CLEF LXXX 毋	毋
		宁	33	CLEF LXXXI 比	比
17	CLEF XLI 寸	将	34	CLEF LXXXV 水	没
18	CLEF XLIX 己	已	35	CLEF LXXXVI 火	焉
19	CLEF LII 幺	几			无
20	CLEF LIII 广	庸	36	CLEF LXXXVII 爪	为
21	CLEF LX 彳	后	37	CLEF LXXXIX 爻	尔
22	CLEF LXI 心	意	38	CLEF XCIV 犬	犹
		恶	39	CLEF CI 用	用
23	CLEF LXII 戈	我	40	CLEF CII 田	由
		成			毕
24	CLEF LXIV 手	抑	41	CLEF CIX 目	看
25	CLEF LXVI 攴	故			相
		敢	42	CLEF CXX 糸	终
26	CLEF LXX 方	於	43	CLEF CXXV 老	考

文化转场：《汉文指南》案例研究

续表

序号	部首	例字	序号	部首	例字
44	CLEF CXXX 肉	胡	49	CLEF CLI 豆	岂
45	CLEF CXXXII 自	自	50	CLEF CLX 辛	辟
46	CLEF CXXXIII 至	至	51	CLEF CLXI 辰	辱
47	CLEF CXXXVIII 艮	艮	52	CLEF CLXII 辵	通
48	CLEF CXL 艸	若 苟 莫	53	CLEF CLXIX 門	闲
			54	CLEF CLXXII 隹	虽 难
			例字总数		82

为解释汉语中的这种位置准则，作者在第一卷中引用了大量中国古代典籍中的例句。大部分例句在段首或者段尾还标明了出处和章节，有的还标出了页码。儒莲所引用的古代典籍有《论语》《孟子》《大学》《中庸》《诗经》《书经》《礼记》《庄子》《周易》《春秋》《道德经》《史记》《礼记》《国语》《列子》《山海经》《古文观止》《古文渊鉴》《清汉文海》《说文解字》《尔雅》《康熙字典》等等。但其中引用率较高的均为西方学者翻译过的经典著作，如《孟子》《道德经》《诗经》《书经》《周易》等等，而另外一些复现率较高的语料来源也都是儒莲本人的译著，如《百句譬喻经》《千字文》《佛国记》《大唐西域记》等，第二卷中更是大篇幅引用《玉娇梨》和《赵氏孤儿》两部作品作为重要的章节来论述，而这两部文学作品也都是儒莲翻译过的。因此，从语料的集用上来看，《汉文指南》继承了中国古代小学的考据传统，四书五经，诸子百家，小说字书均有涉及，而其中大部分语料都取自西方汉语学者翻译过的中国典籍。

儒莲在第一卷描述"位置准则"时，不仅用法语、拉丁语、希腊语中的对等词或对等语法现象来辅助解释和对比分析，还借助了汉语与英语的对比以及满文的译文来展示汉语的独特性。例如，在引论中分析阐释汉语中同一个字由于位置不同或者搭配组合的符号（signe）不同，意义和功能都会发生变化的现象。作者以汉语中的"治"为例来说明，若这一动词放在名词前面，如"治国"，就是治理国家的意思；若放在名词后面，如"国治"，就是国家被治理的意思；而在"史治"中，"治"又变为名词，意为管理。此处，作者并没有在拉丁语或者法语中找出类似的例子来进行对比，而是举出英语中的"set"因搭配词语的不同而产生的意义或者说语法功能的变化来进行对比分析，他认为以英语中的这个词为例能更好地解释和再现汉语中位置规则的特性。"set"可作动词，表放置，如"To set a thing on the table"；可作形容词，表固定的，如"His eyes are set"；还可做名词，表一套，如"A set of books"。也是同一个词由于搭配关联词语的不同，意义随之发生变化，如在"play a set"，"dance four sets"中表示一轮、一组；在"at set of sun"中表示日月的落沉；在"To be at a dead set"中表示决定、决议。弗里德里希·马克斯·缪勒（Müller, Friedrich Max, 1823—1900）发表在《时代》（Times）上对《汉文指南》的评价一文中提到，儒莲在描述汉语的独特性时，为求更接近汉语，更多地借助了英语而非法语来进行对比。缪勒认为没有比这种类比法更好的方法来阐释汉语的这一特性了，但唯有儒莲使用的这一方法毫无疑问是出于汉语教学的实用目的。[①] 甲柏连孜（Gabelentz, Hans Georg Conon von der, 1840—1893）在对《汉文指南》的评价中也提到，作者时常给出引例的满文译文，对体现汉语文本的精妙有很高的价值，也告诉我们汉学家掌握满语的重要性。[②] 这种多语种的语言对比分析，一方面与作者丰富的语

---

① Julien, Stanislas, *Syntaxe nouvelle de la langue chinoise fondée sur la position des mots, suivie de deux traités sur les particules et les principaux termes de grammaire, d'une table des idiotismes, de fables, de légendes et d'apologues traduits mot à mot*, vol. 2 (Paris: Librairie de Maisonneuve, 1870), p. 418.

② Ibid, p. 431. 原文参见 Gabelentz, Hans Georg Conon von der, "*Han we tchi nan. Syntaxe nouvelle de la Langue Chinoise fondée sur la position des mots suivie de deux traités sur les Particules et les principaux termes de grammaire, d'une table des Idiotismes* by M. Stanislas Julien," in *Zeitschrift der Deutschen Morgenländischen Gesellschaft*（Wiesbaden：Harrassowitz Verlag, 1869）, vol. 23, no. 4, pp. 699-701.

言背景知识有关，另一方面也反映了当时法国对中国语言的接受不仅仅停留在与拉丁语或者与法语的相互审视，而是发展到一个更为广泛的更为普遍的语法范畴。

第一卷的最后是儒莲的一部印度寓言故事译著节选，这些故事是在公元 5—8 世纪由梵语翻译成汉语的，儒莲在中国百科全书《喻林》中抄录并将其翻译成法语。[①] 以 *Les Avadânas : contes et apologues indiens inconnus jusqu'à ce jour*, *suivis de fables*, *de poésies et de nouvelles chinoises*[②]（《百句譬喻经》）为题在 1859 年出版。此处儒莲选取其中他认为最有意思的 45 篇收录在《汉文指南》第一卷。在一部介绍汉语句法的书中出现佛经故事翻译文本，这也印证了金丝燕教授在《中国文学西渡：近代法国对中国的期待视野》中阐释的："19 世纪法国对中国文学的接受开始包含佛典和佛经故事翻译"。[③] 这一部分不是以文学译著的文本排版，而是将每个寓言故事切分为若干含有 20 至 60 多字的段落，每个段落后紧附注音和法文翻译。每个注音都与相对应的汉字标有一致的数字编号，法文翻译并非本段落的完美译文，而是按照法文表达的逻辑顺序排列，并以汉语中"词"为单位隔断开，注音在前，法文翻译在后，有时一个汉语词不只给出一种法文表达，有本义还有引申义。此法是儒莲效仿弗里德里希·马克斯·缪勒在其译著 *Hitôpadêça* 中所用的字对字翻译法。《汉文指南》中对汉语语法规则阐释的体例为先给出准则或者组合公式，然后借助大量的例子逐条说明论证规则，除去汉语虚词和语法主要术语专论一章，每个例子都有字对字的翻译。三字及三字以上的例子，每个字的左上方都标有阿拉伯数字编号，无论例子有无标点，数字编号按照语序从左

[①] Julien, Stanislas, *Syntaxe nouvelle de la langue chinoise fondée sur la position des mots, suivie de deux traités sur les particules et les principaux termes de grammaire, d'une table des idiotismes, de fables, de légendes et d'apologues traduits mot à mot*, p. 72.

[②] Julien, Stanislas（trad.）, *Les Avadânas : contes et apologues indiens inconnus jusqu'à ce jour, suivis de fables, de poésies et de nouvelles chinoises*, 3 vols（Paris: Benjamin Duprat, 1859）.

[③] 金丝燕：《文化转场：中国与他者》，北京：中国大百科全书出版社，2016 年，第 128 页。

至右依次顺延，相对应的注音和汉字标有相同的数字编号。数字编号和而以"词"为单位的隔断翻译可以让读者清晰地看到两种语言不同的语序，即位置的不同，还能让学习者轻松找到两种语言中的对等或近似表达，以及了解古文中词语是如何组合搭配的。儒莲从未到过中国，他的研究是"依据文本中文本之间的关系来确定文本的含义"①，而非依靠"权威注疏来确定文本的含义"②。在《汉文指南》这本汉语语法教材中，他多次提到③这种字对字翻译文本对照法的价值，因为这种方法可以在没有汉语老师的情况下指导学生了解规则。

儒莲保留了印欧语言中的语法术语用以说明汉语中功能对等的语法现象，在拉丁语法的框架下描述汉语中的"位置准则"，这些西方人所熟知的语法术语使他们更容易接受没有屈折变化的汉语，也正是对拉丁语法的借用使得文化转场成为可能。就内容来看，修辞并不在其研究范围，研究对象已转向句法。而在句法的描述过程中，儒莲也通过引入汉语语法术语，按照214部首排序，中国古代典籍例句引用，文本对照分析等方法尽可能地依照汉语自身的特点来还原其本来的面貌。

---

① 程钢：《文献学与汉学史的写作——兼评韩大伟〈顶礼膜拜：汉学先驱和古典汉语文献学的发展〉》，《世界汉学》，2005年第3期，第185页。

② 同上。

③ Julien, Stanislas, *Syntaxe nouvelle de la langue chinoise fondée sur la position des mots, suivie de deux traités sur les particules et les principaux termes de grammaire, d'une table des idiotismes, de fables, de légendes et d'apologues traduits mot à mot*, vol. 1, avertissement de l'auteur, p. ix, p. 72, p. 236.

访谈
Interview
interview

唐诗何为：音乐、生态、救世[*]
——访美国学者弗雷德里克·特纳

万雪梅　钱林森

　　弗雷德里克·特纳（Frederick Turner, 1943—）先生，当代美国颇具声名的跨文化学者、诗人、翻译家。1943年出生于英国北安普敦郡一个知识分子家庭，父母皆为人类学家，他孩提时代曾随父母在非洲中部度过了数年美好时光，自幼深受家学熏陶。1962—1967年，他考入牛津大学（牛津大学基督教堂学院），接受严格的学业教育，获得了学士、硕士和"B. Litt."学位。其间，他与英籍华裔张美琳女士相识，1966年结为终生伉俪。牛津毕业后，遂于1967—1972年，赴美国加州大学圣芭芭拉分校任教（副教授）；1972—1985年，出任肯尼恩学院副教授；1978—1982年，兼任《肯尼恩评论》杂志主编；1984—1985年任英国埃克塞特大学访问教授。此后，他在美国得州大学执教至今，乃得州大学达拉斯分校人文艺术学院创立教授。集学者、诗人、作家、批评家、翻译家于一身的特纳教授，其研究领域涉及文学批评理论、比较文学、人类学、心理学、神经系统科学、社会生物学、口头传统研究、风景建筑、摄影、行星生物、太空科学、表现理论、教育学、生态恢复、政治哲学、计算物理学、科技历史和哲学、翻译理论、听觉学和言语病理学、中世纪和文艺复兴时期文学、博爱理论、媒体研究、建筑和艺术历史等多种跨文化跨学科领域，著译创作甚丰。自20世纪70年代初迄今为止，已在英美牛津大学、诺顿和普林斯顿大学等多家出版社出版了34种各类著译和作品，在《耶鲁评论》《斯

---

[*] 本文为国家留学基金资助项目，"美国文学里的中国梦研究"（［2016］3035-20160832011）和江苏省高校哲学社会科学研究项目，"美国孔子"的中国梦探析（2015SJB830）的阶段性成果。

坦福文学评论》《社会和生物结构杂志》《美国艺术》等近50家期刊发表过不少作品。其主要代表性著作,如诗集《回归》(1979)、《花园》(1985)、《四月风》(1992)、《地狱田园诗》(1999)、《乐园:诗选》(2004)、《达拉斯的祷告者》(2006)、《更多的光》(2017),史诗如《新世界》(1985)、《创世记》(1988)、《世界末日》(2016)等,科幻小说《双重庇护》(1978),莎士比亚专论《莎士比亚的21世纪经济学》(1999),多种跨文化跨学科理论专著如《自然古典主义》(1985,1992年再版)、《价值重生:关于美、生态、宗教和教育之冥想》(1991)、《美:价值中的价值观》(1992)、《生物诗歌学》(1992)、《自然宗教》(2006)以及译著《阴暗处的光亮:800年匈牙利诗选》(和茹然瑠·伍兹凡斯合译,2014)、《唐诗选译》(2009)等。作为知名的跨文化跨学科学者,其建树与贡献已得到公认,研究成果被广泛引用,被聘为美国国家航空航天局(NASA)远程计划组织顾问。作为卓越的"宇宙诗人",[①]已获多项诗歌奖,其诗作已被翻译成汉、法、阿尔巴尼亚、德、日、匈牙利、意大利、马其顿、罗马尼亚、俄、西班牙、土耳其、越南等多种语言,在欧亚各国广为传播,并多次被提名为诺贝尔文学奖候选人。

  相遇特纳教授,并邀其访谈,看似偶然和巧合,实是必然与机缘:早在2012年秋,万雪梅教授首次赴美访学时,我就曾托她为本刊"访谈"专栏组稿,后因各种原因而无果。2016年秋,万教授二次赴美访学行前来电话道别,我便乘兴旧话重提,全权委托她以《跨文化对话》编辑部名义,试邀哈佛大学宇文所安教授,就其唐诗研究接受本刊专访,此议得到她热情响应与支持,并相约要各自预先认真研读宇文先生相关代表著作,保持联络,提前拟定访谈纲目。经半年之准备,今年4月初万教授从美国来邮预报,将赴哈佛拜见宇文先生,于是,我们就加紧磋商,通过多次电邮或电话反复商讨,于7月初,拟就了"唐

---

① Gayle Golden, "Universal Poet: Frederick Turner is shaking the literary world with his ideas about mankind's rightful place in the cosmos", *The Dallas Morning News*, September 2, 1990.

诗何为"的专访提要，不料此时宇文教授已来中国。现场采访宇文先生未果，情急之下，万女士向我力荐她访学导师特纳教授以代之，很快到得特纳先生的积极回应，他及时认真地回答我们共商的问题，促成了此次不期而遇的跨文化专访，真让人喜出望外。如下的访谈文字，由万女士悉心翻译整理，并经特纳先生过目，由《跨文化对话》编辑部几度审读修订获准发表，对特纳先生的慨然赐教和万教授的热心协助，在此一并致谢。现全文刊发，以飨本刊海内外读者，旨在能给读者诸君增添一些新的阅读乐趣和意外的教益。请赶快读一读"特纳教授访谈录"——听一听当今美国文界的"宇宙诗人"对"唐诗何为"的跨文化话题的发言吧！看一看这位知名的西方跨学科学者对熔铸千年中华文化精髓的唐诗到底有何新见与发现，体察一下他对唐诗走进当今世界之任重道远的历史使命与文化担当有着怎样的认识和思考，感受一下他译介唐诗所亲历的鲜为人知的精神历险，分享他钟情中华文化的亲密情感……我想，读者诸君会顿觉眼前为之一亮，或许会情不自禁地发出会心的微笑呢。

——钱林森，2017年9月15日，南京秦淮河西

一、译诗缘起

万雪梅（以下简称"万"）：特纳教授：您好！我非常荣幸能获得《跨文化对话》编辑部委托，对您进行现场专访，也很荣幸您能接受采访。正如您已经知道的，《跨文化对话》自1998年创刊以来，定期出系列学术集刊，刊登海内外有关跨文化方面的学术论文，以及上述领域严肃的学术评论，所论其他专题亦多是跨文化领域、国际学术界共同关注的热点话题。

特纳：谢谢，自你跟我介绍这本杂志后，我就开始关注到，《跨文化对话》确实比较高端、高屋建瓴，我很欣赏，并很乐意回答你们的问题，完成此次你们的专访。

万：使我们感到惊奇的是，您并非汉学家，而是作为西方国家"我们这个时代的重要诗人"①，您是出于何种原因、于何时，又是如何注意到了唐诗，并将其中的一些翻译成了英文？

我们知道一些汉学家，他们对中国的古典诗词较有兴趣，并且在这方面已经发表了不少著作文章，并对中国的古典诗词给予了很高的评价。如法国汉学家戴密微（Paul Demiéville）就认为我们从一首短小的中国古诗中，可以"发现中国浩瀚无垠的疆土、与人类相适应的宇宙，以及从心灵深处发出来的超越语言的低沉的回响……"②甚至，还有汉学家已发现："中国书写语言本身是有力量的，中国文字是通过文字揭示事物隐秘性和启示功能的。"③

同样地，您也许了解更多关于埃兹拉·庞德的文学成就，认同中国古诗对他能推动意象派诗歌运动所造成的影响。目前，来自美国汉学界的宇文所安先生在中国古典文学研究以及唐诗翻译方面亦成果斐然。如他的博士论文就是关于韩愈和孟郊的诗歌的，并且在过去的8年中，他还利用业余时间，翻译了《杜甫全集》（2016）。尽管如此，我们也不能确定您是否知道宇文所安先生。但很可能你读过庞德关于中国唐诗的译文。您对他的翻译评价如何？您的翻译与他的翻译有什么联系与区别？

特纳：我是通过阅读各种各样的唐诗英译本而爱上唐诗的，这些译本如：罗伯特·白英（Robert Payne）的《白驹集》，肯尼斯·雷克斯雷斯（Kenneth Rexroth）和威特·宾纳（Witter Bynner）的翻译等，当然其中也包括埃兹拉·庞德（Ezra Pound）的。我们都应当感激宇文所安（Stephen Owen）一丝不苟、逐字逐句的翻译，他的译本非常有价值，可以在未来有助于人们快步走向真正的唐诗翻译。

---

① Gayle Golden, "Universal Poet:Frederick Turner is shaking the literary world with his ideas about mankind's rightful place in the cosmos", *The Dallas Morning News*, September 2, 1990.
② 钱林森：《引言中国古典诗词在法国》，钱林森主编：《法国汉学家论中国文学——古典诗词》，北京：外语教学与研究出版社，2007年，第V页。
③ 〔法〕金丝燕：《跨文化研究与文化转场的定义》，《民间文化论坛》，2016年第5期，第15页。

说实话，我不太满意我所发现的所有唐诗翻译，因为我感觉到原文有很多丰富得多的内容并没有能够在他们的译文中得到体现。它们在如下几个方面，通常只达到了原文四分之一或二分之一的内容：语言的优雅、音乐般的节奏和韵律，文字的精确，语气的合适和文风的得体等。依我看，庞德的翻译最好，但是他也没有注意到汉语诗歌中的声音，以及固定结构里严谨巧妙的规律性。庞德译本的优点在于它的亲密性，那种自信感——这是他本身作为一名诗人，在翻译时，进入被译诗人的心灵所获得的一种感受。在这方面，毫无疑问，他做得更好，如果不是因为在准确性方面不如那些西方的汉学家或者英语为第二语言的中国学者的话。他的翻译也比那些模仿19世纪浪漫主义诗歌风格的译本要好，或者也比那些想把译文的声音听起来怪异和中国化，而没有考虑到人的本性的翻译要好。诗人所言从本质上讲就在于"人的本性的内容"——那是孩提时代或梦中未能用言语表达的内容，而诗人却必须用自己自然的言语将之传达出来。我以前就确信唯一好的诗歌译本必须包含最后阶段：一位诗人他/她的译文就是他的本族语（母语），他/她本人最初就是一位技艺高超的诗人，也就是说，从他/她这方面而言，他/她非常娴熟于将"人的本性的内容"转换为他们的民族语言。其中，非常重要的是：译者阅读原创文本作者思想的能力，就好比阅读一位亲密朋友的思想一样。当我遇到DengYongzhao的时候，他是我的学生，正在撰写将中西医哲学加以对比的博士论文。我提议我们一起合作翻译一些唐诗，结果发现我们合作得非常好，以至于把他的和我最喜欢的唐诗翻译出来就可以集成册了（请见电子书网页：<http://www.scribd.com/doc/18106542/Poems-from-the-Tang> 2009）。

这些诗歌吸引我花了三年的诗意时光去翻译。我翻译它们不仅仅是出于喜欢，而是在这些诗歌中我已经发现了那种与我本人有着相似的哲学视野。我认为自己天生就是一位道家，或者至少在我孩提时代，当我生活在非洲中部的时候就获得了一种道教主义者观察世界的方式。

正如我在介绍我翻译的唐诗集一样,唐诗是颂扬这世界固有的"气"的。人们也许会说,对唐代诗人而言时间并非衡量空间和纬次的尺度,而是像龙一样的能量,其富有生机、充满活力的每一呼每一吸,都能使每一条嫩枝改观和每一片雪花闪亮。"气"不仅仅是动态的、产生于时间中,而且也是时间本身的核心属性。"气"既是热力学中构成时间的熵的增长,也是发生于进化过程中自我组织的成长信息。那美的体验,那每一首唐诗里的顿悟给人的颤动,就是这种充满希望和力量的能量以及这世界永恒黎明的见证。

在杜甫的《春夜喜雨》中,和风、细雨、乌云的躁动一下子消融于最后两行——春天的黎明,突然间带露的鲜花充满眼帘、人类的城市尽现眼前:

> 好雨知时节,当春乃发生。
> 随风潜入夜,润物细无声。
> 野径云俱黑,江船火独明。
> 晓看红湿处,花重锦官城。

经典唐诗这五字一句、两句一行、八句四行的独特格式,正是这神秘的、自然之气的示例。第一行就展示了这首诗的"道",它从先前无名的沉默中浮现出来。第二行,通常与第一行形成对仗句,结构精妙,互相对照,或阳或阴,或阴或阳。第三行和第四行回荡着第一、二两行的气韵,但意义上有更深了一层。这样,下面两行四句,具有第一、二两行四句的主题,但是以不同的意义和不同的尺度展开。普遍变成了特殊,而特殊又突然之间广泛为更为浩瀚的辽阔场景;这两种中无论哪一种情况,无论是宏观形式还是微观形式,他们的"缩放比例"或"自相似"性,正如分形几何学家所指出的那样,突然回到脑海。但在最后一行,尽管它与这首诗中前面某个关键的结尾处有所押韵,通常会推出某个更深的际遇或发展,使读者处于他/她自己能努力发现的、具有妙不可言的胜境。这整首诗就是一个2行的2×2×2的立方体，让人想到它幂定律般的深刻意蕴。

万：唐诗给您的体会，确实很奇妙，将我们引领进了一个几乎未曾想到过的世界。我数了一下，在您选译的所有中国古典诗词中，唐诗共145首，宋词2首，现在我想问的是，您从所有的唐诗中选译这将近150首的依据是什么？

特纳：我们选择诗歌进行翻译的时候，考虑到了几下六个方面的标准：1. 它们是唐诗中的经典之作；2. 时间跨度较大，从唐朝初年到唐朝末期；3. 大小诗人的作品都翻译了，只是大诗人的作品着力较多，同时也试图对一位特定的诗人在主题和情感方面全面体现；4. 选材广泛，不仅仅是重要诗人的诗歌；5. 所译诗歌既有哲学趣味，又有诗学之美；6. 我们既喜欢这些诗，同时也被这些诗所感动。

二、唐诗与中国文化

万：中国是诗的国度，唐诗在体现中华民族的文学艺术精神和传统方面达到了高峰。通常，我们可以认为中华文明的主要根源为儒释道，同样地，我们也发现一些唐代诗人，他们的思想与儒释道相通，比如杜甫，我们认为他是一位现实主义诗人，但同时我们也认为他具有儒家的入世思想，具有深切的忧国忧民的情怀。我们很高兴地看到你选译了杜甫的24首诗——在那么多唐代诗人中，他的入选数目是最多的。就不知您对他的评价如何？

特纳：杜甫是世界上最伟大的诗人之一，你刚才说得对，这让我想到他的伟大，部分由于他将中国三大宗教——儒教的社会道义感，道教的自然主义以及佛教的神秘精神等天衣无缝、精致优雅地融合在一起，并且具有非常强烈的效果。

我个人深深地感到与杜甫一见如故。他就像更好的自我，这个自我是我愿意成为的、哪怕片刻如他一般慷慨大方、忧国忧民和慈悲仁爱也好。他表明讽谏可以成为善良的一部分，表明伟大的勇气可以与谦虚谨慎、深切同情与高贵公正相并存。他是儒家，具有神圣的使命感，助人为乐，慈悲仁爱，忧他人之忧，乐他人之乐。因此，他驾驭诗歌形式的艺术方式不是居高临下、统治臣服，而是对中国诗歌传统和自然本身的双重奉献给与、体贴入微。他的自然之诗不仅是他表现自己聪明才智的一种方式，而且也是试图替风、花、柳、鸟和河流等表达他们的语言。我们也可以说他是道家，因为他把自己看作自然的一部分。其实他的思想境界远远超出了儒家和道家，我们可以说他是释家，因为他知道个体的消失不过意味着灵魂的解放而已。他的冥想诗使我感到清净，并且将我从尘世中解放出来，进入浩瀚无垠、清澈明净的宇宙。

他拥有一种性情，对我而言，非常具有中国特色：这从我的一些中国亲戚身上我也能看到（我的妻子是华裔，因为婚姻，我有了中国亲戚）。这是一种道义上的真挚，这种真诚是智慧的组成部分，而非不成熟的表现。这在目前，尽管罕见，但在一些西方作家的作品中我也能看见，这些作家如乔治·赫伯特、威廉·华兹华斯、沃尔特·惠特曼、托马斯·哈代，也许早期的托尔斯泰也可算上一位，但是杜甫没有晚年托尔斯泰越来越强烈的思想偏见。

万：谢谢您对杜甫这么真挚深入的评价。除了杜甫之外，我们发现您对李白和王维也给予了比较多的关注，当然这也是从您选译诗歌的数量来猜测的，前文已经提到，您选译杜甫的诗歌最多，24首；其次，李白，15首；接着就是王维，14首。在中国文学史上，通常杜甫被认为是"诗圣"；李白为"诗仙"，他是伟大的浪漫主义诗人；至于王维，因其诗歌中的佛教意味、比较明显的宗教倾向以及他在唐朝诗坛上的崇高地位，而被后人称为"诗佛"。就不知您如何评价他们，当您翻译他们的诗歌的时候，您的体会是什么呢？

特纳：我喜欢李白，部分是因为他表达了我通常必须压抑的一个侧面——奇思妙想、酒醉神迷、驰骋空间，用杰克·克鲁亚克（Jack Kerouac）的话说就是"达摩流浪者"。他有一种无法压制的渴望、焦虑、诉求与激情，在这种强烈的情感里，天堂的胜境就近在咫尺，但却永远不能被捕捉，这种情感也是对简洁和珍贵生活的一种奖赏，这也是人有别于其他动物的东西之一。他那熊熊燃烧的、对现实感到绝望的喜剧天赋是不可遏制的。他让我想到中世纪后期最著名的法国诗人弗朗索瓦·维荣（François Villon），也让我想起一些莎士比亚作品中的人物，如《罗密欧与朱丽叶》中的茂丘西奥（Mercutio），又如莎士比亚历史剧《亨利四世》中的放浪形骸、威力无比的福斯塔夫（Falstaff）。

当我较年轻时，曾搭便车穿越欧洲和美国，其时我和任何一位愿意和我一起饮酒的人饮酒，途中既孤独又如在家里，搜寻过某种我从未捕捉并持有的完美。对李白而言就是他在天堂或者不如说是他在仙人的王国里的旅行，这天堂或王国在云层间向他的想象敞开大门。但是这仙境之门很快就关上了，而把人留在门外。我的感觉也是如此。

这听起来是多么狂野和无序，但是伟大诗人的天才，就正如李白所拥有的那样，可以用优美的诗律和技能来驾驭这种混乱。李白的《月下独酌》，让我意识到，这是一首完美的十四行诗——是李白独立创造了这十四行诗的形式，而这比文艺复兴时伟大的欧洲诗人要早大约700年。

> 月下独酌（李白，701—762）
> 花间一壶酒，独酌无相亲。
> 举杯邀明月，对影成三人。
> 月既不解饮，影徒随我身。
> 暂伴月将影，行乐须及春。
> 我歌月徘徊，我舞影零乱。
> 醒时相交欢，醉后各分散。
> 永结无情游，相期邈云汉。

对我而言，王维就是完美的自然诗人。论及那诗歌中纯粹的美，那兼备所有听觉、触觉和视觉氛围等场景的召唤力的营造，没有人可以超出王维。他通过有意义的细节的勾勒，建构了非常小巧的图画，不知怎么地，就囊括了整个世界的感知。他是三位唐代伟大诗人中最具有绘画风格的，他用如此灵巧的小画笔将我们吸引到了他所描绘的场景。

唐诗给予了我们多么美好的、言语艺术的财富呀！虽然我读到它们的时候已是晚年，但是对我作为一名诗人的身份而言，它们来得正当时，它们教会了我：一个人其实并不需要100行去建构一个场景或描绘一件小事，以为这样就可以精确地、强有力地把读者带到他/她所描绘的现场。其实，有的时候，就那么一行就能达到同样的效果，有的时候，也只需要四行，当然细节也必须是精确的。

三、唐诗何为？

（一）音乐

万：我国宋代的苏轼在其《东坡题跋》下卷《书摩诘蓝田烟雨图》中评论唐代王维的作品中指出："味摩诘之诗，诗中有画；观摩诘之画，画中有诗。"也就是说诗歌不仅可以被阅读，也可以当绘画一样的去欣赏。事实上，我想说的是："诗歌中还有音乐。"也就是说诗歌不仅可以被读、被看，还可以被听。此时此刻，突然，我想起了一个问题要问您。在所有的唐诗中，您认为哪一首是写得最好的？当然，由于评判的标准不是很清楚，就算标准清楚的话，不同的学者肯定也有不同的观点，所以这个问题较难回答。但是，的确存在着一首唐诗，被一些学者认为是"孤篇盖全唐"——这便是张若虚（660—720）的《春江花月夜》。

例如，我国20世纪有影响的诗人闻一多，对这首诗就给予了高度的评价，认为其是"诗中的诗，顶峰上的顶峰"。此外，2002年被选为法兰西学院院士的程抱一先生对此也有分析，他"从语言符号学的角度考析了这首诗的韵脚，音调的对称与对偶，字的重复，音乐效果，诗的节奏等内部规律"①，接着再进行历时性和共时性等方面的研究等，最终也同样论证了《春江花月夜》"孤篇横绝"的地位。

这里我谈到这首《春江花月夜》，只是想说明它是一首典型的、具有音乐性的诗歌，以及诗歌的音乐性对其能够脱颖而出的重要性。事实上，中国有一种音乐传统，这不仅体现在唐诗中，而且也体现在中国文化的精神之中，这一点同样可溯源至儒、释、道三教。例如，儒教最基本的内容就是礼和乐；此外，我们还有"移风易俗、莫善于乐"（《孝经》）的说法。

从您的大作《美：价值观中的价值观》（1992）中，我们知道关于音乐，您也有非常独到的思考。至于唐诗中的音乐性及其功能，我们非常想听听您的观点。

特纳：我并不知道《春江花月夜》这首诗，但当我有时间、并能找到一位合译者的时候，非常愿意以我的方式重译一下（我虽兴趣广泛，涉猎多门学科，但我的无知总是令我感到惊奇，好在我总能遇到一些智慧的顾问来帮我填补我知识方面的缺陷）。至于我最喜欢的中国诗歌——我不好说，就像如果问我哪一个是我最喜欢的儿子一样。其实，每一首唐诗我都因为不同的原因而喜欢他们。

古希腊经典作品论及音乐时，也是如此，相信音乐的道德效果。在这次访谈中，我已经被你们谈到的音乐而感动，但关于诗歌中的音乐，也就是韵律学，我还是想讲几句。音乐是声音的艺术，而韵律学是单词发音的艺术。声音本身是时间场里的震动，因此一个人可以说音乐基本上就是时间本身的纯粹的艺术，是"气"的精华。通常，我们能听到的最高音调或音符的频率是20000赫兹，能听到的最低频率是20赫兹。但是，我们也能够听到音色、音质、刮屑声和嗡嗡声，这

---

① 钱林森：《法国汉学家论中国文学——古典诗词》，第X页。

些就组合成我们能听到的节奏以及最初音调的重复变化与修饰音，即所谓的音的"色彩"。尽管如此，在低频情况下，也许在10赫兹的时候（大脑活动的最初频率），我们依然可以听到风雨之声及其韵律，因为这些声音比较接近人的生物节律，例如3赫兹（人的反应频率），1赫兹（心跳频率），或者0.3赫兹（人"在场"的频率和人类比较理想的诗行出现的频率），所有这些又反过来对人类的神经系统有着非常有意义的影响。长一点的韵律，例如昼夜和年代的更替，或者悦耳的运动，或者（在创作方面的）段落、章节以及整个故事等，都有它们的主题特征。音乐就是出自于所有这些有节律的运动，若是人为设计则结构精妙，以便它们能够彼此回应或故意以不同的尺度与之相矛盾，例如，一个简单的音调旋律，接着一个复杂的音色；一个混合了多个声部但却有规律的韵律等等，所有这些不寻常的关系就构成了音乐的律动。

  诗歌的韵律学是这种音乐的特殊情况。诗的韵律受语法和发音的约束，但它的确需要用声调、节拍、音节的长度、每一行音节的数量、诗行和诗节等来规范。可以运用规定音节的结合形式（如长短、轻重、声调变化或不变），也可以运用像押韵和头韵之类的装饰音。在不同的文化领域里，有些因素是有规定的，而其它的方面则属于诗人的艺术范畴。紧凑的格律多，松散的格律少。有些语言，像汉语和越南语，音调使用时是把它作为单词意义的一部分；其他的，像英语和法语，用音调表明语法或逻辑关系的不同或者情感的轻重等。

  所有音乐的关键，言语的或非言语的，是重复和变化。重复就会给听者营造期待感，从而建立一种有音调、有节奏的语言（一支曲调或有规律的一连串敲打等），因此，这种重复与变化，就构成了音乐的意味。一种单调的重复敲打，开始令人舒适，接着让人生厌，再接着就使人愤怒了。那种重复给人的期待一定是一种令人惊喜的矛盾，在意义上，层层递进。而从另一个极端而言，完全缺乏重复，正如在很多现代主义严肃的音乐或现代主义的自由诗里一样，就没有给听者建构期待，因而也不能产生多重意义。这就不能在演奏者和听众之间建立一种共通的语言；可以毫不夸张地说，如果这样的话，听者就不会与表演者合拍。信息理论告诉我们，为使交流成为可能，我们必须建立一种共享的载波频率。信息就是一种有规律的、韵律媒介的变形传输内容，这种韵律媒介如收音机里的无线电波，根据频率和振幅来传播声音信息一样。自由诗依然可以通过词义和语法的既定规则、通过选择不同的词和强调词的特殊意义等方式来与读者交流；但是它不能与读者形成有乐感的交流。音乐和韵律学就是根据右脑的工作程序而来设计的，与语言区在左脑全然不同，因此产生的情感效果也不一样。

对我来说，大多数唐诗翻译存在的问题是，译者忽视了唐诗中最初的音乐性（或者他们尝试时，翻译得比较笨拙，违背了英文诗歌优雅的原则）。我为自己定下目标，翻译唐诗的时候，注意把唐诗悦耳的尾韵，优雅朴素的格律，以及令人愉快惊奇的设计，从人们所期待的"载波频率"中传达出来。我曾花过很多时间，在我还不知道唐诗字面意义的情况下，就只听人读唐诗。非常频繁地发生的情况是，当我的合译者把意义讲给我听之后，我发现这意义与我从声音里所预感的意义相当接近。

（二）生态

万：同样地，我们还被一篇关于您的文章所吸引，其标题为《宇宙诗人：弗雷德里克·特纳正在用他关于人类在宇宙中的正当位置的文章撼动文学界》，其作者为盖尔·戈尔登（Gayle Golden），它首先发表在1990年9月2日的《达拉斯晨报》上，又于2012年7月6日电子化再版。您能跟我们谈谈这篇文章中作者关于您的思想吗？这篇文章是否真实地反映了您的思想，这些思想与唐诗精神有没有关联呢？

特纳：当我感受到是一种天职或召唤，我将会成为一名诗人的时候，当时大约10岁，正和我父母一起生活在非洲中部的赞比亚。我的父母是人类学家，他们名叫维克多·特纳（Victor Turner）和伊迪·特纳（Edie Turner），在当时就很有名了。其时，我坐在我父亲的卡车里，正穿过一片森林,就在当时,我周围这世界的每一样事物——每一片树叶、花朵和野生的水果都带着令人惊异的复杂性和高度的精确性突现在我的眼前,这美景突然间令我目眩……当时,我已经知道在显微镜下随着放大倍数的不断提高,一个人可以看到的细节就会越来越多,并且我认为我已经看到了全部。我很震惊,但与此同时,我也很惊奇我并没有总是感到很诧异,毕竟这本当是对这世界奇迹般的令人惊异的秩序(尽管也是动态的和无序的)很恰当的反应。当然,跟随这种领悟是另外一回事,甚至更加不可思议并令人震惊:在我的内心有一种感知这世界的意识——它来自何方,又是什么?我看着这内在的自我;而我在看着这内在的自我的同时,这自我也在看着我。我立即决定用我一生的时间来告诉人们关于这些——起初,我并没有意识到这样做就是成为一名诗人,但是后来,当我读印度《奥义书》(印度古代哲学典籍),发现其中有以相似的方式描绘了神秘的体验时,我明白了。

当然,许多诗人,包括唐代诗人,他们有相似的体验,并且已经用精致的图画对此加以描绘了。但也许因为我有科学的背景——我的父母都是社会科学家,我的弟弟是物理学家——与很多诗人相比,我选择了一条不同的道路,我把那些诗人的经历看着是理解这世界时与科学相对应的一种选择。对我而言,这并不矛盾,并且事实上,科学上的好奇实际上就是对智慧的、孩子般的好奇心的一种提升与探索。在诗人们的古老神话里,那希腊的俄耳甫斯,那希伯来的所罗门,以及毗耶娑——《摩诃婆罗多》的作者,所有这些人他们都能够说出那物质世界、石头、树木和动物的语言。我把这看作是科学著作,命名事物的时候就按照本来该适合它们的名称去命名。因此,科学对我而言,就是诗歌本质的先决条件。

在我早年顿悟之后,我就开始了汲取所有主要的分支科学知识、教育自我的终身计划,要求自己储备一份词汇量,这份词汇量要强大、精确到足以传达意义,就好比要传达那始发的体验所留给我的印象一样。因此，虽然我已经写了大量的抒情短诗，描写那瞬间梦幻般的洞察力，我也把我的努力主要放在更宏大的具有众多人物性格和贯穿始终的科学主题的作品与史诗故事上面。我这么做是努力创造一个完整的想象中的世界，这个世界不仅说明那瞬间的顿悟，而且也展示这顿悟所窥见的那巨大的进化过程。

我要加入史诗诗人的行列的原因，在于我所创作的不仅仅是一个美丽的、可以言说的物体，而是一个环境、一个地方，打个譬喻说，在这儿读者可以徘徊漫游、获得他们自己的发现，正如我儿时在非洲的时候那样。

万：此外，我们对关于您的另外一篇访谈也很感兴趣，这篇访谈由格里·奥沙利文（Gerry O'Sullivan）和卡尔·普莱奇（Carl Pletsch）完成，题为《创造世外桃源——弗雷德里克·特纳访谈录》，发表在1993年11至12月的《人文学家》杂志的"恢复生态"栏目里。这篇采访给我们的感觉似乎是：您与许多古代中国文人，如东晋末至南朝宋初期伟大的诗人、辞赋家陶渊明等有着相似的思想，与后来的唐朝诗人在"天人合一"的思想方面亦有相通之处。

我们认为人与自然是一体，这就意味着人与自然的关系是和谐的，而不是冲突的。举例来说，在崔护的《题都城南庄》中，我们可以读到"人面桃花相映红"的诗句。这一句不仅告诉我们诗中的女孩不仅与桃花在物理空间上彼此相近，而且在心理上，桃花和女孩似乎也是相通的，彼此的美与幸福互相辉映。在汉语里，要描写一位女孩肤色的美，我们常常会说她"面如桃花"；并且，我们也会把一位恋爱中的少女，因娇羞而面色唰地发红的那种动态的颜色，比喻成桃花的颜色。不管怎样，这里女孩与桃花之间就存在这一个人与自然和谐"合一"的问题，而这也可以说是在中国古代文化背景里，人与自然和谐"合一"的一个小小的缩影吧。就不知您是如何看待人与自然的关系的，或者说您的生态思想是什么？

特纳： 非常感谢你通过这幅可爱的图画提出我们共通的、关于"天人合一"的思想。我是作为一个地球家园的守护者，或者也可以说是包括地球在内的所有其它星球的守护者对"人"的思想产生兴趣的。我在美国的一份国家杂志（*Harper's*）上曾经以美国的花园为主题发表过一篇文章，在这篇文章里，我把研究以往主要的欧洲花园作为一个传统主题，并说明美国在其中发挥了了不起的多样化作用。很快，恢复环境主义者的重要权威人士威廉·R. 乔丹三世（William R. Jordan Ⅲ）以及具有革命性的海洋农学家和地球工程师卡尔·霍奇斯（Carl Hodges）就与我取得了联系，在他们的影响之下，我努力构建一种新的环境保护主义者的哲学。这种哲学把人类的行为看作不仅是修复人类对环境造成的损害，这种损害如：人类使得一些物种未来难以存活，而且也相当于一种事业——提高在我们所居住的这个星球上自然的物质生活质量，而这要超过自然以往已经为我们提供的一切。的确，我把我们人类通过有意识地思想和艺术创造而繁衍后代与进化自己的方式也看作一种自然之道。我在得州的农场买了几亩地，并开始了一项计划，首先获取得州本地的种子和植物，接着种植它们，有时会收获令人惊异的繁花盛开的效果，并以此法使之恢复为最初的得州大草原模样。

这个目的对我而言不仅仅是和谐——这可以说是静态的，但也是创造性的、不断更新的超然存在。和谐是目标、也是动机，但是正如在音乐方面，多样化和令人惊奇是本质要素一样。因此，在环境进化过程中，物种的基因突变、重组以及新物种的形成也挑战着现存的平衡，并且会导致更加美好和优化的存在形式。举例来说，在飞行昆虫进化至今的四亿年前，它们可以提供一种方法穿越很远的距离携带植物的花粉和种子，由此引发了被子植物，即开花的植物和树木的出现。这个出现在世界的生态系统里一定牵涉了巨大的转化，就正如一位伟大的诗人如莎士比亚和李白的出现能改变一整套文化体系一样。

这种和谐与挑战的混杂现象由丹尼尔·博特金（Daniel Botkin）和

道格拉斯·霍夫施塔特（Douglas Hofstadter）进行了调查研究，他们两个人的研究成果分别为《不和谐的和谐：二十一世纪的新生态》和《哥德尔、艾舍尔、巴赫：集异璧之大成》。我在一些中国的新建筑里就可以看到这种现象，如著名的北京国家体育场——鸟巢，以及意大利建筑师斯特凡诺·博埃里（Stefano Boeri）为南京市设计的"垂直森林"建筑等。

那诗中的女孩和桃花两者都是大量的、动态的、适应过程的产物，这个过程在女孩的父母孕育女孩的有性生殖过程中，需要人类染色体的分裂和混乱的基因重组才能完成。那种基因的分裂与重组就驱动了物种的进化。桃花和女孩之美都是甜美芳香的，它们是促使两种物种、进一步向未来发展的诱因。并且，这种分裂与重组以诗歌的语言得到体现时，就意味着某种新生事物，就是那种有助于促使人类文化发展的内容的诞生。

（三）救世

万：当前，越来越多的有识之士已经意识到随着科技的快速发展，现实生活中各种各样的危机与日俱增。如何应对并处理这些危机？这是一个非常严重的问题。举例来说，不少专家学者就认为特朗普总统退出《巴黎气候协定》是不对的。宇文所安曾说过：如果美国人懂一点唐诗，也许中美之间会多一点了解。埃兹拉·庞德在20世纪30年代后期，曾针对西方文明的弊病大声疾呼："西方需要孔子。"[①]

庞德对儒家的大同世界理想非常憧憬，对于儒家提倡的仁义礼智，及由自身修养开始而达到天下大治的做法也十分欣赏。他认为西方"需要孔子"，因为"需要的含义在于缺乏，患病需要求医，需要某种他不具备的东西。孔子是一剂良药"。"由于孔子是医治资本主义顽症的一剂良药，按照他的一套去做，世界上就可以避免许多麻烦。"[②]英

---

① 张弘等：《跨越太平洋的雨虹——美国作家与中国文化》，钱林森主编：《外国作家与中国文化》，银川：宁夏人民出版社，2002年，第195页。
② 同上书，第172页。

国历史学家阿诺德·约瑟夫·汤因比（Arnold Joseph Toynbee，1889—1975）在展望 21 世纪时，对中华文化也寄予了厚望。①

前面我们已经谈到中华文明的主要根源可以说是儒释道三教，而我们也许都能认同的——唐诗是中华文明文化中的瑰宝，但是，在当前形势下，我们又如何才能让唐诗为我们发挥更大的作用，以便使得我们能成为地球家园的守护者呢？

特纳：我相信对特朗普而言已经太晚了，以至于他不可能对已经遍及全球的环境意识的巨大转变产生什么严重的影响（这种全球环境意识问题，部分由中国重新思考自己的需要和世界的需要时而发起）。特朗普，毫无疑问，他这么做是错误的；但是，我所在的州，得克萨斯，一直以来虽因支持共和党而闻名，但在风能和太阳能的发展方面一直处于全国的领先地位。并且巨大的商业机构——对电动车和家用太阳能电池抱有希望的——正列队排在环保人士的身后，向他们咨询良好的经济动因。

作为一种物种，我们需要重新发现我们"所有的"伟大文化传统的智慧。古老的圣经文学中的很多内容，依然可以把它作为保护和关爱地球的准则而来阅读。非洲班图人的传统也给我们提供了礼仪与音乐，这些礼仪与音乐已在全世界得到广泛使用，以用于社交庆典和巩固社会的团结。古希腊和古罗马给了我们理性正当的伦理和法律规则。印度给了我们它的多神教里所有多样化的辉煌的庆典仪式，以及吠陀梵语和佛教冥想的练习。欧洲给了我们现代的数学科学。耶稣关于爱的福音对全世界都很重要。英国、法国和美国给了我们民主和自由的传统，以及遍及全球、才华横溢的市场经济学家，他们对在过去的数十年、将二十亿人从令人痛苦的贫困中解救出来的经济奇迹，做出了贡献。中国，这个最古老，也是人口最多的，生生不息的多民族国家，它对世界所做出的贡献绝对是不可缺少的。这些贡献不仅包括

---

① 详见〔日〕池田大作、〔英〕阿·汤因比：《展望 21 世纪》，荀春生、朱继征、陈国梁译，北京：国际文化出版公司，1997 年，第 277—278 页。

灿烂辉煌的技术和审美文化——这些对把整个世界建设成一个大花园都存在着潜在的影响，而且还有老子的思想，特别是孔子，他已经不仅影响了许多其他的亚洲文化，而且自启蒙运动以来也影响了美国和一些欧洲国家。也许在所有这些影响中，最重要的是：中国为全世界树立了榜样，和平融合三种宗教——也可以说四种，如果我们把在中国长期存在的基督教也算在之内的话——那么基督教自然也在其文明的视野范围中，而这四种宗教互相依存，取长补短。

儒教，对我而言，它特殊的智慧在于其伦理的愿景虽建立在夫妇、父子和兄弟等具有最亲密的情感纽带和家庭血缘关系的基础之上，但却能逐步地往外延伸，去拥抱整个国家，拥抱所有人种。那些批评儒教，认为其道德体系太过"蜂房"化的人彻底错了，我认为，孔子创立儒教正是始于为个体建构其公正关系基础上的等级制度，因此，一个人实际上甚至可以称他自己为个人主义者。当孔子的伦理与平等的权利，与一个强健的市场、一整套人人都必须遵守的公正的法律，积极的环境科学和有代表性的人民民主体系相结合的时候，它对治愈世界就是一个创造性的体系。

但是，因为人类文明的所有馈赠对解决我们目前的气候危机是有效的，因此，我们必须恢复我们古代的文化知识，并用整个世界最优秀的经典文化来教育我们的孩子。答案就在那，在许多传统里，并且答案越精确，彼此之间的结合就越多。这就是我的研究项目，在我最近的一本史诗《世界末日》（2016）里，我就描写了一场海平面和气候的灾难性变化，以及全球努力拯救地球、并重建整个地球家园的场景。在这部史诗里，我一次又一次地回溯、提及许多文化中最深厚的文化智慧，而中国就是这戏剧性事件中起支配和主导作用的行动者。如果我没有翻译唐诗的学习经历，我认为我就不可能已经用所需要的韵文，简洁、明晰地表达了我的思想。

书评

Comptes rendus
Book Reviews

中国民俗学的国学基础

王 宁

《钟敬文全集》的一个突出特征是它的国学基础。钟敬文先生在此基础上，开创了对中国民间文化的理论研究和教育事业，促进了中国优秀传统文化的全面传承。习近平总书记在《纪念改革开放40周年的讲话》中提出，要"推动中华优秀传统文化的创造性转化和创新性发展"，钟敬文先生一生的研究，正是体现了"双创"的精神。他主张建设"中国主体、放眼世界"的开放学术体系，提倡建设以本民族为核心的现代文化，同时维护文化多样性，这与国家提出的"弘扬中华优秀传统文化""建设自觉自信文化"的精神，是完全一致的。

钟先生是"中国民俗学之父"。他长期站在这个学术峰巅上，是因为他根植于深厚的传统国学，又能运用现代科学方法进行创造，这个特点在《钟敬文全集》中得到充分的体现，主要有三：一是学问博大精深；二是治学领域十分广泛，他开创的中国民俗学派不是封闭的，而与社会学、人类学、文艺学、语言文字学、比较文学和世界文学等都有交叉点，都有综合研究的进一步拓展空间；三是以民俗学和民间文艺学研究最为精专，最具中国特色，钟先生吸收章太炎、刘师培、梁启超、胡适、顾颉刚等晚清和民国以来文史哲大家的学术思想，在民俗学和民间文艺学领域，开辟了从古代典籍中勾稽底层文化的途径与方法，指出中国上、中、下三层文化交叉互渗，提出了"民间传承文化"的概念，强调中国优秀传统文化整体建设的深刻见解。他的学说系统而创新，每过一个阶段，就会提出新的学术命题。他的治学理想，展现了他的文化自觉和文化自信，拥有他对祖国和人民的深厚情感。他的民俗学是中国的民俗学，而不是别国的民俗学，这是在《钟敬文全集》中处处强调的。

　　《钟敬文全集》的出版，让我们牢记前辈学术大师对学科发展的引领作用。我为自己能够赶上《钟敬文全集》的出版，能够从《钟敬文全集》中全面了解老师的学术境界与卓越成就，深感幸运。我要在自己从事的传统语言学工作中努力学习老师，让他的学术思想和人格魅力代代相传。

《钟敬文全集》的特征、价值与传承目标

董晓萍

当代中国在经济发展、综合社会治理和自然环境保护等方面都取得了快速发展,而悠久的中国历史文明始终是中国发展的基础。改革开放40年来,我国出版了一批学术大师的著作,正是中国历史文明延续至现代社会发展的代表性成果,《钟敬文全集》是其中的一种。这套丛书共16卷,30册,1000余万字,由北京师范大学钟敬文先生的四代弟子与多学科著名学者47人次参与编纂,董晓萍主编,历时8年完成,高等教育出版社于2018年11月出版。该著是中宣部出版局国家重点图书项目,在北京师范大学985工程项目基础上进行,在教育部人文社科重点研究基地"十三五"重大规划项目中拓展,是在中国学术文化各领域研究为数不多的拥有"民俗学的中国学派"地位的巨著。它的出版对于我国在全球化激烈竞争中,既要放眼世界,又要坚持民族文化主体性,具有鲜明的导向作用;对于中国优秀传统文化向世界提供共享经验,也具有丰富的启示性。

一、体现中国整体文化的主体性特征

从文化上讲,古代中国已形成了自己的多元文化与治学传统,包括风谣传统、诗歌传统、文学传统、编年史传统、文论传统、戏曲叙事传统和民间科技传统等。各传统在中国社会历史背景下凝聚成中国整体文化,又在长期发展中分化为各自的阐释形态与杰作,有的还达到很高的程度,为世界其他文明所称道,如诗歌系统中的唐诗宋词、文论系统中的刘勰《文心雕龙》,编年史系统中的二十四史和地方志

等，戏曲叙事系统中的《赵氏孤儿》等，而中国民俗（包括民间文学）正是各种阐释和创作传统还没有彻底分开的产物。它的传承，走民间渠道和民众路线，但大量中国文人和官员也投入发明和分享活动，使之进入国家与地方知识系统，与其他各传统保持差异，也彼此互动，从另一个角度呈现出中国文化的样貌，也因其整体保留了中国文化的特质，而承载了中国文化的主体性部分。西方文化所发展的诗学、修辞学和阐释学，与这套中国传统学问完全是两个路子。

20世纪初，中国发生了新文学革命，但如果没有以上各种中国传统的成熟基础，就没有轰轰烈烈的五四运动，没有民俗文化系统与之共生共荣，就不会有新文化思想的瞬间爆发，也不会有民俗学、人类学、社会学、语言学等一批现代人文社会学科的群体诞生。基础就是基础，自我有基础而接触他者，与自我没有基础而拿来他者，这是两码事。接触和学了他者，学明白了，就要进一步认清自我基础，再学他者具备而自我没有的优秀成分，发展自我，大家也都发展。当然，在实际上，这个认识过程又相当漫长。有时人们留恋于比较，比较能够激发兴趣，但也容易流于简单化，仅从中国整体文化与民俗文化关系的角度说，只把民俗视为西方概念中的口头传统，而没有看到中国民俗是中国整体文化各传统尚未分解的产物，就是一种严重的误解。

在《钟敬文全集》中有大量的篇章告诉读者，自20世纪初的五四运动至21世纪初，在中国文化史上的各主要领域，包括文学、历史学、哲学、古典文学、现代文学、通俗文学、外国文学、文论点评、诗词小说、戏曲说唱等，钟敬文先生曾与诸多中国文坛宿将有长期密切的来往，如俞平伯、叶圣陶、夏承焘、聂绀弩、朱光潜、钱锺书、杨绛、吴文藻、谢冰心、王力、王瑶、廖辅叔、容肇祖、朱东润、唐弢、程千帆、陈原、夏衍、林默涵、季羡林、金克木、张岱年、王元化、王季思、缪钺、钱南扬、许钦文、臧克家、秦牧、黄秋耘、林林、林庚、敏泽、钱仲联、吕剑和袁鹰。凡中国的读书人，从中小学到大学都在阅读他们。这批文献都富有文学欣赏性，也极富中国文化风格（重点见第27册《学术书信卷》）。第 19 册《国际交流卷》，反映了钟敬文先生的国际交往和学术视野。钟先生 20 世纪 30 年代留学日本早稻田大学，回国后即投入抗日战争，后来由于社会变迁等原因，很难再出国，但是，留学海外的基础对他一生坚持学术开放都有不可忽略的重要作用。印度的泰戈尔，德国的歌德和海涅，法国的雨果和罗曼·罗兰，英国的拜伦，俄罗斯的托尔斯泰，等等，都在他的研究与写作范围之内。他特别喜爱法国作家罗曼·罗兰，为之发表了多篇文章，还在自己的民俗学著作中加以谈论。我们的问题是，钟先生的这种关注是出自单纯的外国文学观？还是从他者杰作中回看中国整体文化观呢？答案是后者。他说："现在世界各国的文坛，正像各国的商场一样，日益强度地国际化了。特别是我们中国，她二十年来所表现的现象，证明了这种趋势的存在。这不是一种应该忧虑的事。……我们说到接受遗产（作为作家的修养而接受遗产），那除了很少数的本国所有珍品之外，不能不把国际上的伟大的创作品，来充当我们的'目的物'。我们有什么理由，可以拒绝对那'全人类'的卓绝业绩的继承呢？"（《周译〈浮士德〉序》）。

《钟敬文全集》讨论这个核心问题的卷册，共 14 册，与全套 30 册相比，所占比例几为一半，余下的卷册告诉我们，中国民俗学研究是与中国整体文化紧密相连的，而离开整体文化的文化主体性是不存在的，这与那些单纯讲口头文学、故事流派、史诗传统和非官方民俗的其他许多国家的民俗学又是十分不同的。

《钟敬文全集》涉及中外书刊、中外历史事件和历史人物众多而复杂，所讨论的核心问题形成期长、历史跨度大、覆盖面广。在他的遗稿中，就留有日文、俄文和英文等多种语言的手稿，《全集》收录其这些文稿的社会背景、历史契机、文化环境和出版条件又各不相同，故对此要采取统一标准进行取舍是很难的，也是不能这样做的，故《全集》在编纂中，尽量保持历史原貌，体现这位中国现代学术文化巨匠精神遗产的自身特征，这是一个基本原则。

二、体现中国人文学科的基本特征

从学科建设的角度讨论《钟敬文全集》是有着特殊意义的。《钟敬文全集》说明，钟先生是如何将中国各个传统的现象收拢在一起，根据自我国情，参考他者先进学说，建设中国整体文化中的民俗学的。在第12册《民间传承文化学卷》中，讨论了"小学""文学"与"史学"，这些都属于中国自古以来形成的传统人文学问，钟先生在此基础上面建设中国民俗学的新学科。在它们中间，有一部分可以用民俗学的理论概括，如神话、故事、民歌和风谣，它们都比较简单，容易在多层文化中交流，被很多历史经典所记载；但也有一部分不能用民俗学理论总结，对此钟先生也未放弃，而是将之与中国整体文化一起讨论。仅从这两点看，我们可以知道，他的学说的建立，经历了交叉研究和综合研究的过程。为什么会如此？这是因为中国传统文化分层与社会分层相纠结，而中国民俗传承历史久远，又始终与各种分层相伴随。第16册《文艺学卷》反映了他将民间文学与作家文学作为同中有异的理论现象，而不是对立文化现象，进行整体研究的深刻思考。第17册和第18册《鲁迅研究文存》是他为现代文学领域提供的独特成果。第10册的《〈水浒传〉专书研究》和《女娲研究》，第15册《民俗教育学卷》中的古典文学研究，第11册《民间传承文化学卷》中的国学、语言学、历史学、宗教学、比较文学与世界文学等多学科讨论，这些都展现了中国民俗学这种人文学科的结构特点，这也体现了人文学科建设的基本特征。

《钟敬文全集》的编辑框架，尊重人文学科自己的历史，尊重民俗学发展的学术规律，综合整理、分卷编辑。对钟敬文先生已经出版的各种著述和散存各处的发表稿，以及大量的未刊手稿，竭尽全力搜集，做到各类文稿齐备。在处理所有文稿的过程中，以高度负责和精益求精的态度，分门别类地编排文稿，找出缺失的资料，核对档案文献；对在有些特定历史时期、特定社会条件下产生的学术文献，均撰写背景说明；对钟敬文先生一生出入最多的民俗学、文艺学、古典文学、现代文学、历史学和诗词学等学科的常用术语和不同时期使用的专门用语，均做出必要的知识性注释；对所有文稿与信件中的手写体难检字和异体字，都做了仔细的校勘。本次编辑工作的基本精神是，力求通过这套著作本身展示其固有的人文学科价值。

三、体现民俗学的中国学派内涵

钟敬文先生以百年人生，开创了中国民俗学、民间文艺学和民俗文化学几大学问，建立了世界民俗学的"中国学派"。由于有以上阐述的"一"和"二"，中国民俗学派与西方民俗学就是两个不同的体系。《钟敬文全集》的第1册即为《中国民俗学派》，第2册至第15册依次为《民俗学概论》《民间文艺学》《民俗文化学与文化史》《民间传承文化学》《历史民俗学》《民间艺术学》和《民俗教育学》，都在讲这类问题，它们告诉我们中西差距之大。钟先生于1949年回到祖国，在北京大学、北京师范大学和辅仁大学教书，1952年院系调整后，留在北京师范大学，开创了中国高校的民俗学学科。在上面提到的第27册《学术书信卷》中，记录了当时钟先生的创业历程。自1950年至1999年，他与中央和地方民俗学机构和社团的通信很多，这些通信在他的各类学术信札中历时最长，通信的范围也最广，遍布华北、西北、东北、华东、华南和香港等多个地区。纵观《钟敬文全集》，全面反映了钟敬文先生建立中国民俗学派的历史成就，内容涉及学术研究、文学创作与研究、高等教育、学术社团建设、社会活动和国际交流等多个方面，展现了他开创中国民俗学理论体系和民俗学高等教育事业的独特贡献。

四、体现中国知识分子的风骨品格

钟先生那一代知识分子历经坎坷和挫折,始终过着追求真理和坚持科学精神的高尚生活。他们在各自的学问上独领风骚,享誉中外,但仍然保持着多学科的合作。他们告诉我们,人文科学如何在互相依存中发展,在相互学习中壮大。他们用自己的学问人生激励后学要提升道德、培养定力、善于合作、追求卓越。

什么样的传统精神和文化资源能使这代人能够始终保持风骨和学术自信?这个问题,对于前人也许不是问题,但对中国现代社会的知识分子来说就是一个问题。《钟敬文全集》回答了这个问题。第22册至25册的《诗词学卷》告诉我们,中国传统的诗学修养对他起了特殊作用。他经常引用刘勰的《文心雕龙》,这部文论对他有三个不同寻常的意义:一是养气,二是养文,三是养性。关于养气,指在人与自然高度合一的状态中达到相通透和能比喻的境界,由此反躬学问与创作,如刘勰所说:"以笔区云谲,文苑波诡者矣。"就像云气那样变化多端,又像波涛那样汹涌起伏而变化无常。关于养文,是要将"才、气、学、习"综合处理,承认天赋,也要加强后天训练,达到"涵泳"的境界。关于养性,刘勰在《文心雕龙·体性》中有专门讨论。钟敬文先生在一篇长文《我与我们的时代·祖国》中写道:"在1957年对知识分子的扫荡中,我就成了'垃圾','文革'中更是劫运难逃了。经过不断的烈风暴雨的袭击,接着来的是'置散投闲'。像我这样的书呆子,是不惯于优游度日的,于是旧习难忘,加上一些同遭遇的朋友相嬲,我重新燃起了诗炉的火。"在最艰难的日子里,他与俞平伯、叶圣陶在一起写诗论诗,完成了《钟敬文全集》第23册《白香词谱》的校注工作,他还说:"在这段不短的时间里,劳作之余,我购读了一、二百种古今诗集和词集。这不仅增进了我的诗学知识,也大大深化了我的人生修养(这种修养不是一般的书本知识所能代替的)。"

编辑出版《钟敬文全集》历时八年，让我们由衷地仰视这位学术大师。他的著作不是普通的精神遗产，而是我国优秀传统文化进入现代学术文化宝库的珍贵财富。他的极为严谨的治学精神，他对于撰写和发表科学著述的极为认真、极富使命感的学者态度，他的勇于接受历史检验的知识分子胆识，以及他的亲近人民的巨大人格魅力，无时无刻不在感染着我们，这种强大的精神力量也应该同他的这批丰厚著述一起传承。

在我国1950年代评定的一批"一级教授"中，在出版《全集》方面，钟敬文先生可能是最晚的一位。应该说，《钟敬文全集》终得出版，得益于改革开放40年所创造的国家社会发展机遇、学术研究氛围和对外交流环境，这是毋庸置疑的。而本文所强调的有赖于对中国整体文化性质的认识，有赖于对中国人文学科性质的认识以及有赖于对中国民俗学特征的认识，还需要通过进一步的跨文化学建设才能解决，我们愿意用不懈奋斗去感恩这个伟大的时代，去接近钟先生设计的目标并扩展它。

简讯
Brèves
Briefings

远近丛书：交错眼光中的跨文化冒险

〔法〕金丝燕

2000年，由乐黛云与金丝燕共同主编的"远近丛书"的中、法文版，分别在北京和巴黎问世。关于这套丛书的缘起、出版人的期待、读者群、作者几个方面，我们用参与者1999年至2008年的不同报道，以断章和多重视角相结合的方式，来展现该套丛书的特殊性。

丛书的设想

作为丛书的创办资助人、法国人类进步基金会主席卡蓝默2008北京大学出版的《编年史：中欧跨文化对话（1988—2003）——建设一个多样而协力的世界》序言中写道："我们的跨文化对话用面孔和事件替代了抽象概念。我们这种做法最有典型意义的，则莫过于'远近丛书'了。我们在这套丛书里谈论死亡、美、自然与梦。但却不是对这些重要抽象概念的中欧观念比较论文；而是每一本书的中国作者和欧洲作者以第一人称讲述，并通过谈他们自己对死亡、美、自然与梦的观念，使这些概念具体化。按词源学'言语交错'这个意义上的对话只因为对话伙伴的存在而存在。"①

丛书的缘起

法方出版社（Desclée de Brouwer）的社长马克·乐布歇（Marc

---

① 乐黛云、〔法〕金丝燕主编：《编年史：中欧跨文化对话（1988—2003）——建设一个多样而协力的世界》，张琰、高振华译，南京：南京大学出版社，2008年，第5页。

Leboucher)在《远近丛书——重启的对话》中这样描述"远近丛书":"智慧、美丽、激情、夜晚、旅行、死亡、自然……我们可以用这些字眼编出冗长的八股文,也可以吟咏出令人浮想联翩的诗句,它们是我们这部丛书的关键词,类似的丛书在法国少有出版。""远近丛书"由梅耶基金会主办,由德克·德·布鲁威尔出版社编辑蒂耶尔·甘科东(Thierry Quinqueton)发起。一次对中国的访问,激发了他编辑这部丛书的灵感。当时"远近丛书"已有八岁了:1999年秋,它在巴黎诞生,几个月后,这个文学婴儿得到北京大学的呵护,有了实质性的成果。中法两个不同文化背景的作家,就同一主题分别撰文,两种思想彼此衬托、交相辉映。后来"远近丛书"又陆续得到上海文化出版社和中国大百科全书出版社的陆续支持。它的法文版由法国DDB出版社出版。这套丛书不仅仅满足于"文明冲击",不等同于传统的学术著作。由于它的存在,跨大洲的思考不再是天方夜谭。它的目标是摒弃偏见,开创交流和创作的新天地。

丛书的中法两册几乎同步出版,法文版交由德克·德·布鲁威尔。"远近丛书"是学术小书,它安放在专家们的书架上,也向所有对外部世界有好奇心的地球读者开放。如今中西之间往来频繁,很多人都希望通过这部书来了解异方文化的各个方面,而不只停留在游览名胜古迹,或者是翻阅旅游手册之类浅层的接触上。与此同时,质量问题不能忽视,正如中国朋友所强调的"精益求精"。它必须激发读者的热情,让他们有进一步了解其他文化的愿望,比如吟诵中国诗歌,或者是研习西方音乐。[1]

出版人的期待

马克·乐布歇社长写道:"'远近丛书'风险犹在,为此我们必

---

[1] 乐黛云、〔法〕金丝燕主编:《编年史:中欧跨文化对话(1988—2003)——建设一个多样而协力的世界》,第30页。

须保持勇气和决心，在最初短暂的激情散去之后，继续激发公众和新闻界的兴趣，即使此时这个计划本身已不是什么新闻。也正因为如此，程抱一专为'对话'所起的名字在几年之后才获得了巨大成功，赢得了众多读者的好评。"

出版商从未抱怨种种难处来博得同情，因为"远近丛书"文化厚重，同时也是快乐的源泉，是真正的精神享受。作家们可以用自己的方式、凭借自己的阅历，来谈论某个主题，所以丛书给予读者的快乐首先是发现的快乐。法国地质物理学家克萨维·李比雄在"死亡"这一主题中，满怀羞赧地描述了他的父亲，金丝燕则通过中国神话与一位可爱老奶奶的脸庞，与世人谈论梦境。多米尼克·费尔南德斯借蒙泰威尔迪的歌剧俄耳甫斯赞叹"美"之朦胧，龚刚则以茶之高洁品"味"。每次这样的美文都带给出版商独一无二的享受。

初读原文便觉甘之如饴，接下来的编辑工作同样兴味无穷，我们的编辑不仅要考虑到文化背景的差异，还得适当地将原文改头换面，以便于让不同文化背景的人更好地理解文意。如此一来，我们不仅需要避免不必要的精确陈词，还得适当改写那些晦涩的典故，以便使文章通俗易懂。当然我们也可以要求作者把意思说得明了些，不要过分隐晦，不要使用太过西方化或太过法国化的语汇。每当此时，出版商就得仔细拿捏，多为将来的读者着想。①

同年，北京大学跨文化研究中心乐黛云教授与法国人类进步基金会共同主办跨文化对话国际讨论会和"远近丛书"新书发布会。基金会文化间图书项目负责人苏盖和甘蓝作如下总结："2000年，第三次中法'远近丛书'编辑会议是继1996年南京和1997年维拉梭会议之后，第三次会晤。会议开得很有实效，没有发展成我们起先所担心的纯礼节性会晤。"这次会议的主要目的是为上海文化出版社出版的头4部中文版"远近丛书"剪彩。这几部书的法文版于1997年9月由法

---

① 乐黛云、〔法〕金丝燕主编：《编年史：中欧跨文化对话（1988—2003）——建设一个多样而协力的世界》，第31—32页。

国德克·德·布鲁威尔出版社出版，其装帧颇受法国读者好评。此次中文版开本与法文版类似，但色彩更加丰富，而且增加了插图。两个版本都显得端庄稳重。绝大多数重要人士如约到齐，齐聚北京大学。中方有：全国人大常委会副委员长、北京大学副校长及前校长、法国驻华大使及众多中国知识界精英济济一堂。与会官员的发言显示出他们充分了解丛书的内容和意义。大使先生的发言热情洋溢，他希望我们在文章和翻译质量上再下点功夫……。还有乐黛云教授（北大比较文学与比较文化研究所所长）与汤一介教授（中国文化书院院长），上海文化出版社的郝铭鉴和李国强，南京大学比较文学与中国文化教授、1997年会议的组织者钱林森教授，广州中山大学的哲学教授、关键词项目核心人物王宾，APM 项目中国合作者陈越光。法国方面有：基金会主席弗朗索瓦·阿斯提耶（Françoise Astier），她借此机会非常完整地介绍了基金会的状况；金丝燕，法方丛书主编，不可或缺、不知疲倦的协调人；德克·德·布鲁威尔出版社的主管马克·乐布歇；基金会 BIF 项目光临的人士有嘉特琳·盖尔尼耶和米歇尔·苏盖，还有马纽·阿斯提耶（Manuel Astier），他发表了极富建设性的讲话以及前任联合国教科文组织《信使报》主编——奥勒加·郝戴尔（Olga Rodel），他在丛书中翻译了金丝燕有关梦的文章。[①]

读者群

"远近丛书"面对的是非专业人士，他们或者被异国文化吸引（中国文化吸引法国人，法国文化吸引中国人），或者对所谈的话题感兴趣，或者两者都有。这种兴趣有别于纯粹的学术乐趣。当然，丛书同时也旨在满足旅行者、工业界、外交界及服务业中同中国有业务往来的人

[①] 米歇尔·苏盖、嘉特琳·盖尔尼耶：《北京之冬》，第三次法中未来文化间丛书编辑会议报告，收入乐黛云、〔法〕金丝燕主编：《编年史：中欧跨文化对话（1988—2003）——建设一个多样而协力的世界》，第33—34页。

士的好奇心。

作　者

"远近丛书"的作者由中法双方出版社选定,选择时跟丛书主编、人类进步基金会和中国合作方进行协商。选择的标准并不严格,不考虑有名与否,年龄大小,更不考虑职业经历如何。丛书作者不必是相关主题专家,但要能深刻体会题中深意并能从多个角度切入写作。

"法国方面的作者也不是非法国人不用。法国作家的文章总还是植根于欧洲文化的,行文中意大利、德国或希腊文化的踪迹随处可见。"可以这么说,法国作家更多地是作为欧洲人而非法国人在写作。

"远近丛书"跨文化交流的尝试是非常有意义的。丛书别致的风格和内容能够给双方带来惊喜和奇趣,同时又能向对方国家介绍本国文化。"如此一来,丛书既不会在己方同胞眼中显得浮浅乏味,也不会成为对方国家读者手中枯燥的教科书,而是一次作家本人向远在天涯的异国人或是近在比邻的本国人讲述自己和本国故事的机会。"①"如何更好地理解'远近丛书'计划呢?面对无法逾越的遥远距离,怎样才能把对话落到实处呢?还是看看"远近丛书"本身,它的结构新颖,作家在按要求写作的同时,又不失去自己的风格和特性。"②

附:1999 年 9 月至 2019 年 4 月"远近丛书"出版中、法文版 18 种目录

La Mort《死》(Xavier Lepichon/TngYijie 汤一介,法文 1999, 中文 2000)
La Nature《自然》(Anne-Sauvagnargues/Yue Daiyun 乐黛云,法文 1999, 中文 2000)

---

① 乐黛云、〔法〕金丝燕主编:《编年史:中欧跨文化对话(1988—2003)——建设一个多样而协力的世界》,第 42—43 页。
② 同上书,第 43 页。

Le Rêve《梦》（MichelBellet /Jin Siyan 金丝燕，法文 1999, 中文 2000）

La Nuit《夜》（Martine Laffon/Tang Keyang 唐克扬，法文 1999, 中文 2000）

Le Goût《味》（Paul Ariès/Gong Gang 龚刚，法文 2000, 中文 2000）

La Beauté《美》（Dominique Fernandez/Zhu Cunming 朱存明，法文 2000, 中文 2001）

Le Voyage《旅行》（Olivier Bleys/Wang Yipei 王以培，法文 2001, 中文 2001）

L'Architecture《建筑》（Yang Xin 杨辛，法文 2000, 中文 2000）

La Science《科学》（Pierre Léa/Yang Huanming 杨焕明，法文 2001, 中文 2004）

La Famille《家》（Martine Segalen/Chen Jiaqi 陈家琪，法文 2002，中文 2004）

Le Dialogue《对话》（Francois Cheng 程抱一、Gao Xuanyang 高宣扬，法文 2002, 中文 2002）

La sagesse《智慧》（Tardan-Masquelier/Pang Pu 庞朴，法文 2002，中文 2004）

La Passion《激情》（Michel Sauquet/YeShuxian 叶舒宪，法文 2003, 中文 2004）

Le Ciel《天》（Léon Vandermeersch/ Tang Yijie 汤一介，法文，中文）

L'Arbre《树》（Roland Bechmann/Tang Keyang 唐克扬，法文，中文）

L'enfance《童年》（Véronique Meunier/Kristofer Marinus Schipper/Zhang Wei 张炜，法文，中文）

La Lecture《阅读》（Jean-François Sené/Jin Siyan 金丝燕，法文，中文 2019）

L'humidité《谦卑》（Michel Zink/Chen Yueguang 陈越光，法文 2020，中文 2019）

中法著作：人文多元理念

董晓萍

中法关系不仅仅是政治、经济和外交的关系，也是文化、艺术和学术交流的关系。法国驻华大使馆文化处近期举办中法合作"远近丛书"和"跨文化研究"丛书新书发布会，展现了2019年双方学术交流的丰硕成果。

2019年4月23日，新书发布会在法国文化中心会议厅举行。法国文化中心图书馆馆长李大维（David Liard）先生首先致辞。他代表法国驻华大使馆文化与科技合作处，向中法双方合作单位致谢。他谈到，中法专家在各自的领域内做着同一件事情，并为之付出持续的努力，包括双方研究成果的中文版出版。这些书籍可以让中国读者进入法国学者的思想当中，与之近距离地接触。法国驻华使馆文化处的使命，就是要促进这种交流的顺利展开与不断发展。他感谢汪德迈先生对中法两国的学术贡献，指出，汪德迈先生的新著《中国教给我们什么？》是法文原著的中译本，列于本次新书发布之首。他提出，法国使馆文化处一向鼓励将法文著作译成中文，希望推动中法双方的学术文化交流走得更远。

在本次发布的中法合作著作中，"远近丛书"的新书《谦卑》十分亮眼，由中法两位学者背靠背撰写，在共时性的框架中，针对当代跨文化交流的差异与超越等普遍问题，讨论人类优秀人文思想的共享性与现代性。法兰西学院院士、法兰西学院副院长米歇尔·冉刻教授发言，他提出，人类文化差异是常态现象，但有些差异代表了文化特质，需要保持；也有些差异在当时合理而后来转为负面现象，需要反思。法语中的"谦卑"包含"谦恭"与"羞辱"双重语义，他主要就中国传统文化中不大触碰的"谦卑"的另一层意思"羞辱"做了简要阐述。他认为,"羞辱"存在于各种文化之中,是一种将其他人排除在外的观念和行为,一般用于自我反抗或自我保护。但是,现代社会也出现另一种现象,即某些社会进入一种自恋或封闭状态,只要求别人承认自己,却没有考虑这种心态和相关行为对他者造成的伤害。提倡"谦卑",正是要强调尊重他人,敬畏人类优秀文化。中国文化书院副院长陈越光先生发言,他从跨文化视野下的中国文化思想的角度阐述个人的谦卑观,认为,谦卑之"谦"的核心概念是高山与大地象征喻意的凝结。在人类社会经历冲突与战争的历史中,"谦卑"也被用来表达一种社会正义感。一切有谦卑精神的历史人物会因此而不朽,历史也因此可以成为在后人心中复活的往事。那些傲慢残酷,凌虐众生的弄权者,终会被无数代人以鄙视的目光之剑所批判,永无宁日。现在跨文化学正在成为一门学科,进而成为一种艺术,成为中国当代性的一部分。在今天,如果有谁还认为文化是一种隔离带,认为单一文化可以面向未来世界,就不可能成为 21 世纪真正的知识分子和真正的时代精英。

精品图书的背后是出版人的努力,在新书发布会上,两位出版社代表发言,就中法合作出版的价值与目标做了进一步的阐述。中国大百科全书出版社社长刘国辉先生在讲话中指出,近期习近平主席访问法国期间,将中法关系称为"世界大国关系中的一对特殊关系"。中法关系的"特殊性",就突出体现在文化上。中国大百科全书出版社有幸出版了汪德迈先生的《中国文化思想研究》和《跨文化中国学》,它们都是汪先生中国学的最新研究成果,汪先生曾说:"一辈子研究中国文化是世界上最迷人的事。"这让我们十分感动。这次聆听汪德迈先生的睿智讲演更感荣幸。在与北京师范大学的友好合作下,中国大百科全书出版社已经出版了包括汪德迈、米歇尔·冉刻(Michel Zink)、乐黛云、王宁、程正民、金丝燕、董晓萍、王邦维、王一川、李国英、白乐桑(Joel Bellassen)等一批中外著名学者的 23 部跨文化研究著作,相比于 74 卷的《中国大百科全书》,这些著作同样话题重大,意义深远,它们必将大大加强中西文化交流和互相理解。

香港中文大学出版社社长代表陈甜编辑发言,认为,出版汪德迈先生等人的中文版著作并非偶然,它代表了香港中文大学出版社对法国思想与学术的持之以恒的关注,出版社立足于中国与世界之间,将眼光放在全球对中国和中国文化的研究和思考方面。

本次共发布的中法合作新书10种15册,包括:〔法〕汪德迈《中国教给我们什么?》(金丝燕译)、《跨文化中国学》和《中国文化思想研究》,乐黛云、〔法〕乐比雄主编《跨文化对话》新书,〔法〕米歇尔·冉刻(Michel Zink)、陈越光《谦卑》、〔法〕金丝燕《文化传岛:法国早期汉学视野》、董晓萍《跨文化民间叙事学》和《跨文化技术民俗学》、王一川《中国艺术心灵》、李国英《〈说文解字〉研究四题》、韩琦《康熙皇帝·耶稣会士·科学传播》。迄今为止,"跨文化研究"丛书已出版80种,"远近丛书"已出版18种,《跨文化对话》学术辑刊已出版39辑,合计137种;法国学者22人次和中国学者63人次参加撰写,汇聚了中法高端人文学术对话与研究的丰富内容。其中"跨文化研究"丛书属教育部人文社科重点研究基地重大项目成果,所出版著作同步投入"跨文化学"研究生教学和慕课研制,带动跨文化学的学科建设。

发布会向加盟出版的所有中法出版社致谢,主要有:中国大百科全书出版社、北京大学出版社、商务印书馆、中国人民大学出版社、香港中文大学出版社、中国社会科学出版社、法国NUVIS出版社、DDB出版社和巴黎友丰出版社。在发布会最后,新书作者代表汪德迈、米歇尔·冉刻和陈越光等,向法国驻华大使馆和出版单位代表赠送了个人签名著作并致谢。

法国驻华大使馆文化处高等教育与社科合作专员杜雷(Jean-Francois Doulet)、法国文化中心图书馆馆长李大维(David Liard)、文化处高级项目官金瑞玲(Juliette Jin)、法国远东学院北京中心主任杜杰庸(Guillaume Dutourmier)等出席会议。法兰西学院院士、法兰西学院副院长米歇尔·冉刻（Michel Zink）教授、法兰西学院通讯院士、法国高等社会科学研究院汪德迈教授，法国阿尔多瓦大学特级教授、东方学系主任金丝燕和香港明远基金会主席陈越光先生等特邀到会。北京师范大学跨文化研究院院长董晓萍教授、名誉院长王宁教授、学术委员会主任程正民教授、副院长李国英教授和李正荣教授应邀与会。中法合作出版单位代表、中国大百科全书出版社刘国辉社长与社会科学分社郭银星社长和曾辉副社长，香港中文大学出版社编辑陈甜，商务印书馆编辑杜廷广出席了会议。北京大学、清华大学、北京师范大学、中国文化书院、中国科学院、中国社会科学院、南京大学、山东大学和敦煌研究院等单位的学者逾百人与会，法国阿尔多瓦大学金丝燕教授主持会议。

作者简介

List of Authors/ Liste des auteurs

皮埃尔·佛辽若 法国高等社会科学研究院教授
Pierre-Sylvain Filliozat, Professeur à l'EHESS, France
Pierre-Sylvain Filliozat, Professor of EHESS, France

法荪达哈·佛辽若 法国高等社会科学研究院教授
Vasundhara Filliozat, Professeur à l'EHESS, France
Vasundhara Filliozat, Professor of EHESS, France

杨浩 北京大学哲学系助理教授
Yang Hao, Lecteur du département de philosophie à l'Université de Peking
Yang Hao, Assistant Professor of the Department of Philosophy at Peking University

孙凌钰 中国传媒大学文法学部中文系讲师
Sun Lingyu, Lecteur à la faculté de littérature et langue chinoise, faculté de droit à l'Université de Communication, Chine
Sun Lingyu, Lecture of Department of Chinese Language and Literature, Faculty of Literature and Law, Communication University of China

汪德迈 法国高等社会科学研究院教授
Léon Vandermeersch, Professeur à l'EHESS, France
Léon Vandermeersch, Professor of EHESS, France

徐兴无 南京大学中文系教授
Xu Xingwu, Professeur du département de langue et littérature chinoises à l'Université de Nankin
Xu Xingwu, Professor of the Department of Chinese Language and literature at Nanjing University

陈跃红 南方科技大学讲席教授，人文科学中心主任
Chen Yuehong, Président et directeur du centre des sciences humaines à l'Université Sud de Polytechnique
Chen Yuehong, Chair Professor and Director of the Humanities Center at the Southern University of Science and Technology

李蓝 南方科技大学人文科学中心教授，中国社科院语言研究所研究员
Li Lan, Professeur du centre des sciences humaines à l'Université Sud de polytechnique /chercheur de l'Institut des études linguistiques au CASS
Li Lan, Professor of the Humanities Center at the Southern University of Science and Technology and Research Fellow of the Institute of Linguistics at CASS

311

吴　岩　南方科技大学人文科学中心教授
Wu Yan, Professeur du centre des sciences humaines à l'Université Sud de polytechnique
Wu Yan, Professor of the Humanities Center at the Southern University of Science and Technology

郝　祁　南方科技大学计算机科学与工程系副教授
Hao Qi, Maître de conférences du département de l'informatique et l'ingénierie à l'Université Sud de Polytechnique
Hao Qi, Associate Professor of the Department of Computer Science and Engineering at the Southern University of Science and Technology

向　巨　南方科技大学金融系助理教授
Xiang Ju, Lecteur du département de finance à l'Université Sud de Polytechnique
Xiang Ju, Assistant Professor of the Department of Finance at the Southern University of Science and Technology

张　沛　北京大学中文系教授
Zhang Pei, Professeur du département de langue et littérature chinoises à l'Université de Pekin
Zhang Pei, Professor of the Department of Chinese Language and Literature at Peking University

蔡乐钊　西南大学政治与公共管理学院哲学博士后
Cai Lezhao, post-doctorant de l'école de politique et d'administration publique à l'Université de southwest
Cai Lezhao, Post-doctoral Researcher of the School of Politics and Public Administration at Southwest University

陈戎女　北京语言大学人文学院教授
Chen Rongnü, Professeur de la faculté des sciences humaines à l'Université des Langues et Cultures de Beijing
Chen Rongnü, Professor of the School of Humanities at Beijing Language and Culture University

杨风岸　黑龙江大学文学院讲师
Yang Feng'an, Lecteur de la faculté de littérature et langue chinoises à l'Université de Heilongjiang
Yang Feng'an, Lecture of the School of Chinese Language and Literature at Heilongjiang University

王承教　中山大学博雅学院副教授
Wang Chengjiao, Maître de conférences de la faculté Boya à l'Université de Sun Yat-sen
Wang Chengjiao, Associate Professor of the Boya College of Sun Yat-sen University

曹冬雪　南京大学法语系博士研究生
Cao Dongxue, Doctorante du département de langue et littérature françaises à l'Université de Nankin
Cao Dongxue, Ph.D. Student of the Department of French Language and literature at Nanjing University

黄　荭　南京大学法语系教授
Huang Hong, Professeur du département de langue et littérature française à l'Université de Nankin
Huang Hong, Professor of the Department of French Language and literature at Nanjing University

车致新　北京大学新闻与传播学院博士后
Che Zhixin, post-doctorant de l'Institut de Journalisme et de Communication à l'Université de Pékin
Che Zhixin, Post-doctoral Researcher of the School of Journalism and Communication at Peking University

刘　曼　法国阿尔多瓦大学博士研究生
Liu Man, Doctorante à l'université d'Artois, France
Liu Man, Ph.D. Student of University of Artois, France

万雪梅　江苏大学外国语学院教授
Wan Xuemei, Professeur de la faculté des langues étrangères à l'Université de Jiangsu
Wan Xuemei, Professor of the School of Foreign Languages at Jiangsu University

钱林森　南京大学中文系教授
Qian Linsen, Professeur du département de littérature et langue chinoises à l'Université de Nanjing
Qian Linsen, Professor of the School of Chinese Literature and Language at Nanjing University

王　宁　北京师范大学教授
Wang Ning, Professeur à l'Université Normal de Peking
Wang Ning, Professor of Beijing Normal University

董晓萍　北京师范大学教授
Dong Xiaoping, Professeur à l'Université Normal de Pekin
Dong Xiaoping, Professor of Beijing Normal University

金丝燕　法国阿尔多瓦大学教授
Jin Siyan, Professeur à l'Université d'Artois, France
Jin Siyan, Professor of University of Artois, France

《跨文化对话》组稿、投稿须知及来稿撰写体例

一、组稿、投稿须知：

1. 来稿作者或译者，均请提供邮政通讯地址、联系电话和电子邮件地址。

2. 凡来稿为中文，务请用英文或法文分别注明论文题目和作者情况（作者姓名、工作单位和职称）。

3. 凡来稿为译文，务请附上原文，以便审稿时查核，同时请用英文或法文分别注明论文题目和原作者情况（作者姓名、工作单位和职称）。

4. 来稿请寄送 Word 格式电子文档一份。

二、来稿格式体例：

1. 稿件正文请使用 Word 文档，五号宋体，1.5 倍行距。

2. 标题级别顺序为："一、""（一）""1.""（1）"。

3. 文章中的引文务请核对准确。一般引文以页下注形式注明出处；大段引文可采用仿宋体，上下各空一行，左缩进两字。

4. 正文中的注释采用页下注连续编码（各篇文章独立计码）的形式，注码排在所注文字的右上角，按数字序号（①、②……）排列。译注请特别注明（如：雅克·勒芒尚，法国戏剧评论家。——译注）。

5. 如有参考文献，可按音序排在正文后，中、外文文献分列。

6. 对于翻译文章，或原创文章有引用外文文献的情况：（1）注释若只是注明文献出处，则不必译成中文，全部保留外文内容即可。（2）注释中若有作者的论述性或说明性文字，那么这部分文字应译成中文，而涉及原始文献的出版信息（如作者名、书名或文章名、出版社名称等），应括注在相应的译文后面，以便读者溯源原始文献。

7. 中文书籍注释格式为：作者、书名、译者、出版社、年代版次、页码（如：〔美〕伯克：《法国革命论》，何兆武等译，北京：商务印书馆，1988年，第47页）；期刊格式为：作者、论文篇名、刊名、年代期号、页码（如：〔美〕成中英：《论〈周易〉作为本题诠释学的全面的"观"及其意义》，《国际易学研究》，1995年第1期，第156页）。

8. 中文书刊名和文章篇名均使用书名号；外文书名、期刊名均使用斜体，文章名用双引号。

9. 西文书籍和文章注释格式如下：

专著类：

Raymond Williams, *Keywords* (New York: Oxford University Press, 1984), pp.184–186.

Herbert Spencer, *Principles of Sociology*, vol. I, 3rd. ed. (New York: Appleton, 1895), pp. 44, 437.

篇章类：

William Wordsworth, "Lines Composed a Few Miles above Tintern Abbey", in *William Wordsworth: The Poems*, vol. I, ed. John O. Hayden (New Haven: Yale University Press, 1981), p.361.

编辑类：

Henry D. Thoreau, *Walden*, ed. J. Lyndon Shanley (Princeton: Princeton University Press, 1971), pp.12, 112–114.

Frederick L. Gwynn and Joseph Blotner, eds., *Faulkner in the University* (New York: Vintage, 1965), p. 199.

翻译类：

Henri Lefebvre, *The Production of Space*, trans. Donald Nicholson-Smith (1974; Oxford: Blackwell, 1991), pp.222–225.

期刊类：

Louise Westling, "Virginia Woolf and the Flesh of the World," *New Literary History*, 30 (Autumn 1999): 855-876.

James C. McKinley, Jr., "A Tiny Sparrow Is Cast as a Test of Will to Restore the Everglades," *New York Times*, June 5, 1999, sec. A, pp. 1, 19.

重印书：

John Muir, *Our National Parks* (1901; rpt., Madison: University of Wisconsin Press, 1981), p.125.

资料来源：

Lawrence Buell, *Writing for an Endangered World: Literature, Culture, and environment in the U.S. and Beyond* (Cambridge, Massachusetts, and London, England: The Belknap Press of Harvard University Press, 2001), pp. 267-340.

10. 译名采用学界或国内读者熟悉的通译或惯用译名，若无通译或惯用译名，请参照《大英百科全书》（中文版）、《世界人名翻译大辞典》、《世界地名译名手册》以及商务印书馆出版的人名、地名译名手册等工具书。工具书上未见的译名，可根据上下文情况，或保留原文，或由译者自行翻译，但应在第一次出现时，把原文用括注在中译文后，处理方法要全文统一。

《跨文化对话》编辑部

编辑部地址：

南京大学（仙林校区）文学院 404 室

地址：南京市栖霞区仙林大道 163 号

邮编：210023

Email: jqtang57@hotmail.com

http://chin.nju.edu.cn/kwhdh.html